古典文獻研究輯刊

三六編

潘美月・杜潔祥 主編

第11冊

群書校補（三編）
——傳世文獻校補（第九冊）

蕭 旭 著

國家圖書館出版品預行編目資料

群書校補（三編）——傳世文獻校補（第九冊）／蕭旭 著 --
初版 -- 新北市：花木蘭文化事業有限公司，2023〔民 112〕
目 4+198 面；19×26 公分
（古典文獻研究輯刊 三六編；第 11 冊）
ISBN 978-626-344-269-6（精裝）
1.CST：古籍 2.CST：校勘
011.08   111022049

古典文獻研究輯刊
三六編　第十一冊　　　　　　ISBN：978-626-344-269-6

群書校補（三編）
——傳世文獻校補（第九冊）

作　　者　蕭旭
主　　編　潘美月、杜潔祥
總 編 輯　杜潔祥
副總編輯　楊嘉樂
編輯主任　許郁翎
編　　輯　張雅淋、潘玟靜　美術編輯　陳逸婷
出　　版　花木蘭文化事業有限公司
發 行 人　高小娟
聯絡地址　235 新北市中和區中安街七二號十三樓
　　　　　電話：02-2923-1455／傳真：02-2923-1452
網　　址　http://www.huamulan.tw 信箱 service@huamulans.com
印　　刷　普羅文化出版廣告事業
初　　版　2023 年 3 月
定　　價　三六編 52 冊（精裝）新台幣 140,000 元

群書校補（三編）
——傳世文獻校補（第九冊）

蕭旭　著

目

次

《中論》校補

　　東漢末年徐幹著《中論》20 篇，向無舊注。晚清以來董理是書者大致有
如下數家：錢培名《〈中論〉札記並輯逸文》〔註1〕，俞樾《讀〈中論〉》〔註2〕，
孫詒讓《中論札迻》〔註3〕，張舜徽《中論注》〔註4〕，徐仁甫《中論辨正》
〔註5〕，池田秀三《徐幹〈中論〉校注》〔註6〕，孫啟治《中論解詁》〔註7〕。
另外，丁履譔《中論校注》〔註8〕，梁榮茂《徐幹〈中論〉校釋》〔註9〕，徐
湘霖《中論校注》〔註10〕，岡本保孝《手校〈中論〉》，余未見。

───────────────

〔註1〕 錢培名輯刊《小萬卷樓叢書》本附《〈中論〉札記並輯逸文》，鄭堯臣輯、唐晏
　　　刊《龍谿精舍叢書》本亦附《札記》，二者完全相同。《叢書集成初編》第530
　　　冊據《小萬卷樓叢書》本排印，中華書局1985年影印，第39～45頁。范希曾
　　　說《龍谿精舍叢書》本所附《札記》是陳鱣所作，范希曾《書目答問補正》，
　　　上海古籍出版社2001年版，第148頁。
〔註2〕 俞樾《讀〈中論〉》，《春在堂全書》第3冊《曲園雜纂》卷24，鳳凰出版社2010
　　　年版，第160～163頁；又《諸子平議補錄》卷10（李天根輯自《曲園雜纂》），
　　　中華書局1956年版，第74～81頁。
〔註3〕 孫詒讓《中論札迻》，收入《札迻》卷10，中華書局1989年版，第340～341頁。
〔註4〕 張舜徽《中論注》，收入《舊學輯存》（下冊），華中師範大學出版2008年版，
　　　第821～893頁。
〔註5〕 徐仁甫《中論辨正》，收入《諸子辨正》，成都出版社1993年版，第599～614
　　　頁；又中華書局2014年版，第587～600頁。本文據中華本引用。
〔註6〕 池田秀三《徐幹〈中論〉校注》（上、中、下），《京都大學文學部研究紀要》
　　　第23～25號，1984～1986年。
〔註7〕 孫啟治《中論解詁》，中華書局2014年版。
〔註8〕 丁履譔《中論校注》，《高雄師院學報》1973年第2期。
〔註9〕 梁榮茂《徐幹〈中論〉校釋》，（台灣）牧童出版社1979年版。
〔註10〕 徐湘霖《中論校注》，巴蜀書社2000年版。

　　茲據孫啟治《中論解詁》為底本作校補，孫氏所據底本是《四部叢刊》影嘉靖 44 年青州刻本，孫氏未知張舜徽、徐仁甫二氏著作。

《治學》第一校補

（1）昔之君子成德立行，身沒而名不朽

　　按：行，北宋釋道誠《釋氏要覽》卷中引作「身」，涉下句「身」字而誤。

（2）學也者，所以疏神達思，怡情理性，聖人之上務也

　　孫啟治曰：《玉篇》：「怡，悅也。」怡，宋本《御覽》卷 607 作「治」。（P2）

　　按：《釋氏要覽》卷中引作「怡情治性」，宋釋法雲《翻譯名義集》卷 4 同。《御覽》作「治情理性」是其故本，「怡」是「治」形譌，與「理」對舉同義。本書《法象》「符表正，故情性治；情性治，故仁義存」，是其確證。《說苑·建本》：「學者，所以反情治性，盡才者也。」《論衡·量知》：「故夫學者，所以反情治性，盡材成德也。」西晉虞溥《移告屬縣》：「學，所以定情理性，而積眾善者也。」「反」亦「治」也，「定」亦「治」也，都指治之方法。皆非「怡情」之謂。宋人所見本「治」已誤作「怡」。

（3）民之初載，其矇未知

　　孫啟治曰：載，始也。元郝經《續後漢書·高士列傳》引「知」作「祛」。祛，除也，亦通。（P2）

　　按：張舜徽說「載，生也」（P827），是也。《釋名·釋天》：「載，生物也。」「民之初生」語出《詩·緜》。宋真德秀《文章正宗》卷 12 引「知」亦作「祛」，是其故本。

（4）譬如寶在於玄室，有所求而不見

　　孫啟治曰：「玄室」即暗室。宋本《御覽》卷 607 作「初學則如夜在玄室，所求不得」。（P2～3）

　　按：《文章正宗》卷 12 引作「譬如宵在玄室，所求不獲」。「寶」蓋「宵」形誤。

（5）夫聽黃鐘之聲然後知擊缶之細

按：聲，《御覽》卷 584、《記纂淵海》卷 15 引作「音」〔註11〕。唐釋道世《諸經要集序》：「聽黃鍾之節，方知擊缶之為細。」本於《中論》。《淮南子・精神篇》：「今夫窮鄙之社也，叩盆拊瓴相和而歌，自以為樂矣，嘗試為之擊建鼓、撞巨鐘，乃性仍仍然知其盆瓴之足羞也。」

（6）故學者，如登山焉，動而益高；如寤寐焉，久而愈足

孫啟治曰：谓學者如登山然，動而愈益高；又如睡眠然，久而精神愈益足。（P7）

按：孫氏增出「精神」二字，非是。張舜徽曰：「已登在山，足稍前則上進矣；已臥在牀，時愈久則酣熟矣。」（P827）張氏得其誼。足，讀為孰（熟），指睡眠熟。

（7）倚立而思遠，不如速行之必至也

孫啟治曰：倚，原作「倦」。錢校云：「倚，原譌『倦』，據《意林》改。」（P7）

按：池田亦從錢校改字〔註12〕。作「倦立」自通，不必據《意林》改。張舜徽曰：「偏倚而立，與『倦立』義同。」（P827）張氏不改字得之，但說「義同」則牽強。

（8）度幽明之故若見其情

孫啟治曰：幽明之故，賢愚之所以然也。一說「幽明」指事之有形無形。《易・繫辭上》：「仰以觀于天文，俯以察於地理，是故知幽明之故」，韓康伯注：「幽明者，有形無形之象。」今按「幽明」與下句「治亂」對舉，分指人與事言，「幽明」當作人之賢愚解。（P13）

按：孫說非是。一說引《繫辭》「知幽明之故」是也，池田亦引之〔註13〕。《大戴禮記・五帝德》：「以順天地之紀，幽明之故，死生之說，存亡之難。」《家語・五帝德》：「治民以順天地之紀，知幽明之故，達生死存亡之說。」「故」謂變故、事變。《家語・顏回》：「達於情性之理，通於物類之變，知幽

〔註11〕 《記纂淵海》據宋刻本，四庫本在卷 57。
〔註12〕 池田秀三《徐幹〈中論〉校注》（上），《京都大學文學部研究紀要》第 23 號，1984 年，第 16 頁。
〔註13〕 池田秀三《徐幹〈中論〉校注》（上），《京都大學文學部研究紀要》第 23 號，1984 年，第 21 頁。

明之故，覩游氣之原。」《說苑・辨物》：「達乎情性之理，通乎物類之變，知幽明之故，睹游氣之源。」「故」亦變也。《史記・外戚世家》：「非通幽明之變，惡能識乎性命哉？」正作「變」字。

（9）人心必有明焉，必有悟焉。如火得風而炎熾，如水赴下而流速

孫啟治曰：元郝經《續後漢書・高士列傳》引「明焉」作「困焉」，其意蓋謂心必有所困惑，則學二號必有所悟。今按本書之文自可通，云人心必須有明、有悟者，謂當學也。（P15）

按：《文章正宗》卷 12 引「明焉」作「因焉」，當據校正，「困焉」亦誤。「火得風、水赴下」皆因也，順其勢也。張舜徽曰：「人於萬物之理如欲有所明徹，必資外力之助，如火得風而盛，水就下而流耳。」（P828～829）張氏亦據誤字解釋。

（10）燧人察時令而鑽火

按：《文章正宗》卷 12、《文選補遺》卷 22 引「時令」作「辰心」，是其故本。《路史》卷 5 羅苹注：「季春，心昏見于辰而出火；季秋，心昏見于戌而納火。故《尸子》云『遂人察辰心而出火』，亦見《中論》。」又卷 32：「昔者遂人氏作，觀乾象察辰心而出火，作鑽鐩別五木以改火。」

《法象》第二校補

（1）無爵祿之賞而萬民懷之

孫啟治曰：懷，思念也。（P23）

按：懷，歸也。

（2）若夫墮其威儀，恍其瞻視，忽其辭令，而望民之則我者，未之有也

孫啟治曰：「墮」通「惰」。錢校云：「《治要》『恍』作『慌』，『忽』作『輕』。」（P24）

按：《文章正宗》卷 12 引「忽」同，「墮」作「惰」，「恍」作「玩」。「玩」是「恍」形譌。

（3）夫以彌留之困，白刃之難，猶不忘敬，況於遊宴乎

孫啟治曰：「彌留」二字原作墨丁，《漢魏叢書》本作空格，四庫本作「倉卒」，池田校《廣漢魏叢書》本等作「崩亡」，《龍谿精舍》本作「彌留」。《龍

谿精舍》本據元本翻刻，今據補。（P28）

　　按：《兩京遺編》本作「彌留」，《文章正宗》卷 12 引同。

（4）昔宋敏碎首於棊局

　　孫啟治曰：敏，四庫本作「閔」。梁玉繩《人表考》謂《史記·宋世家》「閔」作「湣」，《中論》作「敏」。今按《楚辭·九章·懷沙》「離慜」，《考異》：「慜，《史記》作『湣』，一作『閔』。」是諸字相通。（P33）

　　按：孫說是也。《文章正宗》卷 12 引作「宋閔」。張舜徽說「『敏』當作『萬』，字之誤也」（P833），非是。

（5）易親而難媚，多恕而寡非

　　孫啟治曰：恕，原作「怨」。池田校《兩京遺編》本作「恕」，引梁茂榮曰：「《兩京》本是也。多恕，故寡非。作『怨』形誤。」按梁說是，《龍谿精舍》本亦作「恕」，今據改。（P35）

　　按：徐仁甫亦說當作「恕」（P588）。《文章正宗》卷 12 引正作「恕」。「梁茂榮」當乙作「梁榮茂」，池田秀三原文《解題》誤倒〔註14〕。

（6）聲氣可範，精神可愛

　　孫啟治曰：《文選補遺》卷 22、《續後漢書·高士列傳》、《文編》卷 23「可範」均作「可聽」。（P41）

　　按：《文章正宗》卷 12 引亦作「可聽」。

《修本》第三校補

（1）用乎己者，謂之務本；用乎人者，謂之近末

　　孫啟治曰：近末，《治要》作「追末」。池田校云：「梁氏云：『追，逐也，於義為長。』按梁說是也，今據《治要》改，下同。」今按：近，就也，謂所好也。（P43）

　　按：張舜徽曰：「《治要》『近』作『追』，今本由形近而誤。追，逐也。」（P837）張說是也。《三國志·陸瑁傳》《諫親征公孫淵疏》：「而更棄本追末，捐近治遠。」

〔註14〕池田秀三《徐幹〈中論〉校注》（上），《京都大學文學部研究紀要》第 23 號，1984 年版，第 7 頁。

（2）故宋井之霜以基昇正之寒，黃蘆之萌以兆大中之暑

孫啟治曰：宋井，未詳。《說文》：「宋，居也。」此「宋」或非國名，「宋井」蓋謂家用之井歟？所未詳也。基，始也。蘆，即蘆葦。徐湘霖《中論校注》引吳承仕說，云：「『昇正』當作『昂正』，『大中』當作『火中』。案《書‧堯典》：『日永星火，以正仲夏；日短星昂，以正仲冬。』此言『昂正』、『火中』，正用舊義。中、正互文也。」今按吳校是。「星火」指夏暑，「星昂」指冬寒。（P54）

按：吳承仕說出《絸齋讀書記》，孫氏不知吳說出處，特錄吳氏原文如下：「『宋井』應作『東井』，『昇正』應作『昂正』，『黃蘆』應作『黃壚』，『大中』應為『火中』。《書‧堯典》『星火以正中夏』，中夏，夏之極。『星昂以正中冬』，中冬，寒之極。此用《尚書》舊義，舉中星以表寒暑，『中』、『正』則互文耳。《月令》疏引《三統曆》：『七月中，昏，斗十六度中。日，井初度中。八月中，昏，女三度中。日，井二十一度中。』又引《元命苞》云『黃鍾者始萌（黃）』，注云：『稱（始）萌黃泉中。』又《淮南‧覽冥》『上際九天，下契黃壚』，注云：『黃泉下有壚土。』《中論》文意，蓋謂秋時日在東井，霜始降，雖未盛寒，已為祁寒之漸。十一月一陽生，黃泉萌動，萬物茇茲，雖未盛暑，已為暑雨之漸。」〔註15〕不知徐湘霖何故不引吳氏「宋井應作東井，黃蘆應作黃壚」說？吳氏校字是也，但引《三統曆》不知何意，又解說稍有誤。北宋劉弇《龍雲集》卷27《策問上》引《傳》曰：「井中之霜，以箕（基）昂之寒；黃蘆之萌，以逃（兆）暑之火。」「昂」字尚不誤。《呂氏春秋‧仲夏紀》：「仲夏之月，日在東井。」《禮記‧月令》同。「東井之霜」蓋指仲夏之霜，不是秋日之霜，吳說失之。黃壚之萌，指陽氣萌動於黃泉之下。《淮南子‧天文篇》：「日冬至則斗北中繩，陰氣極，陽氣萌，故曰冬至為德。日夏至則斗南中繩，陽氣極，陰氣萌，故曰夏至為刑。陰氣極，則北至北極，下至黃泉，故不可以鑿地穿井……陽氣極，則南至南極，上至朱天，故不可以夷丘上屋。」《風俗通‧禮樂》：「壚之為言動，陽氣於黃泉之下動蒸而萌。」仲夏降霜，夏至一陰生，已兆昂正之寒；黃壚萌動，冬至一陽生，已兆火中之暑。又顧廣圻曰：「『昇』當作『斗』，『大』當作『火』。」〔註16〕顧說得失

─────────────

〔註15〕吳承仕《絸齋讀書記‧校〈中論〉三條》，《國學叢刊》第2卷第1期，1933年版，第34～35頁。其引《元命苞》「黃」誤作「萌」，「始」誤作「稱」。

〔註16〕黃丕烈手跋明刻本《中論》顧廣圻批語，轉引自韓格平《北圖藏黃丕烈跋本徐

參半。基，讀為幾，亦兆也。二「以」字同「已」。

（3）小人朝為而夕求其成，坐施而立望其反

孫啟治曰：《治要》「反」作「及」。反，謂報答。言坐而行之，起即望有報。（P55）

按：張舜徽曰：「施，行也。反，報也。坐有所行，而立求其報。」（P839）徐仁甫曰：「反猶報也。」（P589）《抱朴子內篇・極言》：「或朝為而夕欲其成，或坐修而立望其效。」《黃帝九鼎神丹經訣》卷6：「不朝為〔而〕夕待其成，不坐〔修〕而立望其效。」諸文可以互證。施亦為也，指修行。《治要》作「及」是也，猶言至也，指成功。《文章正宗》卷12引誤同今本。

（4）行一日之善而求終身之譽

按：鈔本《治要》卷46引「行」作「無」，「求」作「問」，「譽」作「舉」；刊本《治要》「求」作「問」，餘同今本。《文章正宗》卷12引同今本。「舉」借作「譽」。鈔本《治要》是其故本。此語蓋漢人諺語。《弘明集》卷1牟融《理惑論》牟子曰：「所謂無一日之善而問終身之譽者也。」

（5）非若採金攻玉之涉歷艱難也，非若求盈司利之競逐囂煩也

按：《意林》卷5、《御覽》卷403引並脫「歷」字。涉亦歷也，猶言經過。

（6）道之于人也……不要而遘，不徵而盛

孫啟治曰：要、徵互文，求也。「遘」於文不當訓遇。遘、構同聲相通，成也。二句謂修道則不求而自成、自興。（P57）

按：張舜徽曰：「要，約也。不約而與之遇。不徵集之，而來者多。」（P840）張說是，孫說非也，修道哪有不求而自成之理？

（7）四時嘿而成，不言而信

孫啟治曰：俞樾云：「『四時嘿而成，』句文義不倫，疑當作『不行而成』。」今按俞說甚牽強。此當闕疑，不可強說。成，當讀為誠。誠、信互文。蓋謂修道則靜默不言而誠信自立。（P57）

幹〈中論〉〉，《文獻》1988年第4期，第279頁。

按：孫氏既說不可強說，卻又強說之，其說非是。張舜徽曰：「嘿，同『默』。如四時之不語而萬物成。」（P840）徐仁甫曰：「時，是也。『是嘿而成』與『不言而信』詞駢意同。後人增『四』字，非也。俞說未允。」（P590）張說是。《易・繫辭上》：「默而成之，不言而信。」此文「成」當讀如字。

《虛道》第四校補

（1）器虛則物注，滿則止焉

按：注，刊本《治要》卷46、《野客叢書》卷17引同，鈔本《治要》卷46引作「徃」。「徃」是「往」俗字，乃「注」形誤。注，措置也。《列女傳》卷6「願注之水旁」，《韓詩外傳》卷1「注」作「置」。

（2）視彼猶賢，自視猶不足也

按：不足，《治要》卷46引作「不肖」。「不肖」與「賢」對文。

（3）故知其高不可為員，其廣不可為方

孫啟治曰：員，數也。不可為員，謂其人學識之高不可計量。方，猶比也。不可為方，謂其人見聞之廣不可匹比。（P69）

按：孫說全誤。張舜徽曰：「人一己萬，知之甚多，有如天高地廣，不可以方圓測也。」（P843）張說「方員」是。方員，指規矩。句謂其人所知甚多，所知之高度廣度不能用規矩去測量。

《貴驗》第五校補

（1）君子不降席而追道

按：《御覽》卷834引同，道藏本《意林》卷5引「降」形近而誤作「隣」（他本不誤）。

（2）不如己者，須己而植者也

按：錢培名曰：「《治要》『植』作『慎』，似誤。」〔註17〕刊本《治要》上方校語云：「『慎』作『植』。」「植」字是，與下句「然則扶人不暇」之「扶」同義。

〔註17〕錢培名《〈中論〉札記》卷上，《龍谿精舍叢書》本附錄，第3頁。

《貴言》第六校補

（1）故君子之與人言也，使辭足以達其知慮之所至，事足以合其性情
　　之所安，弗過其任而強牽制也

　　　孫啟治曰：「強牽制」猶強制。（P97）

　　按：制，讀為掣，字音轉亦作瘲，俗字作摩，亦牽也，拽也。《釋名·釋
姿容》：「掣，制也，制頓之使順己也。」

（2）苟過其任而強牽制，則將昏瞀委滯

　　　孫啟治曰：昏瞀、委滯，並複語。委，積也。（P97）

　　按：委，讀為薀，俗作蘊。《說文》：「薀，積也。《春秋傳》曰『薀利生
孽』。」《左傳·昭公十年》作「蘊」，《晏子春秋·內篇雜下》作「怨」，《大
戴禮記·四代》作「委」，並一聲之轉〔註18〕。字亦省作緼，又音轉作鬱。

（3）然後可以發邇而步遠，功察而治微

　　　孫啟治曰：察，顯著。治，為也。謂功效顯著而為力甚少。（P102）

　　按：孫說非是。功，事功。察，指政治清明。治，政治。微，精妙。

（4）鶉鳥之性善近人，飛不峻，不速也，蹲蹲然似若將可獲也，卒至乎
　　不可獲

　　　孫啟治曰：《詩·伐木》毛傳：「蹲蹲，舞貌。」按此形容鳥輕飛貌，猶言
翩翩。（P106）

　　按：池田亦引《詩·伐木》說之〔註19〕，均非是。此文「蹲蹲」是「夋
夋」、「趒趒」轉語，跳行貌。《說文》：「夋，行夋夋也。」又「趒，行趒趒
〔趒〕也。」（《繫傳》作「行速趒趒」）。又作「踆踆」，《文選·西京賦》：
「怪獸陸梁，大雀踆踆。」薛綜注：「陸梁，東西倡佯也。踆踆，大雀容也，
七輪切。」劉良注：「陸梁、踆踆，皆行走貌。」又作「逡逡」，P.3468《兒
郎偉》：「奴婢之鬼，逡逡遣遣。」

（5）是達人之所以乾唇竭聲而不舍也

〔註18〕參見王念孫《晏子春秋雜志》，收入《讀書雜志》卷9，中國書店1985年版，
　　　　本卷第11～12頁。
〔註19〕池田秀三《徐幹〈中論〉校注》（上），《京都大學文學部研究紀要》第23號，
　　　　1984年，第61頁。

按：乾脣竭聲，《御覽》卷 924 引作「緩脣鳴聲」，疑臆改。「鳴聲」當作「嗚聲」。

（6）故凡道，蹈之既難，錯之益不易

孫啟治曰：蹈，履行之名也。錯為磨石，作動字引申為研磨、切磋。（P111）

按：孫說「錯」非是。錯，讀作措，棄置也，廢置也。

《覈辯》第八校補

（1）非謂言辭切給而以陵蓋人也

孫啟治曰：切給，《意林》卷 5 作「捷給」，又「陵蓋」作「凌善」。錢校：「『蓋』作『善』，似誤。」池田引梁茂榮云：「切，當作『捷』。」今按「捷給」語熟，「切給」語生，故梁謂當作「捷」者，固未可非議。然《廣雅》：「切，割也。」又「切，斷也。」故引申之切訓銳利。給，捷也。「切給」謂言辭犀利敏捷。「陵蓋」為複語，「蓋」亦猶「陵」也。（P136）

按：吳承仕曰：「按『切』字無義，當作『巧』。」〔註20〕徐湘霖曰：「切，急切、急迫。給，敏捷。」〔註21〕徐說是也，「切」字不誤，猶言激切也，嚴厲也。下文「給足以應切問」同。

（2）為其疑眾惑民，而潰亂至道也

按：池田曰：「《治要》『潰』作『澆』。」〔註22〕「澆」是「撓」形誤。

《智行》第九校補

（1）禳禍於忽杪，求福於未萌

孫啟治曰：《淮南子·原道》高誘注：「忽，無形貌也。」《方言》：「杪，小也。」忽杪，謂細小而似有似無。（P164）

按：孫說非是。「忽杪」即「忽秒」，都是古代極小的長度單位。《孫子

〔註20〕吳承仕《覲齋讀書記·校〈中論〉三條》，《國學叢刊》第 2 卷第 1 期，1933年版，第 35 頁。

〔註21〕徐湘霖《〈中論校注〉補記考釋》，《四川師範大學學報》2000 年第 3 期，第 60頁。

〔註22〕池田秀三《徐幹〈中論〉校注》（中），《京都大學文學部研究紀要》第 24 號，1985 年，第 82 頁。

算經》卷上：「蠶吐絲為忽，十忽為一絲，十絲為一毫，十毫為一氂（氂），十氂（氂）為一分，十分為一寸……」《隋書·律曆志》引作「十忽為秒，十秒為毫」，《永樂大典》卷 14707 引作「十忽為抄（杪），十抄（杪）為毫」。倒言則作「秒忽」，《漢書·敘傳》：「造計秒忽。」又作「抄（杪）智」，《後漢書·律曆志》：「夫數出於抄（杪）智，以成毫氂，毫氂積累，以成分寸。」又作「翾忽」，《史記·太史公自序》：「閒不容翾忽。」《正義》：「翾，字當作『秒』。秒，禾芒表也。忽，一蠶口出絲也。」

《爵祿》第十校補

（1）聖人蹈機握杼，織成天地之化

孫啟治曰：天地，《治要》作「天下」。（P178）

按：《治要》卷 46 引仍作「天地」，道藏本、指海本《意林》卷 5 引同，清鈔本、聚珍本、學津討原本、榕園叢書本《意林》誤作「天下」。道藏本《意林》「握」形誤作「掘」。

（2）故良農不患壇場之不修，而患風雨之不節

按：場，明刻《兩京遺編》本誤作「塲」。

《考偽》第十一校補

（1）斯術之於斯民也，猶內關之疾也，非有痛癢煩苛於身，情志慧然，不覺疾之已深也

孫啟治曰：關，要塞也。蓋引申之，人體要害處亦曰「關」。內關之疾，蓋謂體內要害之病。《素問·八正神明論》「慧然獨悟」，王冰注：「慧然，清爽也。」（P188）

按：孫說「內關」非是。張舜徽曰「慧然，洒脫貌」（P866），亦誤。池田引《史記·倉公傳》「肝氣濁而靜，此內關之病也」〔註23〕，未作解釋。考《史記·倉公列傳》：「此傷脾氣也，當至春鬲塞不通……內關之病，人不知其所痛，心急然無苦。」王念孫曰：「內關猶內閉也。《靈樞經·終始篇》曰：『脈口四盛，且大且數者，名曰溢陰。溢陰為內關。內關不通，死不治。』

〔註23〕池田秀三《徐幹〈中論〉校注》（中），《京都大學文學部研究紀要》第 24 號，1985 年，第 109 頁。

此之謂也。」〔註24〕滕惟寅曰：「內外間隔，謂之內關。」又曰：「『急』當作『慧』。慧，了也。」〔註25〕多紀元堅曰：「滕說是，《靈樞·邪氣藏府病形篇》：『心慧然若無病。』又《素問·八正神明論》『慧然』字兩見。」〔註26〕諸說均是也。本書作「慧然」亦是滕惟寅改字之確證。《黃帝內經太素》卷15：「風不入心，故心慧然明了，安若無病。」楊上素解作「慧然明了」，滕惟寅說「慧，了也」與之相合。《靈樞經·終始篇》又曰：「人迎四盛，且大且數，名曰溢陽。溢陽為外格。」《素問·脈要精微論篇》：「陰陽不相應，病名曰關格。」《傷寒論·平脈法》有「關格不通」語。「內關」與「外格」對舉，格者格拒，則關者閉塞，足證王念孫、滕惟寅說是也。

（2）卑屈其體，輯柔其顏，托之乎煴恭

孫啟治曰：《詩·抑》「輯柔爾顏」，毛傳：「輯，和也。」煴，《漢魏叢書》本、《龍谿精舍叢書》本、四庫本並作「溫」，古音相通。（P193）

按：煴，《兩京遺編》本、小萬卷樓叢書本、子書百家本亦作「溫」，底本是形誤。

（3）擊斷嚴厲

孫啟治曰：《漢書·王莽傳上》「甄豐、甄邯主擊斷」，《漢紀》卷3「擊斷」作「訣斷」，「訣」通「決」。（P193）

按：《漢紀》見卷30。池田引《戰國策·秦策三》「華陽、涇陽擊斷無諱」〔註27〕，未作解釋。鮑彪注：「擊斷，謂刑人。」瀧川資言、池田四郎次郎、繆文遠、諸祖耿、范祥雍均從鮑注〔註28〕，張森楷、王叔岷於「擊斷」無說

〔註24〕王念孫《史記雜志》，收入《讀書雜志》卷3，中國書店1985年版，本卷第27頁。

〔註25〕滕惟寅《〈扁鵲倉公列傳〉割解》卷下，明和六年（1769）刊本，本卷第6、22頁。

〔註26〕多紀元堅說轉引自瀧川資言《史記會注考證》，文學古籍刊印社1955年版，第4377頁。

〔註27〕池田秀三《徐幹〈中論〉校注》（中），《京都大學文學部研究紀要》第24號，1985年，第110頁。

〔註28〕瀧川資言《史記會注考證》，文學古籍刊印社1955年版，第3721頁。池田四郎次郎《史記補注》（池田英雄增補）下編，日本明德出版社1975年版，第126頁。繆文遠《戰國策新注（修訂本）》，巴蜀書社1998年版，第163頁。諸祖耿《戰國策集注匯考（增補本）》，鳳凰出版社2008年版，第308頁。范祥雍《戰國策箋證》，上海古籍出版社2018年版，第328頁。

〔註29〕。獨何建章據《漢書》、《漢紀》異文，指出「訣、擊音近相通，『擊斷』即『決斷』」〔註30〕，其說至確，「擊斷」是秦漢人成語。「擊」、「決」見母雙聲，錫部、月部上古有相通者。王念孫曰：「『折』與『擿』聲相轉，『茷』與『辟』聲亦相轉。古音『折』、『茷』二字在月部，『擿』、『辟』二字在錫部。」〔註31〕北大漢簡（四）《妄稽》「目若別杏」，《韓詩外傳》卷9作「擘杏」。「別」月部，「擘」錫部。《詩‧七月》「七月鳴鵙」，毛傳：「鵙，伯勞也。」《說文》同。《大戴禮記‧夏小正》：「鴂則鳴。鴂者，百鷯也。」〔註32〕《孟子‧滕文公上》「南蠻鴂舌之人」，趙岐注：「鴂，博勞也。《詩》云『七月鳴鴂』。」《御覽》卷923引「鴂」作「鳩」，字同。「百鷯」、「伯勞」、「博勞」一也，「鳩」是「鵙」音轉，「鳩」月部，「鵙」錫部。《神農本草經》卷1「析蓂，一名蓂析」，《證類本草》卷6「析」作「菥」。「茷」月部，「蓂」從冥得聲，冥從一得聲，本是錫部（錫、耕對轉，故「冥」歸耕部）。亦都是其例。

《譴交》第十二校補

（1）糾虔天刑

孫啟治曰：韋昭注：「糾，恭也。」（P216）

按：張舜徽亦採韋說（P870）。韋昭注：「糾，恭也。」《三國志‧武帝紀》裴松之注、《文選‧潘元茂‧冊魏公九錫文》李善注引韋注作「糾，察也」，當據訂正。

（2）非有釋王事、廢交業、遊遠邦、曠年歲者也

孫啟治曰：「廢交業」未詳。疑「交」當讀為「效力」之效。效，勤也。廢效業，猶言不勸業，謂不勤力於所業也。（P223）

按：「交業」不辭，疑「本業」之誤，謂農業也。上文云「古之君子因王事之閒，則奉贄以見其同僚及國中之賢者⋯⋯君子未命者亦因農事之際，奉贄以見其鄉黨同志」，「王事」與上文同，「本業」即承「農事」而言。

〔註29〕張森楷《史記新校注》，中國學典館復館籌備處1967年版，第4314頁。王叔岷《史記斠證》，中華書局2007年版，第2411頁。

〔註30〕何建章《戰國策注釋》，中華書局1990年版，第183頁。

〔註31〕王念孫說轉引自王引之《經義述聞》卷9，江蘇古籍出版社1985年版，第218頁。

〔註32〕《御覽》卷923引「鳩」誤作「鳩」。

（3）是故五家為比，使之相保，比有長；五比為閭，使之相憂，閭有胥

孫啟治曰：文本《周禮·地官·大司徒》。使之相憂，《大司徒》作「使之相受」，謂使閭內之民互為容受。此作「憂」者，恤也，謂使之互為憐恤，與「相受」義相類。（P227）

按：孫說非是。俞樾曰：「《周官》大司徒職作『使之相受』，然『憂』字義亦通也。」〔註33〕俞說亦誤。本書《民數》「使其鄰比相保相愛」，孫詒讓據《周禮·大司徒》、《族師》校「愛」、「憂」為「受」〔註34〕。池田並錄俞樾、孫詒讓說，而不能判斷〔註35〕。孫詒讓說是也。《周禮·地官·大司徒》：「令五家為比，使之相保。五比為閭，使之相受。」又《地官·族師》：「五家為比……使之相保相受。」又《地官·比長》：「比長各掌其比之治，五家相受，相和親。」又《秋官·士師》：「掌鄉合州黨族閭比之聯，與其民人之什伍，使之相安相受。」《鶡冠子·王鈇》：「家與家相受，人與人相付。」《國語·齊語》：「人與人相疇，家與家相疇。」疇當訓保。本字為壔，《說文》：「壔，保也。」字或省作壽，《楚語下》：「臣能自壽也。」韋昭注：「壽，保也。」「受」即「壽」借字，付、保一聲之轉。《管子·小匡》：「人與人相保，家與家相愛。」丁士涵據《大司徒》及《鶡冠子》校「愛」為「受」，黎翔鳳從其說〔註36〕。丁氏得其字，但引鄭玄注「相受寄託」，則誤。孫啟治注《民數》云「受，猶言接納」（P369），亦誤。

（4）知名譽可以虛譁獲也

孫啟治曰：俞樾云：「『虛譁』疑當作『虛華』，字之誤。」按《玉篇》：「譁，誼譁。」「虛譁」猶虛張、虛誇。文自可通，不必從俞說。（P233）

按：池田從俞樾說〔註37〕。孫氏引《玉篇》不當。譁，讀為誇，大言也。字或省作華，《說文》「華」或體作「荂」。《漢書·楊王孫傳》「夫飾外以華

〔註33〕俞樾《讀〈中論〉》，收入《諸子平議補錄》卷10（李天根輯），中華書局1956年版，第80頁。

〔註34〕孫詒讓《中論札迻》，收入《札迻》卷10，中華書局1989年版，第341頁。

〔註35〕池田秀三《徐幹〈中論〉校注》（下），《京都大學文學部研究紀要》第25號，1986年，第120頁。

〔註36〕黎翔鳳《管子校注》，中華書局2004年版，第416頁。

〔註37〕池田秀三《徐幹〈中論〉校注》（下），《京都大學文學部研究紀要》第25號，1986年，第120頁。

眾」，《說苑·反質》「華」作「誇」。字或作嘩、訏、芋、迂、謣、宇、夸〔註38〕。「虛嘩」即「虛誇」。

（5）悠悠皆是

孫啟治曰：《後漢書·朱穆傳》「悠悠者皆是」，李賢注：「悠悠，多也。」（P235）

按：《論語·微子》「滔滔者天下皆是也」，《釋文》：「滔滔，鄭本作『悠悠』。」《史記·孔子世家》、《鹽鐵論·大論》、《中說·王道》引作「悠悠」，《漢書·敘傳》顏師古注引作「慆慆」，皆一聲之轉。

（6）冠蓋填門，儒服塞道

按：《類聚》卷 21 引作「冠蓋闐門，服膺盈道」。「服膺」蓋誤。

（7）莫不相商以得人，自矜以下士

孫啟治曰：俞樾云：「『相商』當作『相高』。」今按商當讀為章，表彰也。矜，夸也。（P235）

按：池田曰：「梁氏云：『「相高」與「自矜」相對成義，俞說是。』按：俞、梁說是。」〔註39〕俞說是也，「高」、「矜」同義對舉，猶言矜尚、誇耀。「相高」此種用法是漢人常語。「矜」聲轉亦作「競」，《說文》：「競（競），競也，讀若矜。」《廣雅》：「競，高也。」《賈子·俗激》：「今世以侈靡相競。」又《時變》：「今俗侈靡……以富過其事相競。」又《瑰瑋》：「世以俗（當乙作「俗以」）侈相耀。」《史記·太史公自序》：「大臣宗室以侈靡相高。」足證「競」是「高」、「耀」之誼。又《瑰瑋》：「以相競高。」「競高」複語，競亦高也。

（8）把臂捩腕，扣天矢誓，推託恩好，不較輕重

孫啟治曰：扣天，舉指向天也。「扣」通「叩」，《說文》作「敂」，云：「擊也。」叩則舉指，故舉指亦曰「扣」。《慧琳音義》卷 46 引《廣雅》云：「扣，舉也。」（P237）

〔註38〕 參見蕭旭《大戴禮記拾詁》，《澳門文獻信息學刊》第 5 期，2011 年 10 月出版，第 117 頁；又收入《群書校補（續）》，花木蘭文化出版社 2014 年版，第 1947～1948 頁。
〔註39〕 池田秀三《徐幹〈中論〉校注》（下），《京都大學文學部研究紀要》第 25 號，1986 年，第 121 頁。

按：孫氏「舉指亦曰扣」是臆說，且《廣雅》「扣，舉也」者，是舉起發動義，而不是指向義。扣，讀為呴，怒聲也。字亦作詬、呴、詢，俗作吼〔註40〕。《左傳·昭公十三年》「詬天而呼曰」，《史記·龜策列傳》《集解》引作「詢天」，即是「吼天」。《集韻》：「呴：《說文》：『厚怒聲。』或作呴、吽、吼。」

（9）至乎懷丈夫之容，而襲婢妾之態

孫啟治曰：「懷」本謂包懷，引申為蒙其表，披其外。懷丈夫之容，謂披男子之表。襲，因襲、襲仿也。（P239）

按：徐仁甫曰：「『懷』疑當作『壞』。」（P595）懷，挾也。襲，讀為習，學也，習染也，習慣也。

（10）然擲目指掌，高談大語

孫啟治曰：擲目，投目。「指掌」作動字解，謂劃指擊掌。（P239）

按：韓格平曰：「『擲』通『摘』。《廣雅》：『摛，嬈也。』擲目謂以目相挑逗。『指』為『抵』的假借字，側擊也。」〔註41〕韓氏讀指為抵，是也，猶言拊拍也。擲，擊也。「擲目」猶言目擊，指目光接觸。《莊子·田子方》「若夫人者，目擊而道存矣」，《釋文》引司馬彪曰：「見其目動而神實已著也。擊，動也。」《後漢書·郅惲傳》「子張但目擊而已」，李賢注：「目擊，謂熟視之也。」

《曆數》第十三校補

（1）布筭以追之

孫啟治曰：布，陳列也。筭，算籌。追，本謂追逐，引申為求索。（P246）

按：追，謂追蹤。下文云：「於是會稽都尉劉洪更造乾象曆，以追日月星辰之行。」《晉書·律曆志》：「（劉洪）作乾象法……以術追日月五星之行，推而上則合於古，引而下則應於今。」

〔註40〕「吼」是「呴」聲轉俗字。章太炎曰：「扣即孔字音轉，猶芤、吼皆轉入侯部矣。」章太炎《新方言》卷2，收入《章太炎全集（7）》，上海人民出版社1999年版，第34頁。

〔註41〕韓格平《徐幹〈中論〉校記十則》，《古籍整理研究》1987年第1期，第43頁。

《務本》第十五校補

（1）為仁足以覆幬群生

孫啟治曰：《治要》「為」作「謂」，按「為」通「謂」。「覆幬」複語，覆被也。幬訓帳幔，引申為覆蓋。（P292）

按：《長短經·君德》引「為」亦作「謂」。《治要》、《長短經》引「幬」作「燾」。燾、幬，正、借字。燾亦覆也。

（2）權足以變應無端

孫啟治曰：「變應」即「應變」，《治要》「作「應變」。（P292）

按：《長短經·君德》引亦作「應變」，當據乙正。

（3）達於興廢之原

按：興廢，《治要》卷46、《長短經·君德》引作「廢興」。

（4）魯莊公容貌美麗，且多技藝

孫啟治曰：「莊」原作「桓」，據四庫本改。（P294）

按：《長短經·君德》引作「昔魯莊多伎藝」，字正作「莊」，是唐本不誤。

（5）今使人君視如離婁，聰如師曠

孫啟治曰：《治要》、《長短經》卷2「聰」作「聽」。（P301）

按：池田引梁榮茂曰：「『聽』乃『聰』之誤。」〔註42〕梁說非是，當作「聽」。「聰」與「明」對舉，「聽」與「視」對舉。

（6）適足以距諫者之說，而鉗忠直之口也

孫啟治曰：《治要》「距」作「拒」，「適」作「祇」。（P304）

按：鈔本《治要》卷46引「忠直」下有「者」字（刊本《治要》無）。

《審大臣》第十六校補

（1）灼然若披雲而見日，霍然若開霧而觀天

孫啟治曰：霍，疾貌也。（P310）

〔註42〕池田秀三《徐幹〈中論〉校注》（下），《京都大學文學部研究紀要》第25號，1986年，第155頁。

按：①錢培名曰：「《初學記》卷2、《御覽》卷13並引作『灼若披雲而見白日，霍若開霧而覩青山』，《御覽》卷4引作『若披雲見白日』，《初學記》卷6、《御覽》卷834並引作『灼若祛雲而見日，霍若開霧而觀山』，合參諸本，兩『然』字皆衍，『天』字當作『山』，無可疑者。以原本文義可通，姑仍其舊。」〔註43〕「《御覽》卷13」當作「《御覽》卷15」，錢氏誤記卷號（或「十五」誤刻作「十三」），又《御覽》卷834「袪」誤作「祛」。《事類賦注》卷3引同《初學記》卷2，《事類賦注》卷1引同《御覽》卷4，《白氏六帖事類集》卷1、《記纂淵海》卷71引作「若披雲見日月，如開霧覩青天」，《御覽》卷8、《事類賦注》卷2「灼然如披雲見白日」，《野客叢書》卷5引作「灼然若驅雲而見白日，霍然如開霧而睹青天」〔註44〕，《記纂淵海》卷2引作「灼然如披雲見白日，恍若開霧而覩青天」，錢氏均失校。錢氏說「『天』字當作『山』」，非是。《類聚》卷31引梁劭陵王《贈言賦》：「似臨潭而鏡□，若披霧而睹天。」〔註45〕《世說新語·賞譽》劉孝標注引王隱《晉書》：「猶廓雲霧而覩青天。」〔註46〕均是「天」字不誤之證。兩「然」字亦不是衍文。池田引梁榮茂曰：「灼若霍若，猶灼然霍然，淺人不知『若』與『然』同義，乃於兩『若』字上妄加『然』字耳。」池田指出：「梁說非是，此『若』不是狀事之詞，而是比況之詞也。」〔註47〕池田說是。②《荀子·議兵》「霍焉離耳」，又「渙然離耳」，楊倞注：「霍焉，猶渙焉也。」司馬相如《大人賦》：「煥然霧除，霍然雲消。」「霍焉」即「霍然」，與「煥然」一聲之轉，形容破裂、離散之聲，以狀疾速之貌。《釋名·釋兵》：「矟，霍也，所中霍然即破裂也。」又作「豁然」，《釋名·釋兵》：「鉞，豁也，所向莫敢當前，豁然破散也。」

〔註43〕錢培名《〈中論〉札記》卷下，《龍谿精舍叢書》本附錄，第6頁。

〔註44〕《野客叢書》據萬曆刻本，四庫本在卷12。

〔註45〕《類聚》據宋刻本，「鏡」下作空格，脫一字，明嘉靖刊本、四庫本作「鏡」上有「對」字。明刊本「潭」誤作「渾」。

〔註46〕《白氏六帖事類集》卷1引作「若開雲霧而覩青天」，《初學記》卷2、《御覽》卷15引作「若開霧覩青天」，《初學記》卷11、《御覽》卷215引作「猶披雲霧而覩青天也」，《御覽》卷8、380、《事類賦注》卷3引作「若披雲霧而覩青天」，《御覽》卷446引作「若披雲而覩青天也」。

〔註47〕池田秀三《徐幹〈中論〉校注》（下），《京都大學文學部研究紀要》第25號，1986年，第163頁。

（2）大賢為行也，衰然不自滿，偶然若無能

孫啟治曰：「滿」字原作墨丁，《龍谿精舍》本及池田校《兩京遺編》本作「滿」，《漢魏叢書》本、四庫本等均作「見」。池田校引梁茂榮云：「衰，減也。則補『滿』字近是。」今按梁說是也。衰然，謙抑貌也。（P313）

按：《漢魏叢書》本作空格缺字，孫氏失檢。張舜徽曰：「衰然，收斂貌。」（P884）衰，聚斂也。

（3）素韠羔裘，求之無尤；黑裘素韠，求之無戾

孫啟治曰：「韠」同「韠」，本作「韠」，蔽膝也。二「求」謂詢問。池田引多田氏訓「尤」為尤異，是也。「戾」謂背理。《呂氏春秋·樂成》：「麛裘而韠，投之無戾；韠而麛裘，投之無郵。」高誘注：「投，棄也。『郵』字與『尤』同。投棄孔子無罪尤也。」文與此不同也。（P316）

按：張舜徽曰：「韠，劍鞘也。尤，過也。戾，罪也。」（P884）張氏解「韠」誤也。P.3722、S.1440《治道集》卷4引此文「韠」作「韠」。《孔叢子·陳士義》：「麛裘而芾，投之無戾；芾之麛裘，投之無郵。」芾、韠一聲之轉。「尤」當訓罪尤，高誘說是也。此文二「求」當作「投」。「投」形誤作「授」，又改作「求」。文廷式曰：「無戾、無郵，疑皆指人跡罕到之地，與《詩》『投畀有北』、『投畀有昊』句法正同，皆怨毒呪詛之詞。」〔註48〕臆說無據。

《慎所從》第十七校補

（1）矜勇有力，詐虐無親

孫啟治曰：矜勇，強勇也。《詩·無羊》毛傳：「矜矜兢兢，以言堅彊也。」或訓「矜」為自恃、自誇，則以一「矜」字貫「勇有力」三字為文，今不從。（P333）

按：孫氏以「矜勇」成詞是也，但「矜」訓彊是勉力義，非其誼也。池田引《漢書·敘傳》：「灌夫矜勇，武安驕盈。」〔註49〕「矜勇」是複詞，矜讀為懂，亦勇也。《淮南子·人間篇》：「如此不報，無以立務於天下。」王引

〔註48〕文廷式《純常子枝語》卷15，收入《續修四庫全書》第1165冊，上海古籍出版社2002年版，第213頁。
〔註49〕池田秀三《徐幹〈中論〉校注》（下），《京都大學文學部研究紀要》第25號，1986年，第178頁。

之曰：「『務』當為『矜』，字之誤也。《列子·說符篇》『立矜』作『立憧』。『憧』與『矜』古同聲而通用。張湛注《列子》云：『憧，勇也。』此注云：『矜，勢也。』『勢』與『勇』亦同義。《說山篇》云：『立憧者非學鬥爭，憧立而生不讓。』《氾論篇》云：『立氣矜，奮勇力。』《韓詩外傳》云：『外立節矜，而敵不侵擾。』是『立矜』即『立憧』也。《趙策》云：『勇哉氣矜之隆。』《史記·王翦傳》云：『李將軍果勢壯勇。』是『矜』與『勢』、『勇』並同義。」〔註50〕周悅讓、岡本孝說同〔註51〕，當是襲取王說。

《亡國》第十八校補

（1）今不修所以得賢者之心，而務循所以執賢者之身

按：底本「修」作「脩」，各本同，《治要》卷46引亦同。循，各本同，當據《治要》引校作「脩」。「務脩」與「不脩」對文。

（2）歆之如蘭芳

按：歆，鈔本《治要》卷46引同，右旁改「馥」。

（3）內外震駭，遠近怨悲

按：錢培名曰：「《治要》『駭』作『騷』。」「震騷」是唐宋人語，屢見於《新唐書》，《治要》蓋臆改。

（4）酒醴也如瀂滫

孫啟治曰：瀂滫，污水。《淮南子·人間》高誘注：「瀂，臭汁也。」「滫」本謂洗滌污穢，去污則水受污，蓋引申有污義，故曰「瀂滫」。又《集韻》去聲四十九宥：「滫，溲也。」溲者，溺（俗作『尿』）也。此義亦通，存參。（P354）

按：俞樾曰：「《荀子·勸學篇》『其漸之滫』，楊注曰：『滫，溺也。』

〔註50〕王引之說轉引自王念孫《淮南子雜志》，收入《讀書雜志》卷14，中國書店1985年版，本卷第122～123頁。劉台拱說《淮南子》「立務」當作「立憧」，注「勢」當作「勇」，不如王說之善。劉台拱《淮南子補校》，收入《子藏·道家部·淮南子卷》第46冊，國家圖書館出版社2017年版，第427頁。

〔註51〕周悅讓《淮南子通》，收入《倦遊庵槧記·子通》，齊魯書社1996年版，第727頁。況齊岡本孝《淮南子疏證》，收入《日本先秦兩漢諸子研究文獻集成》第5輯第2冊，上海社會科學院2017年版，第938頁。

《淮南子・人間篇》『及漸之潃』，高注曰：『潃，臭汁也。』此用『潃』字正合。惟『滫』字似非所用。《周官・司烜氏》注：『司農曰：「明齏，謂以明水潃滫粢盛黍稷。」』雖亦『潃滫』連文，然施之此則義正反矣。『滫』疑『浚』字之誤。浚，便也。『潃浚』連文，猶言便溺耳。」〔註52〕張舜徽曰：「潃滫，臭汁也。」（P890）孫氏不引俞說，其說即自俞說化出。①《淮南子・人間》是許慎注，而非高誘注。孫謂「滫」有污義，妄說耳。又《集韻・宥韻》：「潃，溲也。」字作「潃」，孫氏誤作「滫」。釋文「溲也」者，溲指溲麵。裴務齊《正字本刊謬補缺切韻》：「潃，息有反。潃麵。亦溲，同。」P.2011王仁昫《刊謬補缺切韻》、P.3693V《箋注本切韻》、《廣韻・有韻》並云：「潃，溲麵。」《禮記・內則》「潃瀡以滑之」，鄭玄注：「秦人溲曰潃，齊人滑曰瀡也。」此韻書所本。孫氏不作考證，想當然地說「溲」即是「尿」，疏陋已甚！②鈔本《治要》卷46引倒作「滫潃」，刊本《治要》作俗字「滫滫」。「潃滫」是漢人俗語，已見俞樾所引《周禮》鄭司農注語。賈公彥疏：「潃謂潃瀡，滫謂蕩滌。俱謂釋（釋）米者也。」「潃滫」皆動詞，猶言淘洗。《說文》：「敊，潃米器也。」「潃米」即「淘米」。此文「潃滫」用作名詞，指淘米水，引申則指臭汁。俞樾改作「潃浚」非是。

《賞罰》第十九校補

（1）被文垂藻

按：《長短經・政體》引「文」誤作「立」〔註53〕。

（2）夫當賞者不賞，則為善者失其本望，而疑其所行；當罰者不罰，則為惡者輕其國法，而怙其所守

孫啟治曰：怙，恃也。「怙」字《治要》同，《長短經・政體》引作「恬」。恬，安也，義亦通。（P360）

按：「怙」是「恬」形誤。「恬」與上文「疑」為對文。

（3）故《司馬法》曰：「賞罰不踰時，欲使民速見善惡之報也。」

孫啟治曰：《司馬法・天子之義》：「賞不踰時，欲民速得為善之利也；罰

〔註52〕俞樾《讀〈中論〉》，《諸子平議補錄》卷10（李天根輯），中華書局1956年版，第81頁。
〔註53〕《長短經》據南宋刻本，四庫本誤同，讀畫齋叢書本「文」又誤作「玉」。

不遷列，欲民速覩為不善之害也。」《治要》卷 33 引同，並引舊注：「賞功不移時，罰惡不轉列，所以勸善懲惡，欲速疾也。」按「遷列」未詳其義。明刻《御覽》卷 270、《類說》卷 39 引並作「罰不遷刻」。「刻」即漏刻。「不遷刻」亦即「不踰時」，於義順，字當作「刻」為是。（P361）

按：宋刻《御覽》卷 270 引作「遷列」，《孫子·計》張預注、宋劉荀《明本釋》卷中引同。《長短經·教戰》：「用命者賞不踰時，逗撓者誅不遷列。」當本於《司馬法》。遷列，移動行列，謂不待移動行列即處罰之。銀雀山漢簡（二）《將德》：「賞不楡（逾）日，罰不畏（還）面。」整理者曰：「還面，猶言轉臉。」〔註 54〕又疑「遷」是「還」形誤〔註 55〕，讀作旋。列，讀作履，步也。還履猶言旋踵，言其疾也。

（4）故先王明恕以聽之，思中以平之，而不失其節

孫啟治曰：明恕以聽之，原作「明庶以德之」，錢校據《治要》改。今從之。（P362）

按：池田亦從錢校〔註 56〕。先王，《漢魏叢書》本、四庫本誤作「先生」。鈔本《治要》卷 46 引作「明怒以聽之」，刊本《治要》改「怒」作「恕」。「明庶」不誤。庶，讀為度，謂度量。《淮南子·氾論篇》「蹠距者舉遠」，《文子·上義》「蹠」作「度」。《書·益稷》「敷納以言，明庶以功」，《左傳·僖公二十七年》、《潛夫論·考績》引「庶」作「試」。章太炎曰：「《逸周書·諡法解》『心能制義曰庶』，《春秋傳》『庶』作『度』。此『庶』亦『度』也。『明度以功』，與《堯典》言『明試以功』，其文稍異，義則大同矣。」〔註 57〕「德」當據《治要》校作「聽」。聽，察也。明庶以聽之，謂明其度量而考察之。《漢書·谷永傳》：「明度量以程能，考功實以定德。」銀雀山漢簡（一）《守法守

〔註 54〕《銀雀山漢墓竹簡〔貳〕》，文物出版社 2010 年版，第 159 頁。
〔註 55〕《史記·秦本紀》「終年不還」，《韓子·十過》、《說苑·反質》「還」作「遷」。《濟諸方等學經》「來詣佛所，稽首足下，遷住一面」，宋、元、明、宮本「遷」作「還」。《普曜經》卷 1「往詣佛所稽首足下，還住一面」，宋、元、明本「還」作「遷」。都是其例。
〔註 56〕池田秀三《徐幹〈中論〉校注》（下），《京都大學文學部研究紀要》第 25 號，1986 年，第 193 頁。
〔註 57〕章太炎《古文尚書拾遺定本》，《制言》第 25 期，1936 年版，第 10 頁；又收入《章太炎全集》第 2 輯，上海人民出版社 2015 年版，第 271 頁。所引《春秋傳》，見《左傳·昭公二十八年》。《逸周書》「庶」，盧氏《抱經堂叢書》本據《正義》及《左傳》改作「度」，殊無必要。

令等十三篇》殘存「（上殘）法制，明度量也」語。

《民數》第二十校補

（1）小則盜竊，大則攻劫

按：盜竊，《通典》卷 3、《文獻通考》卷 12 引作「濫竊」。濫，讀作攬，亦作擥，引聚也。

佚文《制役》校補

（1）夫國有四民，不相干黷

按：鈔本《治要》「黷」誤作「贖」。

2022 年 3 月 19 日～3 月 28 日初稿，3 月 29 日二稿。

牟子《理惑論》校補

　　牟子《理惑論》37 章，收入梁僧祐《弘明集》卷 1。梁僧祐《出三藏記集》卷 12 南朝宋陸澄《法論》目錄有《牟子》，注云「一云蒼梧太守牟子博傳」，唐道宣《大唐內典錄》卷 10 同。《隋書・經籍志》則稱「《牟子》二卷，後漢太尉牟融撰」，《舊唐書・經籍志》、《新唐書・藝文志》、《通志》卷 66 同。

　　茲據大正藏本（高麗藏再雕本）第 52 冊《弘明集》作底本，其《校勘記》所稱「宋本」指南宋思溪法寶資福禪寺大藏經本，「元本」指大普寧寺藏本，「明本」指嘉興藏本，「宮本」指日本宮內省圖書寮本，「聖本」指日本正倉院聖語藏本。李小榮《弘明集校箋》以宋磧砂藏本作底本（省稱作「磧」）〔註1〕，其《校勘記》所稱「大」指大正藏本，「資」指資福藏本即思溪藏本，「金」指趙城金藏本，「麗」指再雕高麗藏本，「頻」指頻伽藏本，「南」指永樂南藏本，「北」指永樂北藏本，「徑」指徑山藏本即嘉興藏本，「汪」指四部叢刊本影印明汪道昆刻本，「清」指乾隆藏本，「陵」指金陵刻經處本。《慧琳音義》卷 95、《可洪音義》卷 28 各有《弘明集音義》。茲補校以寬永十四年活字印本（省稱作寬永本）、四庫本。

　　本文引李小榮說，隨文標示頁碼。

（1）時年方盛，志精於學，又見世亂，無仕宦意，竟遂不就

　　大正藏本校勘記（下省稱作校勘記）：遂，宋、宮本作「還」。

　　李小榮曰：遂，宮、資同底本作「還」，餘本作「遂」，據改。（P8）

〔註1〕 李小榮《弘明集校箋》，上海古籍出版社 2013 年版。

按：遂，汪本、四庫本同，寬永本亦作「還」。「還」是「遂」形譌，李氏改字是也。「竟遂」複語，猶言終竟。

（2）牧弟為豫章太守，為中郎將笮融所殺

校勘記：笮，宮本作「管」。

按：各本均作「笮」，《慧琳音義》卷95、《可洪音義》卷28同，宮本誤。《慧琳音義》卷95：「笮融：上爭戹反，人姓名也，吳中郎將也。」《後漢書·陶謙傳》言笮融「奔豫章，殺郡守朱皓」。

（3）含玄妙為酒漿，翫五經為琴簧

按：簧，汪本、四庫本同，《慧琳音義》卷95、《可洪音義》卷28亦同；思溪藏本、磧砂藏本、寬永本作「篁」。「篁」是借音字。大正藏本失校；李小榮以磧砂藏本作底本，字改作「簧」卻不作校記，失其真矣。

（4）其日王家青衣復產一兒，厩中白馬亦乳白駒。奴字車匿，馬曰揵陟

校勘記：揵，宋、元、明、宮本作「犍」。

按：磧砂藏本、汪本、寬永本、四庫本亦作「犍陟」。《玄應音義》卷19：「揵陟：《六度集》作『犍德』，正言建他歌，此譯云納也。」《太子瑞應本起經》卷上：「太子生日，王家青衣，亦生蒼頭，厩生白駒，及黃羊子。奴名車匿，馬名揵陟。」《經律異相》卷4、《法苑珠林》卷9引「揵陟」同（元、明、宮本《經律異相》「揵」作「犍」），《釋迦譜》卷1引《瑞應本起》作「健陟」，《釋迦氏譜》引《本起》作「犍陟」。《涅槃經疏私記》卷3：「奴名車匿，馬名乾陟。」《修行本起經》卷上：「太子生日……八萬四千厩馬生駒，其一特異，毛色絕白，髦鬣貫珠，以是之故，名為騫特……白馬給乘，奴名車匿。」宋、元、明本「騫特」作「蹇特」，《釋迦譜》卷1、《法苑珠林》卷9引同。又卷下：「騫特送我出，得道不忘汝。」宋、元、明本作「蹇特」。《惟日雜難經》：「菩薩始出家行百里，解身上衣被、珍寶，付車匿持歸，白馬健陟淚出舐足。」宋、元、明、宮本作「揵陟」。騫（蹇）、揵（犍、健）、乾古音並同。「陟」字金文作「𣥺」，從二止，當從止得聲〔註2〕，或體作「徏」、「值」，與「特」、「德」一聲之轉。

〔註2〕《說文》謂「陟」從步會意，余所不取。

（5）手把千輻輪，項光照萬里

　　校勘記：項，宋、元、明、宮本作「頂」。

　　按：磧砂藏本、汪本、寬永本、四庫本亦作「頂」。「項」是形誤。

（6）蹈火不燒，履刃不傷，在汙不辱，在禍無殃

　　校勘記：辱，宋、元、明、宮本作「染」。

　　李小榮曰：染，麗、頻、大作「辱」，亦可。（P15）

　　按：汪本、寬永本、四庫本亦作「在汙不染」，《隆興編年通論》卷1、《佛祖歷代通載》卷5引同；《淨土三部經音義集》卷1引作「在汙不辱」。疑當作「在辱不汙」或「在辱不染」，「辱」是「欲」音誤〔註3〕，指欲界。「在欲」也作「處欲」，日本京都大學圖書館藏《淨度三昧經》卷1：「處欲不汙，在禍不殃。」《出曜經》卷28：「處欲不污，在禍不懼。」足為此文之證。《長者法志妻經》卷1：「心如明月珠，處欲無所著。」《方廣大莊嚴經》卷2：「處欲常無染，踰城棄寶位。」《大方等大集經》卷31：「雖處欲界，不為欲污。」又卷33：「雖在欲界，不為欲污。」又卷35：「雖處欲界，不為欲染。」《菩薩瓔珞經》卷1：「雖復在欲眾惱之中，心無染著。」《須真天子經》卷1：「至於身之本，處欲而自在。」S.1846《梁朝傅大士頌金剛經》卷1：「在欲而無欲，居塵不染塵。」此上皆「在欲不汙（或『染』）」之證。《大般涅槃經集解》卷65：「而或者聞在欲不障，謂欲心現前，亦不障道也。」其誼亦同。《善見律毘婆沙》卷4：「問曰：『何謂為欲？』答曰：『欲有二：一者處欲，二者煩惱欲。』問曰：『何謂處欲？何謂煩惱欲？』答曰：『處欲者，心著色處。煩惱欲者，令人至欲所。』」此解「欲」字之誼。

（7）四表為大，蜿蜒其外；毫釐為細，間關其內

　　校勘記：蜿蜒，宋、元、明本作「綩綖」。

　　按：蜿蜒，《隆興編年通論》卷1、《佛祖歷代通載》卷5、《可洪音義》卷28引同；磧砂藏本、汪本、寬永本、四庫本亦作「綩綖」；《慧琳音義》卷

〔註3〕二字均屋部，日母、余母旁紐雙聲通轉。《老子》第37章：「無名之樸，夫亦將不欲。」帛書甲、乙本「欲」作「辱」。《國語·魯語下》「二三婦之辱共先祀者」，《家語·子夏問》「辱」作「欲」。此上古音通轉之證，而中古亦然。《水經注·消水》：「洱水……世謂之肄水，肄、洱聲相近。」此中古音「肄（余母）」、「洱（日母）」通轉例，參見龐光華《上古音及相關問題綜合研究——以複輔音聲母為中心》，暨南大學出版社2015年版，第113頁。

95 作「蜿蟺」。皆「宛延」分化詞。

（8）或於外類，失於中情

校勘記：或，明本作「惑」。

李小榮曰：或，徑、北、汪、清、陵、孫作「惑」，通，可。（P15）

按：思溪藏本、磧砂藏本、寬永本作「或」，古字；四庫本亦作「惑」，《隆興編年通論》卷 1、《佛祖歷代通載》卷 5 引同。「類」當是「貌」異體字「皃」形誤，各本均誤。《新語・術事》「惑於外貌，失於中情」，此牟子所本。《理惑論》本於《新語》、《淮南子》等舊籍者甚多〔註4〕。《六韜・龍韜・選將》：「夫士外貌不與中情相應者十五。」《越絕書・越絕請糴內傳》：「外貌類親，中情甚疏。」亦「外貌」與「中情」對文。《列子・楊朱》「人肖天地之類」，《漢書・刑法志》「類」作「皃」。道藏本《道德指歸論・民不畏威章》「遁貌逃情」，秘冊彙函本、津逮秘書本「貌」作「類」。是其相譌之例。

（9）夫至實不華，至辭不飾

按：《折疑論》卷 2：「至寶光而不華（原注：『至極之寶有光澤，而無虛華之色。』），至辭愨而不飾（原注：『愨音卻。至理之言辭，誠愨善而無假莊飾。』）。」是師子比丘所見本「實」作「寶」。「實」字是也，本篇下文云「直說其實而除其華」，亦其證。考馬王堆帛書《稱》：「實穀不華，至言不飾，至樂不笑。」《列女傳》卷 3：「實穀不華，至言不飾。」《論衡・自紀》：「夫養實者不育華，調行者不飾辭。」是其確證矣。又此二語是漢人成語。《淮南子・說林篇》：「至味不慊，至言不文，至樂不笑。」《法言・問明》：「良玉不彫，美言不文。」《御覽》卷 390 引「美」作「至」。「至言不文」即「至辭不飾」也。

（10）故珠玉少而貴，瓦礫多而賤

按：瓦礫，《慧琳音義》卷 95、《隆興編年通論》卷 1、《折疑論》卷 2 引同，《御覽》卷 803 引作「凣属」。「凣」是「凡」俗字，此乃「瓦」俗形之誤〔註5〕；「属」是「穀」音誤。《新語・術事》：「聖人貴寬而世人賤眾。五穀養

〔註4〕 參見蕭旭《新語校補》，收入《群書校補（續）》，花木蘭文化出版社 2014 年版，第 525～546 頁。

〔註5〕 敦煌寫卷「瓦」作「𢁅」形，參見黃征《敦煌俗字典》，上海教育出版社 2005 年版，第 414 頁。

性而棄之於地，珠玉無用而寶之於身。」此牟子所本。

（11）剖三寸之蚌，求明月之珠；探枳棘之巢，求鳳凰之雛

　　按：棘，汪本、四庫本同；思溪藏本、磧砂藏本、寬永本作「棘」，《可洪音義》卷 28 同，俗字。《折疑論》卷 2 作：「剖蚌蛤之腹，求明月之珠；探枳棘之巢，求鸞鳳之卵。」

（12）太素未起，太始未生

　　按：未起，《北山錄》卷 2 引作「未兆」。

（13）其微不可握，其纖不可入

　　按：《淮南子·原道》：「水……行而不可得窮極也，微而不可得把握也。」《文子·道原》：「水為道也……行不可得而窮極，微不可得而把握。」

（14）子既耽《詩》《書》，悅《禮》《樂》

　　按：耽，思溪藏本、磧砂藏本、寬永本、汪本、四庫本作「躭」，俗字。漢《衛尉衡方碑》殘存「躭《詩》悅《書》」四字。《御覽》卷 526 引《汝南先賢傳》：「躭《詩》悅《禮》。」躭，讀為媅，字亦作妉、湛，樂也。《左傳·僖公二十七年》：「說《禮》《樂》而敦《詩》《書》。」漢蔡邕《太尉汝南李公碑》：「敦《詩》《書》而悅《禮》《樂》。」敦，讀為惇，勤勉也。

（15）手把十文，足蹈二五

　　李小榮曰：蹈，底本（磧砂藏本）作「踏」，形近而誤，據餘本改。（P20）

　　按：「蹈」、「踏」義同。《御覽》卷 370 引《神仙傳》及《金筒（簡）玉札內經》：「太上老子足踏二五，手把十文。」

（16）而泰伯祝髮文身，自從吳、越之俗

　　校勘記：祝，宋、元、明、宮本作「短」。

　　李小榮曰：短，麗、頻作「祝」。（P22）

　　按：汪本、寬永本、四庫本「祝」亦作「短」。《穀梁傳·哀公十三年》：「吳，夷狄之國也，祝髮文身。」《列子·湯問》：「南國之人祝髮而裸。」《釋文》：「祝，之六反。孔安國注《尚書》云：『祝者斷截其髮也。』《漢書》云：『越人斷髮文身，以避蛟龍之害。』」祝，讀為殊，斷也。故亦作「斷髮文身」，

《莊子・逍遙遊》：「越人斷髮文身。」《釋文》：「斷，司馬本作敦，云：『敦，斷也。』」《吳越春秋・吳太伯傳》：「（太伯、仲雍）遂之荊蠻，斷髮文身，為夷狄之服。」作「短」者，即「斷」音轉，《隆興編年通論》卷1、《釋氏通鑑》卷2、《釋氏稽古略》卷1、《佛祖歷代通載》卷5、《歷朝釋氏資鑑》卷2引作「斷」。《洛陽伽藍記》卷2：「短髮之君無杼首之貌，文身之民稟叢陋之質。」亦是其例。周祖謨曰：「短髮者，即『斷髮』也。都管切，上聲，與『短』同音，故或作『短』。」楊勇全襲周說〔註6〕，而不注明出處。范祥雍曰：「斷髮則髮短，故此稱『短髮』，義同。」〔註7〕范氏未達音轉。司馬彪本《莊子》作「敦」，亦「斷」音轉〔註8〕。

（17）觀三代之遺風，覽乎儒墨之道術。誦《詩》《書》，修禮節，崇仁義，視清潔

按：《道德真經指歸・上士聞道章》：「三代之遺風，儒墨之流文，誦《詩》《書》，修禮節，歌《雅》《頌》，彈琴瑟，崇仁義，祖潔白。」此牟子所本。「清潔」指「清身潔己」。「視」是「祖」形誤。《廣雅》：「祖、尚，上也。」祖亦崇尚之誼。

（18）豫讓吞炭漆身，聶政劇面自刑

校勘記：劇，宋、元、明、宮本作「皮」。

李小榮曰：劇，宮、資、普、南、北、徑、清、汪、孫同底本作「皮」，此據麗、頻、大、陵、周改，蓋其義更勝。《龍龕手鏡》謂該字「疋美反」、「剝」義。（P22）

按：寬永本、四庫本亦作「皮」，《隆興編年通論》卷1、《釋氏通鑑》卷2、《釋氏稽古略》卷1、《佛祖歷代通載》卷5、《歷朝釋氏資鑑》卷2引同。李氏不達訓詁，改字非是。《戰國策・韓策二》：「（聶政）因自皮面抉眼。」《史記・刺客傳》同，亦作「皮」字。《說文》：「皮，剝取獸革者謂之皮。」引申之，則有「剝」義〔註9〕，《廣雅》：「皮，剝也。」王念孫正引《戰國策》「皮

〔註6〕周祖謨《洛陽伽藍記校釋》，中華書局1963年版，第105頁。楊勇《洛陽伽藍記校箋》，中華書局2006年版，第117頁。

〔註7〕范祥雍《洛陽伽藍記校注》，上海古籍出版社1978年版，第124頁。

〔註8〕參見俞樾《孟子平議》，收入《群經平議》卷32，王先謙《清經解續編》卷1393，鳳凰出版社2005年版，第1214頁。

〔註9〕參見段玉裁《說文解字注》，上海古籍出版社1981年版，第122頁。

面」以證之〔註10〕。李氏既不考出典，又不檢《廣雅》。「剠」乃俗字，字或作
扠、柀、破、妭〔註11〕。

（19）沙門剔除鬚髮

校勘記：剔，元本作「別」，明本作「剃」。

按：思溪藏本、磧砂藏本、寬永本作「剔」，《隆興編年通論》卷 1 引同；
汪本、四庫本作「剃」，《佛祖歷代通載》卷 5 引同。《摩訶衍寶嚴經》「剔除
鬚髮」，宋、元、明、宮本「剔」作「剃」。「別」是「剔」形誤，剔、剃一聲
之轉，皆「鬍」俗字，亦作鬚、髻。《說文》：「鬚，髻髮也。」又「髻，鬍髮
也。」

（20）清躬無為，道之妙也

按：「清躬」蓋非「清身」之謂，當是「清靜」或「清淨」轉語，冬、耕
旁轉；或者是「清湛」轉語，冬、侵通轉〔註12〕。

（21）沙門修道德，以易遊世之樂；反淑賢，以背妻子之歡

校勘記：背，宋、宮本「貨」，元、明本作「貿」。

李小榮曰：貿，宮、資同底本作「貸」，麗、頻、大作「背」，此據普、南、
北、徑、清、陵、汪、孫、周改。（P23）

按：背，宋本、寬永本作「貸」，《隆興編年通論》卷 1、《釋氏通鑑》卷
2、《佛祖歷代通載》卷 5、《歷朝釋氏資鑑》卷 2 引同，《校勘記》誤作「貨」。
汪本、四庫本作「貿」。作「貿」是，貿亦易也。又《隆興編年通論》引「反」
誤作「友」。

（22）不溢其情，不淫其性

按：各本「溢」字同，《隆興編年通論》卷 1、《佛祖歷代通載》卷 5 引
亦同。《折疑論》卷 3 作：「不隘其情（原注：『君子所行之事，不以窄隘其

〔註10〕 王念孫《廣雅疏證》，收入徐復主編《廣雅詁林》，江蘇古籍出版社 1992 年版，
第 276 頁。
〔註11〕 參見蕭旭《〈莊子〉拾詁》，《中國語學研究・開篇》第 30 卷，日本好文 2011
年 9 月出版，第 38～41 頁。
〔註12〕 「冬、侵通轉」說參見章太炎《文始》卷 7，收入《章太炎全集》（七），上海
人民出版社 1999 年版，第 341 頁。

情。』），不淫其性（原注：『亦不淫蕩其性。』）。」「溢」當是「溢」誤，注據誤字而說耳。

（23）金玉不相傷，隨碧不相妨

校勘記：隨，元本作「隋」，明本作「精」。碧，明本作「珀」。

李小榮曰：隨碧，頻、大同底本，麗作「隨碧」，南、汪作「精魄」（但汪有校語曰『一作精珀』），北、徑、清、孫、陵、周作「精珀」。《佛祖歷代通載》卷5、《隆興編年通論》卷1引作「隋璧」。（P30）

按：四庫本同汪本，思溪藏本、磧砂藏本、寬永本都作「隨碧」，《釋氏通鑑》卷2引亦作「隋璧」，《歷朝釋氏資鑑》卷2引作「隋璧」。《折疑論》卷3作「青碧不相妨」，注：「青碧之色，各有所用，何相妨礙。」此有誤字，疑當作「青碧」。

（24）妻子自與他人

校勘記：自，宋、元、明、宮本作「匈」。

李小榮曰：匈，麗、頻、大作「自」，餘同底本（周作「丏」，通），悉可。（P32）

按：思溪藏本（即宋本）、磧砂藏本、汪本、寬永本「自」作「匈」，俗「匈」字，《校勘記》誤記也。四庫本作「匈」。「自」是「匈」形誤。

（25）工輪能與人斧斤繩墨，而不能使人功；聖人能授人道，不能使人履而行之也

校勘記：功，宋、元、明、宮本作「巧」。

按：磧砂藏本、汪本、四庫本、寬永本亦作「巧」。功，讀為工，字亦作攻，與「巧」一聲之轉，又音轉作「跔」。《孟子·盡心下》：「梓匠輪輿能與人規矩，不能使人巧。」此牟子所本。《抱朴子內篇·極言》：「良匠能與人規矩，不能使人必巧也；明師能授人方書，不能使人必為也。」此又本於牟子，王明失考〔註13〕。

（26）僖負羈以壺飧之惠，全其所居之間；宣孟以一飯之故，活其不訾之軀

〔註13〕王明《抱朴子內篇校釋》，中華書局1985年版，第250頁。

校勘記：壺，元、明本作「壹」。間，宋、元、明、宮本作「閭」。

李小榮曰：壺，普、南、北、徑、清作「壹」，汪作「一」，於義可通。
（P35）

按：李說「於義可通」非是。壺殠，思溪藏本、磧砂藏本、寬永本同，汪本、四庫本作「一餐」，《隆興編年通論》卷1、《可洪音義》卷28引作「壺飧」，《佛祖歷代通載》卷5引作「盤殠」。間，磧砂藏本、寬永本、汪本、四庫本亦作「閭」，《編年通論》、《歷代通載》引同。「壹」是「壺」形誤，「餐（飧）」是「殠」形誤，「間」是「閭」形誤。「殠」是「飧」俗字，音孫，俗亦作飧，指水澆飯。《淮南子·繆稱篇》：「僖負羈以壺殠表其閭，趙宣孟以束脯免其軀。」又《齊俗篇》：「故釐負羈之壺餐（飧），愈於晉獻公之垂棘；趙宣孟之束脯，賢於智伯之大鐘。」此牟子所本。

（27）懷善者應之以祚，收惡者報之以殃

校勘記：收，宋、元、明、宮本作「挾」。

按：磧砂藏本、寬永本、汪本、四庫本作「挾」，《折疑論》卷3、《隆興編年通論》卷1、《佛祖歷代通載》卷5引同。「收」是「挾」形誤。《史記·吳王濞列傳》：「蓋聞為善者天報之以福，為非者天報之以殃。」此牟子所本。

（28）僕以為此行德之賊也

校勘記：宋、元、明、宮本「行德」作「德行」，「賊」作「賤」。

李小榮曰：德行，麗、金、頻、大作「行德」，亦通。賤，麗、金、頻、大作「賊」，意通。（P43）

按：李說非是。汪本、四庫本、寬永本亦作「德行之賤」，當據《止觀輔行傳弘決》卷5、《隆興編年通論》卷1引作「德行之賊」。《法華經三大部補注》卷1引作「豈非賊乎」，亦是「賊」字。

（29）為下里之曲，和者千人；引商激角，眾莫之應

校勘記：激，宋、元、明、宮本作「徵」。

李小榮曰：徵，麗、金、頻、大作「激」，亦通。（P45）

按：汪本、四庫本、寬永本亦作「徵」。「徵」是「激」形譌。「商」、「角」各是古五音「宮、商、角、徵、羽」之一。謂引其商聲，激其角聲。《新序·雜事一》：「其始曰下里巴人，國中屬而和者數千人……引商刻角，雜以流徵，

國中屬而和者不過數人。」《文選・對楚王問》作「引商刻羽」。

（30）公明義為牛彈清角之操，伏食如故，非牛不聞，不合其耳矣；轉為蚊虻之聲、孤犢之鳴，即掉尾奮耳，蹀躞而聽

按：《慧琳音義》卷 95 所見本「蹀躞」作「蹀燮」。《御覽》卷 945、《爾雅翼》卷 26 引「掉尾」作「翹尾」，「蹀躞」作「躡蹀」。

（31）夫長於變者不可示以詐，通於道者不可驚以怪，審於辭者不可惑以言，達於義者不可動以利也

按：《新語・思務》：「夫長於變者不可窮以詐，通於道者不可驚以恠，審於辭者不可惑以言，遠（達）於義者不可動以〔利〕。」《淮南子・脩務篇》：「通於物者不可驚〔以〕怪，喻於道者不可動以奇，察於辭者不可燿以名，審於形者不可遯以狀。」又《要略篇》：「使人通迵周備，不可動以物，不可驚以怪者也。」此均牟子所本。

（32）玉石同匱，猗頓為之改色；朱紫相奪，仲尼為之歎息

校勘記：改色，宋、元、明、宮本作「於悒」。

李小榮曰：於悒，麗、金、頻、大作「改色」，亦可。（P55）

按：汪本、四庫本、寬永本亦作「於悒」。李說非是，「改色」是「於邑」形譌，即「於悒」。《淮南子・氾論篇》：「玉工眩玉之似碧盧者，唯猗頓不失其情。」此牟子所本。《劉子・正賞》：「以燕石為美玉者，惟猗頓不謬其真。」《金樓子・立言篇上》：「碧盧似玉，猗頓別之。」亦本於《淮南》。下句典出《論語・陽貨》孔子曰：「惡紫之奪朱也。」李氏《校箋》失考其出典。道藏本《冥通記》卷 2「未達此趣，以為於色」，秘冊彙函本、津逮秘書本作「於邑」，亦其相譌之例。

（33）以鵄梟而笑鳳凰，執螻蚓而調龜龍

校勘記：鵄，明本作「鴟」。蚓，宋、元、宮本作「蟻」。

李小榮曰：蟻，資、普同底本，餘本作「蚓」，亦可。（P60）

按：鵄，思溪藏本、磧砂藏本、寬永本同，汪本、四庫本作「鴟」，「鵄」是俗字。寬永本「蚓」亦作「蟻」。調，讀為啁，字或作嘲，亦笑也。《止觀輔行傳弘決》卷 5 引作「似以鴟梟而笑鳳凰，執蝘蜓而嘲龜龍」，字正作「嘲」。

（34）蟬之不食，君子不貴；蛙蟒穴藏，聖人不重

　　按：《弘明集》卷7慧通《駁顧道士夷夏論》：「是以蟬蛾不食，君子誰重？蛙蟒穴藏，聖人何貴？」本於此文。《可洪音義》卷29：「蛙蟒：上烏乖、烏花二反，下莫郎反，蝦蟆屬。」「蟒」不指大蛇，當是「蛨（鼃）」音轉〔註14〕。《說文》：「鼃，蝦蟇也。」《文選·魏都賦》李善注引「蝦蟇」作「蝦蟆」。「蛙」是「鼃（繩）」俗字。《廣雅》：「胡蛨、鼃，蝦蟆也。」「蝦蟆」、「胡蛨」聲相轉。《集韻》：「蛨，蟲名，蝦蟆也。」又「鼃，胡蛨（鼃），蝦蟆屬，通作蛨。」宋·邵雍《偶得吟》「蛙蛨泥中走，鳳凰雲外飛」，正「蛙蛨」例。「蛙蛨」又聲轉作「鼃黽」、「耿黽」，《說文》：「黽，鼃黽也。」《周官·秋官·司寇》「蟈氏掌去鼃黽」，鄭玄注：「齊魯之間謂鼃為蟈。黽，耿黽也。」鼃、耿二字，支、耕對轉。又轉作「鼈蟆」，亦支、耕對轉。《爾雅》「鼈蟆」，郭璞注：「蛙類。」黃侃曰：「鼃，《爾雅》作『鼈』。」又「鼈者，耿之後出字，亦鼃之異文。」〔註15〕

　　　　　　　　2020年4月25～29日初稿，4月30日二稿。

〔註14〕音轉之例參見蕭旭「蝗蟲」名義考，收入《群書校補（續）》，花木蘭文化出版社2014年版，第2183～2185頁。
〔註15〕黃侃《字通》、《說文外編箋識》，並收入《說文箋識》，中華書局2006年版，第160、479頁。

《博物志》校補

　　《博物志》10卷，舊題晉張華撰。

　　清人黃丕烈、周心如、錢熙祚各有校勘〔註1〕。范寧《博物志校證》〔註2〕，以《秘書二十一種》本作底本。唐久寵《博物志校釋》〔註3〕，以士禮居叢書本作底本。唐子恒《博物志》點校本，以《古今逸史》本作底本〔註4〕。三氏各校其他版本及唐宋以來類書、古注所引，雖然詳備，但有許多失校或誤說處，亟當訂補，本文以范氏《校證》為底本作校補焉。

　　鄭曉峰譯注《博物志》〔註5〕，參考前人成果不周，於前人說往往採擇不當，偶爾自出己見則又多臆說。

　　范寧《博物志校證》附錄有薛壽《〈博物志疏證〉序》〔註6〕，陳逢衡（字穆堂）今有《續博物志疏證》存世〔註7〕，而《博物志疏證》未能成書傳世。

　　本稿引用類書，《藝文類聚》省稱作《類聚》，《白氏六帖事類集》省稱作《白帖》，《太平御覽》省稱作《御覽》，此上均據宋刻本。《北堂書鈔》省稱作《書鈔》，據孔廣陶刻本。《太平廣記》省稱作《廣記》，據明代許刻本。

〔註1〕黃丕烈《士禮居叢書》景宋連江葉氏本《序跋》，周心如刻紛欣閣叢書本，錢熙祚刻《守山閣叢書》本即指海本。

〔註2〕范寧《博物志校證》，中華書局1980年版。中華書局2014年第2版係據1980年版重印，但增補了二個附錄。

〔註3〕唐久寵《博物志校釋》，學生書局1980年版。

〔註4〕唐子恒《博物志》點校本，收入《子海精華編》，鳳凰出版社2017年版。

〔註5〕鄭曉峰譯注《博物志》，中華書局2019版。

〔註6〕范寧《博物志校證》，中華書局2014年版，第155～156頁。

〔註7〕陳逢衡（字穆堂）《續博物志疏證》，收入《上海圖書館未刊古籍稿本》第31冊，復旦大學出版社2008年版。

《記纂淵海》據四庫本。

卷一校補

（1）《河圖括地象》曰：「地部之位起形高大者有崑崙山，廣萬里，高萬
一千里，神物之所生，聖人仙人之所集也。」

　　錢熙祚曰：《御覽》卷 36「祁」作「氏」。疑即「祇」字之壞，俗本並作
「部」。

　　范寧曰：士禮居刊本「部」作「祁」。《開元占經》卷 4、《御覽》卷 37 引
《河圖括地象》及《事類賦》卷 6 引並作「祇」。按「部」、「祁」、「祇」均誤，
當作「坻」。《御覽》卷 360 引作「地氏之位」。《說文》：「氏，巴蜀名山岸脅之
旁箸欲落墲者曰氏。」（P14）

　　盧紅曰：「祁」、「祇」不誤，「部」乃「祁」字形而訛。「祁」、「祇」、「氏」、
「坻」故書多通借〔註8〕。

　　按：①明大德堂鈔本、清鈔本、四庫本《開元占經》卷 4 引本書都作
「祇」，無作「祇」者。《御覽》卷 37 未引《河圖括地象》，又卷 360 當作卷
36。范氏並誤記誤校。《初學記》卷 5「坤元、祇位」條引《何（河）圖》作
「祇」〔註9〕，《緯略》卷 3 引作「部」。范氏校作「坻」非是，盧說以「坻」
為本字亦誤。張沛林據《初學記》卷 5 及《御覽》卷 36 謂當作「地祇」，指
地神，王媛從其說〔註10〕，是也。《事類賦注》所引亦不誤。「祇」是「祇」
俗譌字，形聲俱近。「祁」是「祇」音誤〔註11〕，作「部」者係俗本妄改。
謂崑崙山是地神所居者，故下文云「神物之所生，聖人仙人之所集也」。②
唐子恒據《御覽》卷 36、38 引，於「廣萬里」上補「從」字（P2），是也。
《白帖》卷 2、《初學記》卷 5、《緯略》卷 3 引亦作「從廣萬里」，《開元占
經》卷 4 引作「縱廣萬里」。《初學記》卷 6、《御覽》卷 61 引《山海經》：
「崑崙山縱廣萬里，高萬一千里，去嵩山五萬里。」

〔註 8〕盧紅《〈博物志校證〉札記》，《南京師大學報》1992 年第 1 期，第 57 頁。

〔註 9〕《初學記》據宋紹興刊本，古香齋刻本脫作「地之位」。

〔註10〕張沛林《〈博物志校證〉補正四則》，《書品》2014 年第 1 輯。王媛《〈博物志
校證〉補正》，范寧《博物志校證》附錄一，中華書局 2014 年版，第 169～170
頁。

〔註11〕《禮記・月令》《釋文》：「祇音祈（祁）。」《慧琳音義》卷 38「盎祁羅」條注：
「祁音祇。」

(2)《河圖括地象》曰：「出五色雲氣，五色流水，其泉南流入中國，名曰河也。」

錢熙祚曰：「白水」二字原合為「泉」，又脫「東」字，並依《御覽》卷38補正，與《後漢書・張衡傳》注引《河圖》文合。

范寧曰：錢熙祚云：「『泉』當作『白水』二字。」是也。《御覽》卷38引作「其白水東南流入中國」。《離騷》洪興祖《補注》引《河圖》云：「其白水入中國，名為河也。」本文當依《御覽》所引改正。（P14）

按：《類聚》卷7引作「其泉東南流入中國」，亦誤合「白水」作「泉」字，但「東」字未脫。《白帖》卷2引作「東南流黃水入中國為河」，「黃」亦誤。

（3）中國之城，左濱海，右通流沙，方而言之，萬五千里，〔面二千五百里〕

范寧曰：《御覽》卷27及卷36並引「城」作「域」，「城」、「域」古通用。《御覽》卷27引「里」下有「面二千五百里」六字，當據補。（P14～15）

按：《御覽》卷27未引此文，《御覽》卷36引有「面二千五百里」六字。下文范寧校語亦誤作卷27，不再出。「城」是「域」形誤，古不通用。紛欣閣叢書本、百子全書本、四庫本都作「域」。

（4）地有三千六百軸，犬牙相舉

錢熙祚曰：互相牽制，原作「犬牙相牽」，依《御覽》改。

范寧曰：犬牙相舉，《開元占經》卷4引作「互牽制也」，《書鈔》卷5、《御覽》卷36、洪興祖《天問補注》、《事類賦注》卷6並引作「互相牽制也」。據此，則「相舉」應作「相制（掣）」。惟士禮居刊本「舉」作「牽」，亦可。（P17）

唐久寵曰：「舉」當作「牽」……「犬牙相牽」亦兩漢以來成語。《河圖括地象》既成於漢儒之手，援用「犬牙」云云不足怪也。錢氏未考漢人習語，妄據《御覽》更改本文，殊為非是。（P28）

按：明大德堂鈔本、清鈔本《開元占經》卷4引作「手（𠄠一互）相牽也」，四庫本《占經》作「犬牙相舉也」。《書鈔》卷5未引本書；洪興祖《天問補注》所引乃《河圖》，非本書。范氏誤校。范氏所舉書證的問題極多，下文除非附帶論及，不再舉正。《初學記》卷5引作「互相牽也」〔註12〕，《緯

〔註12〕《初學記》據宋紹興刊本，古香齋刻本作「互相牽制」。

略》卷 3 引作「互相牽制也」。《初學記》卷 5、《御覽》卷 36 又引《河圖括地象》：「有三千六百軸，互相牽制，名曰大川，孔穴相通。」此文當作「互相牽也」。「互」俗字作「卫」，形誤作「牙」，因增「犬」字。「舉」、「制」形聲俱遠，不得相譌，「舉」當是「牽」形誤。

（5）泰山一曰天孫，言為天帝孫也。主召人魂魄。東方萬物始成，知人生命之長短

范寧曰：《御覽》卷 886 引「知」作「主」，於義為長。（P17）

按：《初學記》卷 5、《白帖》卷 2、《通典》卷 196、《後漢書・烏桓鮮卑列傳》李賢注、《御覽》卷 39、《事類賦注》卷 7 引都作「知」，即主管之義，《御覽》卷 886 引易作同義詞「主」，不得說於義為長。范氏不通訓詁，而又好新異。

（6）海之言晦昏，無所睹也

范寧曰：《說郛》本「昏」作「冥」。《曲禮正義》引李巡曰：「晦冥無形，不可教誨，謂之四海。」《御覽》卷 36 引犍為舍人注：「晦冥無識，不可教誨，故謂（引者按：原文作『曰』）四海。」據此，則作「晦冥」於義似勝。（P17）

按：「晦昏」、「晦冥」義同，無所謂義勝。《說文》：「昏，日冥也。從日，氐省。氐者，下也。一曰民聲。」「昏，日冥也」是聲訓，其或字從民作「睧」，從民得聲，與「冥」一聲之轉。黃侃曰：「昏訓日冥，雖一在明紐，一在曉紐，其音義實相近也。」〔註13〕《詩・靈臺》鄭玄箋：「民者，冥也。」《賈子・大政下》：「夫民之為言也，瞑也。」《禮記・曲禮》《正義》又引李巡曰：「海者，晦也，言其晦暗無知。」《詩・蓼蕭》孔疏引孫炎曰：「海之言晦，晦闇於礼儀也。」「晦暗（闇）」義亦同。

（7）地以名山為輔佐，石為之骨，川為之脈，草木為之毛，土為之肉。三尺以上為糞，三尺以下為地

范寧曰：《太平經》卷 45：「凡鑿地動土，入地不過三尺為法。一尺者陽所照，氣屬天也。二尺者物所生，氣屬中和也。三尺者及地身，氣屬陰也。」據此，疑「糞」字是「氣」字之誤，「氣」初以音近誤作「冀」，後又因形近訛作「糞」。（P17）

〔註13〕黃侃《文字聲韻訓詁筆記》，上海古籍出版社 1983 年版，第 204 頁。

按：唐子恒（P8）、鄭曉峰（P25）從范說。范氏妄說耳，三尺以上的地安得謂之「氣」，絕無此理。《御覽》卷 36、《事類賦注》卷 6 引都作「糞」。糞，穢土也。《證類本草》卷 5 引陳藏器曰：「張司空云：『土三尺已上曰糞，三尺已下曰土。』服之當去上惡物，勿令入客水。」《說文繫傳》「中」字條引張華曰：「凡土三尺已上為壤，三尺以下為土。」壤者，柔土也。

（8）石者，金之根甲。石流精以生水，水生木，木含火

錢熙祚曰：葉本「流精」二字倒。

按：《古今逸史》本、百子全書本、四庫本作「石流精」，士禮居叢書本、紛欣閣叢書本作「石精流」。《書鈔》卷 160 引《春秋說題辭》：「山有水，石精流以生〔水，水生〕木，木含火。」

（9）南海短狄，未及西南夷以窮斷

唐子恒曰：短狄，疑為古代少數民族名，因其人身材矮小，故稱。（P9）

按：鄭曉峰亦說「短狄」為少數民族名（P30），無據。「短狄」不辭，孟彥弘疑「狄」當作「狹」〔註14〕，是也。《論語・子罕》皇侃《義疏》云：「古人質，衣服短狹。」

（10）漢出嶓冢

唐久寵曰：《類聚》卷 8 引作「漾出嶓冢」，考《淮南・地形篇》作「漢出嶓冢」，則作「漢」者是。（P31）

王媛曰：漢，《類聚》卷 8 引作「漾」，亦通。漾水為漢水上流。《尚書・禹貢》：「嶓冢導漾，東流為漢。」〔註15〕

唐子恒曰：漢，《類聚》卷 8 引作「漾」。《水經注・漾水》：「漾水出隴西氐道縣嶓塚山，東至武都沮縣，為漢水。」（P10）

按：王說是也。漾水東流為沔，至漢中為漢。《類聚》所引「漾出嶓冢」是其舊本，後人據《淮南》等書改作「漢」字。

（11）沔出月台

〔註14〕孟彥弘《〈博物志校證〉校勘釋例》，《魏晉南北朝隋唐史資料》第 30 輯，上海古籍出版社 2014 年版，第 216 頁。
〔註15〕王媛《〈博物志校證〉補正》，范寧《博物志校證》附錄一，中華書局 2014 年版，第 173 頁。

錢熙祚曰：《類聚》「沔」作「溜」。

范寧曰：《類聚》卷 8 引「沔」作「溜」，陳穆堂謂是「淄」之字誤是也。《淮南·地形訓》云：「淄出目飴。」「目飴」一作「月台」。《左襄四年傳》云「敗於狐駘」（《郡國志》「駘」作「台」），《檀弓》作「壺駘」，洪亮吉謂即「目飴」。故疑「月台」當作「胡台」，「月」是「胡」的缺體。（P19）

按：唐子恒（P10）、鄭曉峰（P33）從范說。宋刊《類聚》卷 8 引作「淄出月台」，明嘉靖刊本、四庫本「淄」誤作「溜」，錢氏、范氏所據《類聚》乃誤本。范氏說「目飴」一作「月台」，不知其所據。又《左傳》「狐駘」，杜預注：「魯國蕃縣東南有目台亭。」洪亮吉曰：「狐駘，杜注以為番縣南之目台亭。今攷『目台』即《淮南子》之『目台山』，淄水所出。杜說非也。」〔註16〕洪氏明明不同意杜預以「目台」當「狐駘」，不知范氏如何讀的洪《詁》，又妄疑「月台」當作「胡台」？治學如此，荒陋已甚！《水經注·淄水》：「淄水出縣西南山下，世謂之原泉。《地理志》曰：『原山，淄水所出。』故《經》有原山之論矣。《淮南子》曰：『水出自飴山。』蓋山別名也。」楊守敬曰：「《墜形訓》文作『目飴』，此『自』字當誤。又《博物志》卷 1『淄（原誤「沔」）出月台』，『月』亦『目』之誤，『台』乃『飴』之省。」〔註17〕楊說均是也。陳穆堂說「月臺」為「目台」之誤〔註18〕，亦近之。

（12）百川沸騰，山冢卒崩，高岸為谷，深谷為陵

鄭曉峰曰：卒，通「碎」。崩壞。（P36）

按：鄭說非是。此用《詩·十月之交》成文，「卒」作「崒」。鄭玄箋：「崒者崔嵬。」指山頂高危之石，字亦作「崒」。《漢紀》卷 22 引《詩》亦作「卒」，省借字耳。

（13）東方少陽，日月所出，山谷清，其人佼好

范寧曰：《御覽》卷 363 引「清」字下有「朗」字，宜據補。（P20）

按：范說本於錢熙祚說。《御覽》引「朗」作俗字「朖」，又「佼」作「姣」。

（14）中央四析，風雨交，山谷峻，其人端正

〔註16〕洪亮吉《春秋左傳詁》卷 12，中華書局 1987 年版，第 501 頁。

〔註17〕楊守敬《水經注疏》卷 26，江蘇古籍出版社 1989 年版，第 2222 頁。

〔註18〕陳穆堂說轉引自薛壽《〈博物志疏證〉序》，范寧《博物志校證》附錄，中華書局 1980 年版，第 156 頁。

范寧曰：《御覽》卷363引「析」作「抄」，士禮居刊本作「折」，《淮南‧墜（引者按：當作「墜」）形訓》作「達」，《五行大義》卷5引《文耀鉤》作「通」，俱非，當作「戰」。（P20）

張沛林曰：范氏改字恐非，「析」是。析，分也。東、西、南、北各是少陽、少陰、太陽和太陰之氣，言「中央四析」是說中央之地四者平分〔註19〕。

按：《永樂大典》卷3001引作「折」。唐子恒從范說作「四戰」（P13），非是，「四戰之地」與「風雨交，山谷峻，其人端正」無涉。「析」字不誤，「折」、「抄」都是形誤。析，猶言分散，不是平分。「四析」與「四達」、「四通」其義相會。《淮南子‧墜形篇》：「中土多聖人，皆象其氣，皆應其類……中央四達，風氣之所通，雨露之所會也。其人大面短頤……慧聖而好治。」《五行大義》卷5引《春秋文耀鉤》：「中央四通，雨露所施，其人面大，象土平廣也。」聖者，通達也。中央之土四散通達平廣，故多聖人也。如果是四戰之地，如何象其氣而多聖人乎？不思之甚矣！《御覽》卷363引「端正」誤作「端立」。

（15）食水產者，龜蚌螺蛤以為珍味，不覺其腥臊也；食陸畜者，狸兔鼠雀以為珍味，不覺其膻也

唐子恒曰：「膻」下，士禮居本有「燋」字，指海本有「焦」字。（P13）

按：《御覽》卷941引有「燋」字。「燋」是「焦」增旁俗字。當據補，「膻焦」與上文「腥臊」相儷，四種氣味。

（16）神宮……有英泉，飲之，服三百歲乃覺，不死

祝鴻傑曰：「服」乃「眠」的形近之誤，范氏失校。《御覽》卷70引《括地圖》：「神宮有美泉，〔飲之〕，眠三百歲乃覺，不死。」可證。據此又疑「英泉」當作「美泉」〔註20〕。

唐子恒曰：眠，原作「服」，據四庫本改。（P14）

按：紛欣閣叢書本亦作「眠」，當據校正。《類聚》卷9引《括地圖》：「神

〔註19〕張沛林《〈博物志校證〉補正四則》，《書品》2014年第1輯。王媛《〈博物志校證〉補正》從其說，范寧《博物志校證》附錄一，中華書局2014年版，第175頁。
〔註20〕祝鴻傑《〈博物志校證〉補校》，《文獻》1994年第1期，第62頁。原文有「飲之」二字，祝氏失引。

宮有英泉，飲之，眠三百歲乃覺，不知死。」《御覽》卷 70 引「英」作「美」，無「知」字，餘同。《御覽》鈔錄自《類聚》，祝氏據《御覽》改「英泉」作「美泉」，非是。唐・常衮《中書門下賀醴泉表》：「近在雨金之地，特啟英泉之瑞。」即用此典。

卷二校補

（1）白民國，有乘黃，狀如狐，背上有角，乘之壽三千歲

唐久寵曰：《山海經・海外西經》有此文。《淮南子・覽冥篇》「飛黃伏皂」，《開元占經》卷 116 引許慎注云：「飛黃出西方，狀如狐，背上有角，乘之壽三千歲，伏皂櫪而食焉。」高誘注略同，蓋本書所出也。（P101）

按：《淮南子・覽冥篇》高誘注且云：「飛黃，乘黃也。」《山海經・海外西經》：「白民之國……有乘黃，其狀如狐，其背上有角。」郭璞注：「《周書》曰：『白民乘黃，似狐，背上有兩角。』即飛黃也。《淮南子》曰：『天下有道，飛黃伏皂。』」《周書》見《王會解》。《御覽》卷 896 引《符瑞圖》：「車馬有節，則見騰黃。騰黃者，神馬也。其色黃，一名乘黃，亦曰飛黃，或曰吉黃，或曰翠黃，一名紫黃。其狀如狐，背上有兩角，出白氏（民）之國。」〔註21〕「乘黃」是「騰黃」轉語，言飛騰之黃馬，故又名「飛黃」。

（2）大人國，其人孕三十六年生，白頭，其兒則長大，能乘雲而不能走，蓋龍類

范寧曰：《御覽》卷 360、377 引《括地圖》作「而生兒，生兒白首長丈」。據此，則「生」上有「而」字，「生」下有「兒生兒」三字，「則」字是衍文，「大」乃「丈」之訛，宜據補正。（P28）

唐子恒曰：《御覽》卷 360 引《括地圖》「大人國，其民孕三十六年而生兒，生兒長大」，又卷 377 引《括地圖》「大人國孕三十六年而生，生兒白首長丈」。（P18）

按：范氏有誤校，補「而」字是，他說均誤。此文「生」上補一「而」字即可。《御覽》卷 377「丈」是「大」形誤，《永樂大典》卷 2978 引《括地圖》

〔註21〕《初學記》卷 29 引「吉黃」作「古黃」，「白氏」作「白民」。「氏」是「民」形誤。「古」疑是「吉」脫誤。《類聚》卷 99 引《瑞應圖》：「騰黃者，神馬也。其色黃，王者德御四方則至，一名吉光。」《御覽》卷 665 引陶隱居曰：「天馬者，吉光騰黃之獸也。」

正作「大」，餘文相同。

（3）結胸國，有滅蒙鳥

按：①《山海經．海外南經》：「結匈國在其西南，其為人結匈。」郭璞注：「臆前胅出，如人結喉也。」《御覽》卷 371 引「胅出」作「突出」。又《海外西經》：「滅蒙鳥在結匈國北，為鳥青，赤尾。」「結」、「胅」聲轉，字亦作「脛」，俗作「凸」，又音轉作「突」，謂凸出。②滅蒙，細小貌，音轉又作「蔑蒙」、「蠛蠓」、「矕矇」、「蔑蠓」，指細小的飛蟲或游氣。倒言則作「蒙瀎」、「濛瀎」。郝懿行說「滅蒙鳥」疑即《海內西經》之「孟鳥」，「滅蒙之聲近孟」。袁珂從郝說，又謂「滅蒙鳥」及「孟鳥」即是「鳳凰」〔註 22〕。其說不符合「滅蒙」同源詞的核心義，故知其非也。

（4）奇肱民善為拭扛，以殺百禽

范寧曰：拭扛，《廣記》卷 482 引作「機巧」。案「拭扛」不辭，作「機巧」是也。《海外西經》「奇肱之國」條下郭注云：「其人善為機巧，以取百禽。」《述異記》卷下云：「奇肱國，其民善為機巧。」是其證。（P28）

按：唐久寵說略同范氏（P89），唐子恒從范說（P18）。范說實本於錢熙祚、周心如校語，惟補充《述異記》的書證。《述異記》作「奇肱國，其國人機巧」，范氏引文也不準確。《御覽》卷 797 引《括地圖》：「奇恒民善為機巧，設百禽。」「奇恒」是「奇肱」音誤〔註 23〕，亦是其證。下文范氏校「雩氏」為「虞氏」，亦是襲用的錢熙祚說，這種情況范氏習見，下文不再專門揭示。

（5）夏德之盛，二龍降之，禹使范成光御之，行域外，既周而還至南海

按：《文選．石闕銘》李善注、《御覽》卷 930、《事類賦注》卷 28 引「行」上有「以」字，錢熙祚據補。《御覽》、《事類賦注》引「范成光」同，《石闕銘》李善注引作「范成克」，蓋形近致譌，不知孰者為正。《文選．東都賦》李善注

〔註 22〕袁珂《山海經校注》（最終修訂版），北京聯合出版公司 2014 年版，第 191～192 頁。

〔註 23〕「恒」是「恒」俗字，與「肱」音轉，匣母見母旁紐雙聲，蒸部疊韻。《御覽》卷 797 引《括地圖》：「奇恒……為車飛」，《類聚》卷 1、71、《御覽》卷 9、773 引《括地圖》都作「奇肱」。

引《括地圖》：「夏德盛，二龍降之，禹使范氏御之，以行經南方。」〔註24〕說御者是范氏與本書合。《開元占經》卷120引《括地圖》：「禹平天下，二龍降之，禹御龍行城（域）〔外〕，既而周還。」又注引《神應記》：「禹乘二龍，郭衷而為御。」《御覽》卷82引《抱朴子》：「禹乘二龍，郭支為馭。」則說御者是郭氏，而其名又異。

（6）房風之神二臣以塗山之戮，見禹使，怒而射之

按：《類聚》卷96引《括地圖》作「防風神見禹怒，射之」〔註25〕。

（7）《河圖玉板》云：「大秦國人長十丈，中秦國人長一丈，臨洮人長三丈五尺。」

唐久寵曰：《山海經·大荒東經》郭璞注引《河圖玉版》作「佻人國」……本條似當作「佻國人」。（P47）

王媛曰：「臨洮人」疑作「佻國人」。《初學記》卷19引《河圖龍文》作「佻國人」〔註26〕。

按：唐、王說是也。臨洮人，《法苑珠林》卷5引《河圖玉版》亦作「佻國人」，《御覽》卷377引《河圖玉板》作「佻吐凋國人」。本書「臨」當是衍文，「洮」是「佻」形誤。《御覽》「吐凋」二字當是「佻」反切注音，誤作大字而混入正文，《永樂大典》卷2978引《御覽》亦誤。

（8）東方有螳螂、沃焦

唐子恒曰：焦，士禮居本作「燋」。（P20）

按：①《慧琳音義》卷41引郭璞《玄中記》：「天下之強者，東海之沃焦焉，方三百里，海水灌之隨盡，故水東流而不盈也。」《御覽》卷52引「沃焦」作「沃燋」。《文選·江賦》李善注引作「天下之大者，東海之沃焦焉，水灌之而已。沃焦，山名也，在東海南方三萬里」，《御覽》卷60、《事類賦注》卷6引作「天下之強者，東海之沃焦焉，水灌而不已。沃焦者，山名也〔註27〕，在海東三萬里」。考《文選·養生論》李善注引《莊子》司馬彪注曰：「尾閭，

〔註24〕《類聚》卷96引同，《御覽》卷790引脫「盛」字。
〔註25〕《文選·三月三日曲水詩序》李善注引「怒」誤作「弩」。
〔註26〕王媛《〈博物志校證〉補正》，范寧《博物志校證》附錄一，中華書局2014年版，第178頁。
〔註27〕《文選·江賦》李善注引「山名」同，《白帖》卷2引誤作「山石」。

水之從海水出者也。一名沃燋，在東大海之中。尾者在百川之下，故稱尾。閭者，聚也，水聚族之處，故稱閭也。在扶桑之東，有一石，方圓四萬里，厚四萬里，海水注者，無不燋盡，故名沃燋。」「沃焦」即「沃燋」，東海中大石之名。沃，灌注也。焦、燋，並讀為湫。《說文》：「湫，盡也。」指水盡。字又作湫，《廣雅》：「湫，盡也。」「沃焦」音轉又作「惡燋」、「惡焦」，《類聚》卷8、涵芬樓本《說郛》卷4引《玄中記》作「惡燋」，《白帖》卷2引作「惡焦」。又音轉作「沃椒」，東方朔《神異經》：「大荒之東極至鬼府山臂、沃椒山腳，巨洋海中昇載海日。」②地名「蟷螂」者未詳。

（9）無啟民，居穴食土，無男女，死埋之，其心不朽，百年還化為人

錢熙祚曰：《山海經·海外北經》作「無腎之國」，郭注：「腎，肥腸也。」

范寧曰：無啟民，《御覽》卷888引「啟」作「脩（引者按：當作「腎」）」，與《海外北經》合。《淮南·墬（引者按：當作「墜」）形訓》作「無繼」，高誘注云：「其人蓋無嗣也。」（P30）

唐久寵曰：《御覽》卷888引作「無腎民」，與《山海經·海外北經》同。（P97）

唐子恒曰：啟，《御覽》卷888引作「腎」。《海外北經》有「無腎之國」，是「啟」似當作「腎」。居穴，《御覽》卷888引作「穴居」。（P21）

按：《大荒北經》：「又有無腸之國，是任姓，無繼子食魚。」郭璞注：「繼亦當作啟，謂膞腸也。」〔註28〕《書鈔》卷158引《外國圖》：「無繼民，並穴居食土，無夫婦。」〔註29〕當以「腎」為正字，「啟」、「繼」是借字。郭璞注「腎，肥腸」，P.2011 王仁昫《刊謬補缺切韻》、裴務齊《正字本刊謬補缺切韻》同。「肥腸」即「腓腸」，俗稱作腿肚子。《說文》：「腨，腓腸也。」《廣雅》：「腓、腎，腨也。」《玄應音義》卷10：「兩踹：又作腨，同。《說文》：『腨，腓腸也。』腓音肥。江南言腓腸，中國言腨腸，或言腳腨。」郭璞注「啟，謂膞腸也」，「膞」當作「膞」，即「踹」、「腨」異體字。《慧琳音義》卷45轉錄《玄應音義》「踹」亦誤作「膞」。高誘訓「無繼」為「其人蓋無嗣也」，望文生義。

（10）細民國，其肝不朽，百年而化為人

〔註28〕道藏本作「啟」，明成化刊本作「腎」。
〔註29〕《御覽》卷797引無「並」字。

　　按：細民，《御覽》卷376引《括地圖》同，又卷797引《外國圖》誤作「納民」。

（11）嘔絲之野，其女子方跪，據樹而嘔絲，北海外也

　　范寧曰：《廣記》卷480引「嘔」作「歐」，與《海外北經》同。案「歐」、「嘔」古通，「嘔」有化育之義。又，嘔，吐也。嘔絲或即吐絲。（P31）

　　唐久寵曰：嘔，《山海經》作「歐」，是。（P91）

　　按：范氏後說是也。《海外北經》郭璞注：「言噉桑而吐絲，蓋蠶類也。」士禮居叢書本此文二出，卷10作「方」，卷8作「乃」，《廣記》卷480引作「乃」。當「其女子方跪據樹而嘔絲」十字作一句讀。

（12）日南有野女，群行見丈夫

　　錢熙祚曰：「覓夫」原誤為「見丈夫」三字，依《御覽》卷790改。

　　范寧曰：《後漢書·郡國志》劉昭《補注》、《御覽》卷790引並作「群行不見夫」，與此異。但兩者均誤，當作「群行覓夫」。「覓」字俗書作「覔」。（P31）

　　唐久寵曰：《郡國志》注引「不見夫」三字，當作「覓丈夫」。本書「見」字，又係「覓」譌也。（P94～95）

　　唐子恒曰：見丈夫，四庫本作「若丈夫」，蓋誤。指海本作「覓夫」，似當是。錢校云云，今本《御覽》作「不見夫」，案「不見」當為「覓」字之訛。（P22）

　　按：宋刊《御覽》卷790引作「不見夫」，錢氏所據乃俗本。《後漢書·郡國志》劉昭注引作「日南出野女，群行不見夫」，《本草綱目》卷51引唐蒙《博物志》作「日南有野女，群行覓夫」。當作「群行不見夫」，謂野女裸體群行，而不見丈夫陪同也。唐蒙《博物志》作「覓」是「不見」二字誤合為一字。

（13）越之東有駭沐之國，其長子生，則解而食之，謂之宜弟

　　錢熙祚曰：《列子·湯問篇》「駭沐」作「輒木」，《廣記》卷480作「較沐」。

　　范寧曰：駭沐，《墨子·節葬下篇》、《集韻》並作「較沐」。「較」本作「軨」，又作「輈」，故《新論·風俗篇》改作「軫」，並誤。《列子·湯問篇》云「越之東有輒休之國」，《釋文》云：「輒，《說文》作『耴』，豬涉切，耳垂

也。休，美也。蓋儋耳之類是也。諸家本作『軦沐』者，誤耳。」據此，則
「駥沐」當作「軧休」。（P32）

唐久寵曰：諸本並作「駥洮之國」。道藏本《列子‧湯問篇》作「軧休」，
是也。王叔岷《列子補正》云云。（P61）

按：范說專軧，不經考證，怎麼判斷《列子釋文》就是正確的？孫詒讓
曰：「諸文舛互，此無文義可校。依殷說則『軦』當作『軧』。」〔註30〕范氏
實際是取的孫說結論。北宋本《列子》作「軦沐」，道藏本《意林》卷 2 引
《列子》作「軧休」（他本作「軧沐」）。道藏本《劉子‧風俗》作「軫沐」，
P.3704《劉子》作「軧沐」，「軧」字旁注一字，不甚清晰，似是「軦」字。
P.3636《類書》「四異」條載此事作「脈沐」（未載出處，核其文當出《劉子》）。
楊明照謂「軦沐」是，傅亞庶從楊說；盧文弨、陳應鸞謂「軧沐」是。余以
同源詞斷之，P.3636 作「脈沐」不誤，字極清晰，可謂一字千金矣。「脈沐」
音陌沐，雙聲連語，皆明母字。北宋本《列子》作「軦」是「脈」形譌，猶
存其致誤之迹。同源詞有「霢霂」、「霢沐」、「靀霂」、「霢霂」，音轉則為「溟
沐」、「溟濛」、「陌目」、「蔑蒙」，中心詞義是細小迷蒙貌。此文狀其心性糊
塗不明。國名「脈沐」，非無意義可言也〔註31〕。白耀天說「『軧休之國』是
越語的近音異譯字，其越語原義為山間谷地」〔註32〕，妄說耳。

（14）楚之南有炎人之國，其親戚死，朽之肉而棄之，然後埋其骨，乃
　　　為孝也

錢熙祚曰：剖其肉而棄之，原作「朽之肉而棄之」，依《御覽》卷 790 改，
與《廣記》引此文合。

范寧曰：炎，《墨子‧魯問篇》作「啖」。朽，《列子‧湯問篇》作「歽」，
是也。《釋文》云：「歽，本作『咼』，音寡，剔肉也。又音朽。」《新論‧風俗
篇》作「拆」，《御覽》卷 790、《廣記》卷 480 並引作「剖」，均臆改之也，非
其朔（溯）矣。（P32）

唐久寵曰：《列子‧湯問篇》「朽」作「歽」，「之」作「其」，當據改。歽，

〔註30〕孫詒讓《墨子閒詁》，中華書局 2001 年版，第 187 頁。
〔註31〕此上參見蕭旭《列子解詁》，《書目季刊》第 51 卷第 1 期，學生書局 2017 年 6
　　　月出版，第 91～93 頁。又《列子校補》，收入《道家文獻校補》，花木蘭文化
　　　出版社 2021 年版，第 194～195 頁。
〔註32〕白耀天「俚」論，《廣西民族研究》1990 年第 2 期，第 64 頁。

《釋文》云云。指海本依《御覽》卷 709（引者按：當作卷 790）改「朽」為「剕」。「剕」與「歹」通，究不如本書為古文。（P62）

按：①炎，《墨子・節葬下》、《列子・湯問篇》同，《劉子・風俗》亦作「啖」，《後漢書・南蠻傳》、《通典》卷 188 作「噉」。「炎」是「啖」省文，「啖」同「噉」。白耀天說「『炎人之國』是越語的近音異譯字，其越語原義為山間谷地」〔註33〕，妄說耳。②朽，《墨子・節葬下》同，P.3704《劉子》亦同，《永樂大典》卷 3007 引本書亦作「剕」。《列子釋文》「咼」當作「呙」，俗譌作「剮」。「歹」同「朽」，讀為剕，「呙」亦音轉。桂馥引《墨子》「朽其肉」以證《說文》「朽，腐也」。朱駿聲曰：「朽，叚借為攷。《列子・湯問》：『歹其肉而棄之。』」〔註34〕皆非是。

（15）荆州極西南界至蜀，諸民曰獠子，婦人姙娠七月而產，臨水生兒，便置水中。浮則取養之，沈便棄之

按：錢熙祚據《御覽》卷 361 所引校作「荆州極西南界至蜀〔郡〕，諸〔山夷〕民（名）曰獠子」，是也。《御覽》卷 361 又引下文作「婦人姙身七月，生時必須臨水，兒生便置水中，浮即養之，沉便遂棄也」，則今本當補訂作「〔生時必須〕臨水，生兒（兒生）便置水中」。《御覽》卷 360 引《蜀郡記》：「諸山夷獠子，任（姙）七月生，生時必臨水，兒出便投水中，浮則取養，沉乃棄之。」亦足取證。《御覽》卷 361 又引《廣志》「獠民皆七月生」，與本書及《蜀郡記》合。《漢書・西南夷傳》「以莋都為沈黎郡」，《後漢書》同，沈欽韓說「沈黎」之名即取此獠子生兒沈便棄之的風俗〔註35〕，是也。但沈欽韓未說「沈黎」的含義。黎讀作倪，即「兒」的分化字，指小兒。「倪」是疑母字，古音混同泥母，故轉作來母的「黎」。「列」從歹（歺）得聲，「歹（歺）」是疑母字，而「列」則音轉作來母。《說文》：「巜，水流巜巜也。從川，列省聲。」「巜」亦從歹得聲。「巜」指水之猛厲，「烈」指火之猛厲，都轉讀作來母。《說文》：「狋，從犬，來聲。讀又若銀。」「狋」從來得聲，而又音轉讀若疑母的「銀」字。《左傳・昭公十一年》「厥憖」，《穀梁傳》同，

〔註33〕白耀天《「俚」論》，《廣西民族研究》1990 年第 2 期，第 64 頁。

〔註34〕桂馥《說文解字義證》，朱駿聲《說文通訓定聲》，並收入丁福保《說文解字詁林》，中華書局 1988 年版，第 4403 頁。

〔註35〕沈欽韓《後漢書疏證》卷 12，收入《續修四庫全書》第 271 冊，上海古籍出版社 2002 年版，第 239 頁。

《公羊傳》作「屈銀」。「慭」音轉讀若疑母的「銀」字。《淮南子‧兵略篇》「不見朕慭」，《覽冥篇》「慭」作「垠」。又《俶真篇》「通於無慭」，又「通於無圻」，高誘注：「圻，垠字也。」「慭」亦音轉讀若疑母的「垠」字。《周禮‧大司徒》《釋文》：「鱗，劉本作鰲。」「鰲」從疑母的「敖」得聲，而借作來母的「鱗」。「樂」古音有疑母與來母兩讀。「劣剿」即「嶷剿」，「剿劣」即「剿嶷」，「劣」是來母字，「嶷」是疑母字。「魯」從魚得聲〔註36〕，「魚」是疑母字，而「魯」則音轉作來母〔註37〕。都是其比也〔註38〕。

（16）既長，皆拔去上齒牙各一，以為身飾

按：《御覽》卷361引「既」作「至」，「上齒牙」作「上齒後狗牙」。既，讀作暨，及也。

（17）母丘儉遣王領（頒）追高句麗王宮

按：宮，《廣記》卷480引誤作「官」。「宮」是高句麗王名字，見《後漢紀》卷6、《後漢書‧東夷列傳》、《魏志‧東夷傳》。

（18）中人即死，不時斂藏，即膨脹沸爛，須臾燋煎都盡，唯骨耳

范寧曰：燋煎，《稗海》本作「肌肉」二字是也。「骨」下《御覽》卷350引有「在」字。（P33）

唐子恒曰：膨，士禮居本、指海本作「胮」，四庫本作「腹」。胮，脹大貌。（P24）

按：①《古今逸史》本、百子全書本亦作「膨」，士禮居叢書本、指海本作「胮」，紛欣閣叢書本作「胮」，四庫本作「腹」，《御覽》卷350引作「胼」。四庫本誤也，其餘字形都是一聲之轉。「膨脹」也作「胖脹」，猶言腫脹。②《稗海》本及四庫本作「肌肉」不可從，《御覽》引「燋煎」同，《事類賦注》卷13引作「焦煎」。作「肌肉」者，據下條「肌肉都盡，唯餘骨在」改耳。③《事類賦注》引亦有「在」字。④《御覽》「須臾」誤作「須叟」。

（19）以物杵之，徐聽其聲

〔註36〕《說文》說「魯」從「鮺」省聲，今據段玉裁說改讀。

〔註37〕「劣剿」二例承孟蓬生教授檢示，謹致謝忱！

〔註38〕「疑來」相通轉，另參見黃焯《古今聲類通轉表》，上海古籍出版社1983年版，第55～56、81頁。上面舉的例證多為黃氏未及者。

按：杵，《御覽》卷 350 引作「打」。

（20）帝幸上林苑，西使千乘輿聞，並奏其香

王媛曰：「千」當作「干」〔註39〕。

唐子恒曰：干，士禮居本作「千」，四庫本作「至」。案「千」當為「干」誤。干，干謁。聞，四庫本作「間」。（P25）

按：《古今逸史》本、紛欣閣叢書本、指海本、百子全書本作「干」，是也。干乘輿，言遮攔帝車。四庫本改作「至乘輿間」，尤誤。孟彥弘不知諸本作「干」，說當從四庫本〔註40〕，非是。

（21）乃發香氣如大豆者，拭著宮門

錢熙祚曰：「器」原作「氣」，依《御覽》改。又《翻譯名義》卷 6「者」作「許」。

王媛曰：發香氣，《法苑珠林》卷 49、《御覽》卷 981 引作「器」，宜據改〔註41〕。

按：《翻譯名義》見卷 3。《法苑珠林》卷 49、《御覽》卷 981 引「拭」作「試」。「試」是「拭」借字。

（22）《周書》曰：「西域獻火浣布，昆吾氏獻切玉刀。火浣布汙則燒之則潔，刀切玉如臈。」

錢熙祚校作「切玉刀切玉如蟖」，云：「『切玉』二字依《御覽》卷 345 補。《御覽》『蟖』作『泥』，又有注曰：『一云切玉如蟖蜜。』」

范寧曰：《列子・湯問篇》曰：「周穆王征西戎，西戎獻錕鋙之劍，火浣之布。」《初學記》卷 22 引《十洲記》云：「西戎所獻昆吾刀，切玉如切泥。」據此，知「域」乃「戎」之誤。（P34）

唐子恒曰：四庫本「臈」作「脂」，士禮居本作「蟖」。臈，同「臘」。案：疑當作「蠟」。蟖，同「蠟」，見《廣韻》。（P27）

〔註39〕王媛《〈博物志校證〉補正》，范寧《博物志校證》附錄一，中華書局 2014 年版，第 180 頁。

〔註40〕孟彥弘《〈博物志校證〉校勘釋例》，《魏晉南北朝隋唐史資料》第 30 輯，上海古籍出版社 2014 年版，第 217 頁。

〔註41〕王媛《〈博物志校證〉補正》，范寧《博物志校證》附錄一，中華書局 2014 年版，第 180 頁。

按：①范說非是，「西域」不誤，《御覽》卷 345 引作「西域」。《三國志·齊王芳傳》：「西域重譯獻火浣布。」②《古今逸史》本、紛欣閣叢書本、百子全書本亦作「膓」。作「蠍」是，乃「蠟」俗譌字，指蜜滓。本書卷 10「諸遠方山郡幽僻處出蜜膓」，士禮居叢書本、紛欣閣叢書本「膓」作「蠍」，指海本、百子全書本、四庫本作「蠟」，《御覽》卷 950、《事類賦注》卷 30、《本草綱目》卷 39 引亦作「蠟」。《御覽》卷 35、766 引《博物志》佚文：「荒年暫辟穀法，但食蠍半斤，輒支十日不飢。」《證類本草》卷 20 云「古人荒歲多食蠟以度飢」，足證「蠍」即「蠟」也。

（23）魏文帝黃初三年，武都西都尉王褒獻石膽二十斤

按：《御覽》卷 987 引「西」下有「部」字（唐子恒引《御覽》卷號誤作卷 967），錢熙祚據補，是也。漢代置西部都尉，魏承漢制耳。《御覽》引「黃初」誤作「皇初」。

（24）臨邛火井一所，從廣五尺，深二三丈。井在縣南百里。昔時人以竹木投以取火，諸葛丞相往視之，後火轉盛熱，盆蓋井上，煮鹽得鹽。入以家火即滅，訖今不復燃也

范寧曰：「煮鹽」疑當作「煮水」。《後漢書·郡國志》蜀郡下引《蜀都賦》注曰：「取井火還，煮井水，一斛水得四五斗鹽，家火煮之，不過二三斗鹽耳。」（P34）

唐久寵曰：諸本「盛」下有「熱」字，乃誤以下文「執」連上句讀，又妄增從火。執盆，《御覽》並引作「以盆」。「以」、「執」義通。（P92）

唐子恒曰：執，原作「熱」，此據士禮居叢書本、指海本改。范氏校證：「『煮鹽』應作『煮水』。」（P27）

按：①范氏及二唐說非是。熱，紛欣閣叢書本、百子全書本同，《古今逸史》本、四庫本作「熱」，士禮居叢書本、指海本作「執」。唐子恒既改「熱」作「執」屬下句，而「火轉盛熱」句卻又不刪「熱」，匆忙失據。「熱」是「熱」俗譌字，「執」是「熱」脫誤。當讀作「後火轉盛熱，盆蓋井上煮鹽，得鹽」。「盆蓋井上煮鹽」者，謂盆中盛水，蓋井上煮以取鹽。《文選·雪賦》李善注引作「後火轉盛，以盆貯水煮之，得鹽」，《廣記》卷 399 引作「後火轉盛熱，以盆著井上煮鹽，得鹽」，《御覽》卷 189 引作「後火轉盛熱，以盆着井煮鹽，得鹽」，又卷 865 引作「後火益盛，以盆貯水煮之，則鹽」，又卷 869

引作「後火轉盛，以盆著井上煮鹽，得鹽熟」，《事類賦注》卷 8 引作「後火轉盛，以盆著井上煮鹽，得熟」。②「入以家火即滅」句，《後漢書‧郡國志》劉昭注引作「後人以火燭投井中，火即滅絕」，《文選》注引作「後人以火投井，即滅」，《御覽》卷 189 引作「後以燭火投井中，即滅」，又卷 865 引作「後人以火投井中，火即滅」，又卷 869 引作「後人以家燭火投井中，火即滅」，《廣記》卷 399 引作「後人以家燭火投井中，即滅息」，《事類賦注》卷 8 引作「後人以家燭投井中，火即滅」。

（25）酒泉延壽縣南山名火泉，火出如炬

錢熙祚曰：有山出泉，原作「山名火泉」，依《初學記》卷 8、《書鈔》卷 135 改。水大如筥，原作「火出如炬」，依《水經‧河水注》改。

王媛曰：炬，當作「筥」。《後漢書‧郡國志》劉昭注引《博物記》曰：「酒泉延壽縣南有山石，出泉水，大如筥簾，注地為溝，其水有肥，如煮肉洎，羕羕永永如不凝膏，然之極明，不可食，縣人謂之石漆」，宜據補〔註42〕。

按：錢校是，但「水」字當屬上句讀。「大如筥」下有「注地為溝」脫文，錢熙祚亦已據《水經注》、《初學記》、《書鈔》訂補，不知王媛何故不引？

（26）西域使王暢說石流黃出足彌山，去高昌八百里

錢熙祚曰：且，原作「疋」，依《御覽》卷 987 改。

范寧曰：士禮居刊本「足」作「疋」，《御覽》卷 987 引作「直」，未知孰是。（P34）

唐久寵曰：疋彌山，諸本皆作「足彌山」，《御覽》卷 987 引作「且彌山」。並當作「須彌」。「疋」乃「足」之古文，「且」為「足」聲譌；「足」、「須」古音通假。（P93）

按：《御覽》作「且」，范氏誤記，又下文注釋引《御覽》「且彌人」誤作「直彌人」，「自滅」誤作「自減」（錢熙祚、周心如亦誤作「減」字），疏甚！《本草綱目》卷 11 引亦作「且彌山」。唐久寵不通古音，其說非也。《說文》說「足」古文作「疋」。此「疋」當音「胥」，與「且」一聲之轉，不是「足趾」之「足」。《易‧夬》「其行次且」，上博楚簡本「且」作「疋」，馬王堆帛書本作「胥」。《詩‧蜉蝣》「衣裳楚楚」，《說文》「黼」字條引作「黼黼」。「疋

〔註42〕王媛《〈博物志校證〉補正》，范寧《博物志校證》附錄一，中華書局 2014 年版，第 181 頁。

彌山」當即「須彌山」音轉。

卷三校補

（1）後魏武帝伐冒頓，經白狼山

錢熙祚曰：蹋頓，俗本「冒頓」。

唐久寵曰：蹋頓，《初學記》卷29、《白帖》卷97、《廣記》卷441引「蹋頓」作「冒頓」。《御覽》卷889引作「踏頓」，《萬花谷》後集卷39引作「蹋頸」。考《三國志・烏桓傳》，則「蹋頓」非「冒頓」也。「踏」乃「蹋」之譌，「頸」又「頓」之譌也。（P48）

盧紅曰：「冒頓」范氏無校。「冒頓」當是「蹋頓」之誤。冒頓乃秦漢時人，不及見魏武帝。而蹋頓則是魏武帝時人。魏武帝伐蹋頓事亦詳見《三國志》、《後漢書》。又《御覽》及《錦繡萬花谷》引《博物志》此條正作「蹋頓」〔註43〕。

祝鴻傑曰：「冒頓」范氏無校，當作「蹋頓」。《三國志・魏志・武帝紀》載：建安十二年，曹操征烏桓，「登白狼山」，與《博物志》記載正合。《御覽》卷889引正作「蹋頓」，士禮居刊本、指海本亦然，當據改〔註44〕。

按：諸家校作「蹋頓」是也。宋紹興刊本《初學記》卷29引作「蹋頓」，古香齋刻本誤作「冒頓」，唐氏未見宋刻本。《白帖》卷29引亦誤作「冒頓」，《初學記》卷29引作「蹋頓」〔註45〕，《三國志・武帝紀》「（武帝）登白狼山，卒與虜遇……使張遼為先鋒，虜眾大崩，斬蹋頓及名王已下」的記載，尤為當作「蹋頓」的明證。

（2）九真有神牛，乃生谿上，黑出時共鬪，即海沸，黃或出鬪，岸上家牛皆怖。人或遮則霹靂

錢熙祚曰：《御覽》卷899「黑」作「里」。「時時」原作「出時」，依《御覽》改。《御覽》「黃」作「而昏」二字。「捕」字依《御覽》卷13補。

范寧曰：神牛，《御覽》、《廣記》並作「狸牛」。（P40）

唐久寵曰：疑此文「黑」下奪「夜」字。《御覽》卷899作「里時時共鬪」，則本文當作「黑夜出，時時共鬪」。《御覽》卷899作「而昏或出鬪岸

〔註43〕 盧紅《〈博物志校證〉札記》，《南京師大學報》1992年第1期，第58頁。
〔註44〕 祝鴻傑《〈博物志校證〉補校》，《文獻》1994年第1期，第62～63頁。
〔註45〕 《初學記》據宋紹興刊本，古香齋刻本作「冒頓」。

上」，則「黃」下當補「昏」字。又《御覽》「家」上有「人」字，亦當據補。
（P94）

按：范氏未得其句讀，「岸上」當屬上句。唐說亦非。《御覽》卷 13 引作「九真有狸牛出谿上，或鬭岸上，家牛皆怖。或遮捕，即霹靂」，又卷 899 引作「九真有神牛生谿上，里時時共鬭，即海沸而昏；或出鬭岸上，人家牛皆怖。人或遮捕，即霹靂」，《廣記》卷 434 引《異物志》作「九真犑牛乃生谿上，犑時時怒共鬭，即海沸湧；或出鬭岸上，家牛皆怖。人或遮捕，即霹靂」。「黃」是「湧」脫誤，當屬上句。「黑」當是「里」形誤。「里」為「狸」省，「犑」是「狸牛」的專字。《字彙補》：「貍，《唐韻》同『狸』。」「貍」亦是「狸」形誤。《史記·封禪書》「殺一狸牛」，《孝武本紀》作「犛牛」，《漢書·郊祀志》作「犛牛」，《御覽》卷 527 引《郊祀志》作「狸牛」，李奇曰：「犛，音狸。」《說文》：「犛，西南夷長髦牛也。」俗作「牦」。

（3）越巂國有牛，稍割取肉，牛不死，經日肉生如故

范寧曰：經日肉生如故，《御覽》卷 166 引作「經月必復生如故」。（P40）

按：宋刊《御覽》作「經日」，范氏誤作「經月」，錢熙祚、周心如引誤同。《書鈔》卷 145 引《玄中記》：「大月支及西胡有牛，名為日反牛，今日割取其肉三斤，明日肉已復生。」牛名「日反」，反猶復也。「牛割而復生」、「今日割取其肉，明日其肉已復」即是「日反」之誼〔註46〕。越巂國與大月支二事相類。

（4）蜀山南高山上，有物如獼猴

王媛曰：蜀山南，《御覽》卷 910 引作「蜀中南」，《太平寰宇記》卷 77 引作「蜀中西南」〔註47〕。

唐子恒曰：蜀山，《御覽》卷 910 引作「蜀中」。（P31）

按：「蜀山」是「蜀中」形譌。當據《寰宇記》校作「蜀中西南」，《搜神記》卷 12 同〔註48〕。《御覽》脫「西」字。

〔註46〕《御覽》卷 900「日反」誤作「日反」，又卷 825 誤作「日及」，又卷 166 誤作「日及」。

〔註47〕王媛《〈博物志校證〉補正》，范寧《博物志校證》附錄一，中華書局 2014 年版，第 184 頁。

〔註48〕《法苑珠林》卷 6、《御覽》卷 490、《廣記》卷 444 引《搜神記》均同今本。

（5）行者或每遇其旁，皆以長繩相引，然故不免

祝鴻傑曰：「遇」當為「過」的形誤，《御覽》卷 910 作「每經過其旁」〔註49〕。

唐子恆曰：遇，四庫本作「過」，《御覽》卷 910 引作「經過」。（P32）

按：《搜神記》卷 12 亦作「經過其旁」。

（6）小山有獸，其形如鼓，一足如蟲

錢熙祚曰：「山」上原衍「小」字，又脫「夔」字，並依《御覽》卷 886 刪補。

范寧曰：《御覽》卷 886 引「小山有獸」作「山有夔」，當據正。周心如云：「《山海經廣注》云『夔形如鼓而知禮』，『如蟲』疑即『知禮』二字傳寫之誤。」案周說非是。《說文》云：「夔，如龍，一足。」故「蟲」當是「龍」之誤。（P41）

王媛曰：张惠言校作「如□」，「蟲」屬下句。《法苑珠林》卷 45 引作「小山有夔，其形如鼓，一足，知禮」。《爾雅翼》卷 18「夔」條亦言「《博物志》則言形如鼓而知禮」。故「如蟲」當作「知禮」〔註50〕。

鄭曉峰曰：「蟲」應為「夔」。（P85）

按：唐子恆從范說（P32）。諸說均誤。《御覽》卷 886 引作「山有夔，其形如鼓，一足」。考《莊子·達生》「山有夔」，《釋文》引司馬彪曰：「夔，狀如鼓而一足。」《法苑珠林》卷 45 引《白澤圖》：「山之精名夔，狀如鼓，一足如（而）行。」《御覽》卷 886 引「如」作「而」，一聲之轉。此一說也。《漢書·揚雄傳》《甘泉賦》顏注引孟康曰：「木石之怪曰夔，夔神如龍，有角，人面。」《文選·東京賦》薛綜注：「夔，木石之恠，如龍，有角。」此二說也。《山海經·大荒東經》：「流波山……其上有獸，狀如牛，蒼身而無角，一足……其名曰夔。」《莊子·秋水》《釋文》引李頤曰：「得奇獸，其狀如牛，蒼色，無角，一足，能走……名曰夔。」《初學記》卷 9 引皇甫謐《帝王世紀》略同。此三說也。「夔」之形狀有如鼓、如龍、如牛三說。本書既說同司馬彪及《白澤圖》謂「其形如鼓」，則不得又說其「如龍」。此文疑當校訂作「山有獸名夔，其形如鼓，一足而行」。《莊子·秋水》夔謂蚿曰：「吾以一足趻踔

〔註49〕 祝鴻傑《〈博物志校證〉補校》，《文獻》1994 年第 1 期，第 63 頁。
〔註50〕 王媛《〈博物志校證〉補正》，范寧《博物志校證》附錄一，中華書局 2014 年版，第 184~185 頁。

而行。」「而」音誤作「如」。「行」形誤作「礼」，易作「禮」，又以同音誤作「蠡」。

（7）見則吉良，乘之壽千歲

按：錢熙祚據《御覽》卷 927 所引及《西山經》補訂作「見則天下大水」，而以「吉良，乘之壽千歲」為另一條，是也。范寧粗疏，一步倒退過清人。王媛雖訂范說〔註51〕，卻失引錢說。《山海經·海內北經》：「有文馬，縞身朱鬣，目若黃金，名曰吉量，乘之壽千歲。」郭璞注：「量，一作良。《周書》曰：『犬戎文馬，赤鬣白身，目若黃金，名曰吉黃之乘。』」今《逸周書·王會解》誤作「古黃」。《山海經》「吉量」，《文選·東京賦》李善注引作「吉良」，《類聚》卷 93 引作「吉彊」，《御覽》卷 896 引作「吉壇」，《事類賦注》卷 21 引作「吉彊」。

（8）昔赤帝之女名女嬌，往遊于東海，溺死而不反

按：此乃脫文，錢熙祚、范寧據《御覽》卷 925 引補，是也，周心如亦指出「有脫落，宜從《御覽》」。但錢氏引脫「名女」二字，范氏引脫「名」下「女」字。《廣記》卷 463、《紺珠集》卷 4 引「女嬌」作「女娙」。《北山經》作「女娃」，《文選·魏都賦》劉淵林註、《文選·雜體詩》李善注、《慧琳音義》卷 4、《類聚》卷 92 引同，郭璞注：「娃，惡佳反，語誤或作『階』。」娃、階一聲之轉。《玉臺新詠》卷 6 張率《相逢行》「相逢夕陰階，獨趨尚冠里」，紀容舒曰：「街，宋刻作『階』，《類聚》作『街』。按《三輔黃圖》長安八街有夕陰街、尚冠前街，下句用『尚冠里』，則此句為『夕陰街』無疑，宋刻誤也，今從《類聚》。」〔註52〕《類聚》見卷 41，《樂府詩集》卷 34 亦作「街」。紀氏未達通假，「階」字不誤。《增壹阿含經》卷 10「階巷成行，陌陌相值」，宋、元、明本「階」作「街」。《四分律疏》卷 8：「故知靯履等並亦聽分。」「靯」是「鞋」俗字。均圭聲、皆聲相轉之例。「娃」形誤作「娙」，復誤作「嬌」。「娃」是「佳」分別字，指美女，因用作赤帝之女的名字。

〔註51〕王媛《〈博物志校證〉補正》，范寧《博物志校證》附錄一，中華書局 2014 年版，第 185 頁。
〔註52〕紀容舒《玉臺新詠考異》卷 6，收入《叢書集成初編》第 1753 冊，中華書局 1985 年影印，第 82 頁。

（9）越地深山有鳥如鳩，青色，名曰冶鳥

范寧曰：姚旅《露書》卷 2 云：「治鳥者，木客之類……今《博物志》、《搜神記》並作『冶鳥』。」據此，是「冶」一作「治」。（P42）

按：今《搜神記》卷 12 各本都作「冶鳥」，《法苑珠林》卷 6、《御覽》卷 927、《本草綱目》卷 49 引作「治鳥」。

（10）澗中取石蟹就人火間炙之，不可犯也

按：就人火間，《御覽》卷 927、《本草綱目》卷 49 引《搜神記》誤倒作「就人間火」。今本《搜神記》卷 12 作「就人」，《法苑珠林》卷 6 引作「就人火」，各有脫文。《御覽》卷 883 引《幽明錄》：「東昌縣山有物……此物抱子從澗中發石取蝦蟹，就人火邊燒炙以食兒。」其事相類。

（11）南方有落頭蟲，其頭能飛……吳時往往得此人也

唐子恒曰：《御覽》卷 366、790、《廣記》卷 482 引「蟲」作「民」，指海本同。按下文云「其種人」云云，又「吳時往往得此人」，則似當以作「民」為是。（P34）。

按：唐說是也，《搜神記》卷 12 亦作「落頭民」。《法苑珠林》卷 32 引《搜神記》作「落民」，脫「頭」字。

（12）今鸛螋蟲溺人影，亦隨所著處生瘡

錢熙祚曰：蠷，原作「鸛」，依《御覽》卷 949 改。

范寧曰：《證類本草》卷 29、《御覽》卷 949 並引「鸛（引者按：當作『鸛』）」作「蠷」。（P42）

唐久寵曰：《御覽》卷 949 引「鸛」作「蠷」，指海本已據改，並非。字當作「蠷」。《千金要方》卷 25：「凡蠷螋蟲尿人影著處（引者按：「著處」當屬下句），便令人久病瘡。」（P43）

唐子恒曰：鸛，四庫本作「蠷」。（P35）

按：《證類本草》卷 29 引作「蠷螋」，范氏失檢，《肘後方備急方》卷 7 引同。「鸛」當作「蠷」，范氏不作判斷，又倒退過錢熙祚矣。唐久寵說非是。《千金要方》卷 14 有「治小兒蠷螋咬遶腹匝即死方」。《千金翼方》卷 4：「蕺，味辛，微溫，主蠷螋溺瘡。」P.2014《大唐刊謬補闕切韻》：「蠷，蠷螋。」《廣韻》：「蠷，蠷螋蟲。」又「螋，蠷螋蟲。」又「蛷，蛷螋蟲。」並

一聲之轉。蟲名「蠼蝬」、「蠼蝬」、「蛱蝬」（吳語俗稱作「搜衣蟲」），獸名「猱狖」，樹名「菜蒦」、「菜楸」，菌名「蓬蔬」，西戎國所織毛褥曰「氈毷」、「㯢毸」、「瞿毷」、「裘溲」，都是同源，取皺縮為義〔註53〕。李海霞曰：「蛱，猶觫、捄、蚪，曲長義。蠼，猶瞿、衢、櫂，多分枝。蝬，猶艘（船）、瘦、褕、修，長。」〔註54〕全是妄說，無一言而當。

（13）華山有蛇名肥遺，六足四翼，見則天下大旱

錢熙祚曰：《山海經·西山經》文。今《山海經》「遺」誤「蠪」，應以此書校改。

唐久寵曰：《山海經·西山經》太華之山「有蛇焉，名曰肥蠪，六足四翼，見則天下大旱」，與本書合。肥借為飛。六足四翼，當飛也。（P101）

按：「蠪」是「遺」增旁俗字，不是誤字。裴務齊《正字本刊謬補缺切韻》引《山海經》作「肥蠪」。《集韻》：「蠪，蟹蠪，蛇名。《山海經》：『泰華山有蛇，六足四翼，見則天下旱。』」「蟹」亦「肥」增旁俗字。蔣斧印本《唐韻殘卷》：「蟹，蟹蠪，神虵。」「蟹」是「蟹」形誤。《西山經》：「英山⋯⋯有鳥焉，其狀如鶉，黃身而赤喙，其名曰肥遺。」蛇六足四翼，與鳥同名「肥遺」。肥，讀作飛，亦作蜚。遺，讀作追，謂追風。「肥遺」狀飛行之疾也。《淮南子·覽冥篇》：「騁若飛，騖若絕，縱矢躡風，追猋歸忽。」又《說林篇》：「逮日歸風。」王念孫謂「猋」、「忽」皆謂疾風，「歸忽」猶言歸風〔註55〕。躡，追也。「歸風」、「躡風」亦是「追風」。

（14）南海有鰐魚，狀似鼉，斬其頭而乾之，去齒而更生，如此者三乃止

錢熙祚校作「椓去其齒而更生」，云：「『椓』字『其』字並依《廣記》卷464，《御覽》卷938作『斷喙去齒』。」

王媛曰：《御覽》卷938引「去齒」上有「斷喙」二字，宜據補〔註56〕。

〔註53〕參見蕭旭《古國名「渠搜」名義考》，收入《群書校補（續）》，花木蘭文化出版社 2014 年版，第 2149～2168 頁。

〔註54〕李海霞《漢語動物命名考釋》，巴蜀書社 2005 年版，第 627 頁。

〔註55〕王念孫《淮南子雜志》，收入《讀書雜志》卷 13，中國書店 1985 年版，本卷第 27 頁。

〔註56〕王媛《〈博物志校證〉補正》，范寧《博物志校證》附錄一，中華書局 2014 年版，第 185 頁。

按：宋刊《御覽》引作「啄去齒而更生」，錢氏所據乃俗本，周心如、王媛所據本亦同。今本脫「啄」字。啄，讀為椓、敊、祋。《說文》：「敊，擊也。」又「椓，擊也。」又「祋，椎擊物也。」王媛據《說郛》卷 109 引《博物志》「海南有魚如龜，斬其首乾之椓，去齒而更復生」，輯作《博物志》佚文〔註57〕，既是誤輯，又未得其讀。

（15）長數寸，大者如箸

按：箸，《御覽》卷 888、936 引同；士禮居叢書本、指海本、紛欣閣叢書本、四庫本作「筯」，《御覽》卷 862 引同，《搜神記》卷 13 亦同。「箸」、「筯」異體字，《北戶錄》卷 1 誤作「簪」。

（16）東海有物⋯⋯名曰鮓魚，無頭目處所，內無藏，眾蝦附之，隨其東西

按：《御覽》卷 943 凡二引，一作「鮓魚」，一作「水母」。《記纂淵海》卷 99 引作「水母」。《北戶錄》卷 1：「水母，《兼名苑》云：『一名蚱，一名石鏡。』」又引本書作「名曰蚱」。《穎川語小》卷下引本書作「名曰鮀」。《文選·江賦》李善注引《南越志》：「海岸間頗有水母，東海謂之蛇。」又云：「蛇，音蜡。二字並除嫁切。」《御覽》卷 943 引沈懷遠《南越志》亦有注：「蛇，音蜡。」《集韻》：「蛇、蜡：蟲名。《南越志》『水母，東海謂之蛇』。或作蜡。」《嶺表錄異》卷下：「水母，廣州謂之水母，閩謂之蛇（原注：疑駕切）。」「蛇」當作「蛇」，《御覽》卷 943 所引不誤，《廣記》卷 465 引作「鮀」。此物為眾蝦所附，則本字當作「蛇」，蛇之言宅也。「鮀」是其異體字，「鮓、蚱、蜡」並其轉語，吳語又轉作「蜇」，稱作「海蜇」〔註58〕。

（17）太原晉陽以化生屏風草

周心如曰：「化」字誤，宜從《御覽》作「北」。

范寧曰：《稗海》本「化」作「北」，《御覽》卷 994 引亦作「北」，宜據改。（P44）

唐子恒曰：以北，原作「以化」，據士禮居本、指海本、四庫本改。《御覽》

〔註57〕王媛《范寧〈博物志佚文〉補正》，《古籍整理研究學刊》2009 年第 5 期，第 107 頁。

〔註58〕《本草綱目》卷 44「海蛇」條李時珍曰：「蛇，作、宅二音，南人訛為『海折』。」

卷994引作「已北」。（P37）

　　按：《事類賦注》卷24、《記纂淵海》卷94引亦作「北」。

（18）堯時有屈佚草，生於庭。佞人入朝，則屈而指之，又名指佞草

　　范寧曰：《論衡·講瑞篇》：「太平之時，屈軼生於庭，之末（引者按：「之末」當屬上句）若草之狀，主指佞人。」《事類賦》卷24引「佚」正作「軼」。（P44）

　　唐久寵曰：《記纂淵海》卷94引作「屈佞草」，《論衡·是應篇》作「屈軼草」。（P57）

　　按：《文選·三月三日曲水詩序》李善注引《田俟子》：「黃帝時有草生於帝庭階，若佞臣入朝，則草指之，名曰屈軼，是以佞人不敢進也。」草名屈軼者，以其能屈而軼出，以指佞人也。

（19）右詹山，帝女化為詹草。其葉鬱茂，其蕚黃，實如豆，服者媚於人

　　錢熙祚曰：姑媱山，原作「右詹山」，依《山海經·中山經》改。蓄草，原作「詹草」，依《山海經》改。

　　范寧曰：黃丕烈云：「『右詹山』是『古媱山』之誤，『詹草』是『蓄草』之誤。」案黃說是也。「右詹」當作「古蓄」，即「姑媱」。《中山經》云：「姑媱之山，帝女死焉……化為蓄草。」是其證。（P44）

　　唐久寵曰：《山海經·中山經》「姑媱之山」，郝懿行曰：「《博物志》作『古媱』，俗本譌作『右詹』。」郝說是也。本書「右詹」、「詹草」並「古媱」、「蓄草」之譌。（P68）

　　按：諸說皆是。①范氏所引黃丕烈說出自黃氏《刻連江葉氏本〈博物志〉序》，黃氏原文是：「『右詹山』是『古媱山』之誤（《山海經》作『姑媱』），『詹草』是『蓄草』之誤（《山海經》作『蓄』）。」范氏按語即是黃氏自注的改寫。《搜神記》卷14作「舌堖」，當是「古瑶」之誤，《法苑珠林》卷32引《搜神記》已誤。②鬱茂，《搜神記》同，《中山經》作「胥成」（郭璞注：「言葉相重也。」），《法苑珠林》卷32引《搜神記》作「蒟成」（別本又作「狨成」、「藜成」）。疑「胥成」形誤作「郁茂」，復易作「鬱茂」也。胥，讀作須，待也。「胥成」謂其葉相須而成，故郭璞注「言葉相重也」。③「蕚」亦誤。《古今逸史》本作「蓉（華）」，士禮居叢書本等作「華」，《中山經》、

《搜神記》亦作「華」。「蕚」是「華」古字。

（20）止些山多竹，長千仞，鳳食其實，去九疑萬八千里

錢熙祚校作「止於丹山，此山多竹」，云：「原脫『於丹山』三字，『此』誤『紫』，並依《事類賦注》補正。」

按：沒有版本作「紫山」。《事類賦注》卷 18 引《括地圖》：「孟虧去之，鳳凰隨焉，止於丹山，去九疑萬八千里。此山多竹，長千仞，鳳凰食竹實，孟虧食木實。」《御覽》卷 915 引《括地圖》：「孟虧去之，鳳凰隨焉，止於此山，多竹，長千仞，鳳凰食竹實，孟虧食木實，去九疑萬八千里。」《御覽》「此山」是山名，《事類賦注》誤作「丹山」，又改其語序。本書「些」當是「此」形誤，讀作「止此山，多竹」。「止此山」即「止於此山」，省略介詞「於」。方以智誤以「止些山」是山名，說「『些』之助辭，猶斯也」〔註59〕，非是。

（21）江南諸山郡中大樹斷倒者，經春夏生菌，謂之椹

按：《爾雅·釋草》《釋文》：「蕈：亂荏反。案今人呼菌為蕈。葛洪《字苑》同，云『世作椹、蕁二字，非也』。」「蕈」是本字，「椹」、「蕁」是其音轉借字。《春秋·莊公十年》「譚無禮也」，《真誥》卷 14 引「譚」作「湛」。

（22）楓樹生者啖之，令人笑不得止，治之，飲土漿即愈

范寧曰：即，士禮居刊本作「多」，《御覽》卷 998 引亦作「多」。據此，則作「多」是也。（P44）

按：作「多」作「即」均可。《證類本草》卷 15 引作「楓樹上生菌，人食，即令人笑不止，飲土漿屎汁愈」。《圖經衍義本草》卷 5 引陶隱居云：「楓樹菌，食之令人笑不止，唯飲土漿皆差，餘藥不能救矣。」「楓樹生者」承上文，指楓樹上生的菌。當讀作「楓樹生者，啖之令人笑不得止」。

卷四校補

（1）取桑蠶即（或）阜螽子呪而成子，《詩》云「螟蛉有子，蜾蠃負之」是也

〔註59〕方以智《通雅》卷 4，收入《方以智全書》第 1 冊，上海古籍出版社 1988 年版，第 206 頁。

按：蠃，《古今逸史》本同，《事類賦注》卷 30、《埤雅》卷 10 引同；當據士禮居叢書本、紛欣閣叢書本、指海本作「蠃」，《御覽》卷 950、《記纂淵海》卷 100 引亦作「蠃」。呪，《埤雅》、《永樂大典》卷 490 引同，《御覽》、《事類賦注》、《記纂淵海》引作「抱」。「抱」是「呪」形誤。《毛詩草木鳥獸蟲魚疏》卷下：「（螟蠃）取桑蟲負之于木空中，或書簡筆筒中，七日而化為其子。里語曰：呪云：『象我！象我！』」《法言·學行》：「螟蠕之子，殪而逢蜾蠃，祝之曰：『類我！類我！』久則肖之矣。」「呪」同「祝」。

（2）蠶三化，先孕而後交，不交者亦產子。子後為鰲，皆無眉目，易傷，收採亦薄

按：鰲，《古今逸史》本、百子全書本同，紛欣閣叢書本作「螫」，士禮居叢書本、指海本、四庫本作「蠶」。「鰲」、「螫」從叚得聲，是「僵」音轉，指白色的死亡的蠶，分別字亦作「蟜」或「殭」。S.2071《切韻箋注》、《集韻》：「蟜，蠶白死。」裴務齊《正字本刊謬補缺切韻》：「蟜，蠶白生（死）。」《玉篇》：「蟜，蟜蠶。」

（3）鸛，水鳥也。伏卵時，〔數入水〕，卵冷則不沸，取礜石周繞卵，以時助燥氣

錢熙祚曰：《御覽》卷 925「沸」作「孚」。

周心如曰：沸，案宜從《御覽》作「孚」。

范寧曰：沸，《御覽》卷 925 引作「孚」是也。（P52）

唐久寵曰：不沸，《御覽》卷 925 引作「不孚」，《天中記》卷 8、59 並引作「不煖」。「孚」字誼不可通，當作「不煖」。《淮南子·原道篇》云「鳥卵不煖」。《說文》云：「煖，卵不孚也。」（P41）

按：唐氏文中「煖」都當作「煖」。《禽經》「覆卵，則鸛入水」，張華注：「鸛，水鳥也。伏卵時，數入水，冷則不煖，取礜石周卵，以助暖氣。」《埤雅》卷 6 同。「不煖」當作「煖」，「不」衍文。「煖」指不能孵化成子，即「不孚」之誼。唐氏引《淮南子》「鳥卵不煖」不切。「孚」形誤作「孛」，復音誤作「沸」。

（4）蠐螬以背行，快於足用

錢熙祚曰：用足，二字原〔倒〕，依《御覽》卷 948 乙轉，又「快」字《御

覽》作「駛便」二字。

范寧曰：《御覽》卷 948 引作「快於用足」，是也。（P53）

按：宋刊《御覽》卷 948 引作「駛於用足也」，「駛」是「駛」形誤。《證類本草》卷 21、《圖經衍義本草》卷 32 引陶隱居云：「（蠐螬）大者如足大指，以背行，乃駛於腳。」

（5）煎麻油，水氣盡，無煙，不復沸則還冷，可內手攪之。得水則焰起，散卒而滅

錢熙祚校作「則焰起〔飛〕散」，云：「『飛』字依《御覽》卷 864 補。」

唐久寵曰：《書鈔》卷 147、《御覽》卷 864 引無「麻」字。豔，借字也。（P42）

祝鴻傑曰：當據《御覽》卷 864 於「焰起」下補一「飛」字，「散」字屬上。又「卒而滅」之「而」，當依指海本、士禮居刊本作「不」〔註60〕。

唐子恒曰：士禮居本「焰」作「豔」，誤。（P43、P52）

按：錢、祝二氏所校均是也。《書鈔》卷 147 只引至「得水即燄（焰）起」，下句未引。焰，紛欣閣叢書本、《古今逸史》本作「燄」，《書鈔》引亦作「燄」，《御覽》引作「焰」。本卷下文「燒白石」條云「煙焰起」，士禮居叢書本「焰」亦作「豔」。「燄」、「焰」都是「焰」俗譌字。唐久寵說「豔」是「焰」借字，是也。唐子恒不達通假。P.2524《語對》：「掞天：掞音豔也。」P.2172《大般若涅槃經音》：「豔：焰。」以「焰」為「豔」注音。P.2449V：「祥幡飄轉業之風，神燈燃破惡之豔。」「豔」亦借作「焰」。BD11259：「祥幡颺影，退摽（飄）轉業之風；神燈發暉，遙凝破惡之焰。」正作「焰」字。

（6）庭州灞水以金銀鐵器盛之皆漏，唯瓠葉則不漏

范寧曰：《異苑》卷 2「瓠葉」作「瓠蘆」。（P54）

按：《事類賦注》卷 7 引「鐵」上有「銅」字，「瓠葉」同今本。《御覽》卷 59 引《郡國志》：「庭州灞水滴滴，若以金銀銅鐵器盛之皆漏，唯瓠葉則不漏。」《異苑》卷 2 說的是「西域拘夷國山上有石駱駝，腹下出水，以金鐵及手承取，即便對過；唯瓠蘆盛之者，則得飲之」，與本書事雖仿佛，但不是一事。

〔註60〕祝鴻傑《〈博物志校證〉補校》，《文獻》1994 年第 1 期，第 63 頁。

（7）龍肉以醢漬之，則文章生

錢熙祚曰：《書鈔》卷 146、《御覽》卷 866「醢」作「醯」，《類聚》卷 96、《御覽》卷 863、930 仍作「醢」。

范寧曰：《類聚》卷 96、孔本《書鈔》卷 146、《御覽》卷 866 並引「醢」作「醯」，是也。（P54）

唐久寵曰：字當作「醯」。（P36）

唐子恒曰：醢，《類聚》卷 96、《御覽》卷 866 引並作「醯」。醢，肉醬或醬。醯，醋。（P43）

按：《類聚》卷 96 引作「醯」，錢氏失檢，范氏不誤。孔廣陶曰：「俞本及《御覽》卷 866 引同，明吳琯本、稗海本《博物志》皆誤作『醢漬』，陳本因改入『醢筜』，謬甚。」〔註61〕《埤雅》卷 1 引舊說亦作「醯」，《養生類纂》卷 17 引本書誤作「醢」。「醯」俗譌字作「醝」，與「醢」形近致譌。

（8）燒鉛錫成胡粉

按：《文選·洛神賦》李善注、《廣韻》「粉」字條引無「錫」字。《御覽》卷 719 引作「紂燒鉛錫作粉」。「錫」是衍文。《抱朴子·論僊》：「愚人乃不信黃丹及胡粉是化鉛所作。」化鉛所作的粉即是鉛粉。

（9）敵休亂門冬

唐子恒曰：敵休，未詳。似當為草名。（P44）

按：四庫本「敵休」作「敵木」。考《爾雅·釋草》「髦，顛蕀」，郭璞注：「細葉，有刺，蔓生，一名商蕀。《廣雅》云：『女木也。』」疑本書當作「商木」，「商」誤作「啇」，復誤作「敵」。「休」是「木」形誤。又考《證類本草》卷 6 引《博物志》佚文：「天門冬莖間有刺而葉滑者曰絺休，一名顛蕀，根以浣縑素令白，越人名為浣草，似天門冬而非也。」又「天門冬逆將（捋）有逆刺，若葉滑者名絺體，一名顛蕀，可以浣縑素白，如絨（音越）紵類，金（今）城（越）人名為浣草，擘其根溫湯中，授之以浣衣，勝灰。此非門冬，相似爾。」〔註62〕《御覽》卷 989 引《博物志》佚文：「天門冬莖間有刺，而葉滑者曰郄休，一名顛蕀，根以浣縑素白，越人名為浣草，似天門冬而非也。」《說郛》卷 106 引李當之《藥錄》：「天門冬莖間有茨（刺）

〔註61〕《書鈔》卷 146（孔廣陶校注本），天津古籍出版社 1988 年版，第 659 頁。

〔註62〕《本草綱目》卷 18 引「金城」作「今越」。

而葉滑曰郗體，一名顛棘，根以浣縑素白，越人名為浣草，似天門冬而非也。」「敵休」誤作「絺休」，復誤作「郄休」、「絺體」、「郗體」。

（10）房葵似狼毒

按：《類說》卷23引「房葵」作「防葵」。《圖經衍義本草》卷18引陶隱居云：「（狼毒）與防葵同根類，但置水中沉者便是狼毒，浮者則是防葵。」

（11）拔揳與萆薢相似，一名狗脊

范寧曰：拔揳，《名醫別錄》作「菝葜」。《證類本草》卷8「草薢」下引作「菝葜與草薢相亂」，是「萆」當作「草」矣。（P55）

按：范說大誤，「萆」字不誤。《證類本草》卷8亦作「萆薢」，范氏誤認作「草薢」耳。士禮居叢書本作「卑解」，省借字。《御覽》卷990引此作「菝（蒲八切）〔葜〕與萆薢相亂，名狗脊」，又引《吳氏本草》：「萆薢，一名百枝。」又「狗脊，一名狗青，一名萆薢。」馬王堆帛書《養生方》即有藥名「萆薢」，尤為不誤之鐵證。又音轉作「萆芣」、「萆荄」，亦見帛書《養生方》。

（12）野葛食之殺人，家葛種之三年，不收，後旅生亦不可食

錢熙祚曰：《御覽》卷975「葛」作「芋」，下同。

周心如曰：葛，《御覽》作「芋」。

范寧曰：《御覽》卷975、《爾雅翼》卷6引「葛」並作「芋」。（P55）

唐子恒曰：《本草綱目・菜二・芋》：「弘景曰：『野芋形（引者按：原文作『莖』，唐氏誤引）葉與芋相似，芋種三年不採成梠芋，並能殺人。』陳藏器曰：『野芋生溪澗側，非人所種者，根葉相似。』」此條「葛」似當作「芋」，於義為長。旅生，野生，不種而生。《後漢書・光武帝紀上》「至是嘉穀旅生」李賢注：「旅，寄也。不因播種而生，故曰旅。」（P46）

按：《類說》卷23引仍作「野葛」、「家葛」。①「野葛」是毒藥，能殺人，乃「冶葛」轉語。《論衡・言毒》：「草木之中有巴豆、野葛，食之湊懣，頗多殺人。」又「天下萬物，含太陽氣而生者，皆有毒螫……在草則為巴豆、冶葛……冶葛、巴豆皆有毒螫，故冶在東南，巴在西南。」《御覽》卷950引《博物志》佚文：「深山窮谷多毒虐之物……草則有鉤吻野葛。」《御覽》卷990引《本草經》：「鉤吻，一名野葛。」又引《南州異物志》：「冶葛，一名鉤肠。」《初學記》卷9、《御覽》卷93引《博物志》佚文：「太祖習啖野葛

至一尺，亦得少多飲鴆酒。」《三國志・武帝紀》裴松之注引作「啖野葛」，《書鈔》卷 20 引作「噉冶葛」，《御覽》卷 990 引作「啖冶葛」。《南方草木狀》卷上：「世傳魏武能啖冶葛至一尺，云先食此菜。」是「野葛」即「冶葛」也。據《論衡》，巴豆出於西南巴地，冶葛出於東南冶地。「野」是「冶」借音字。②「野葛」是「冶葛」轉語，則自無「家葛」之說。本書當從《御覽》卷 975 作「野芋」、「家芋」。《肘後備急方》卷 7：「凡種芋，三年不取，亦成野芋，即殺人也。」《證類本草》卷 23 引陶隱居云：「種芋，三年不採成梠（音呂）芋。又別有野芋名老芋，形葉相似如一根，並殺人。」《慧琳音義》卷 8 引蘇敬《本草》：「芋約有六種差別，所謂青芋、紫芋、真芋、白芋、連禪芋、野芋，並皆有毒，其中唯野芋最甚，食之煞人。」《新修本草》卷 17：「又別有野芋，名尤（老）芋，形葉相似如一根，並殺人……謹案：芋有六種，有：青芋、紫芋、真芋、白芋、連禪芋、野芋……野芋大毒，不堪噉。」《爾雅翼》卷 6 引本書，又云：「此即陶隱居所謂梠芋也。」③王筠曰：「『旅生』當即《後漢書・光武紀》云『嘉穀旅生』也。其字又作稆、穭，乃不種自生之名。」〔註 63〕王說是也，陶隱居所謂「梠芋」，謂稆生之芋，不種自生之芋也。稆、穭、旅一聲之轉，音轉亦作離（蘺）、秜、苵〔註 64〕。

（13）琥珀一名江珠

范寧曰：《一切經音義》卷 27 引「江」作「紅」。案琥珀色紅，《太上靈寶五符序》卷中云：「琥珀千年，變為丹光，丹光色紫而照人。」據此，則「江」作「紅」是也。（P56）

祝鴻傑曰：《文選・左思・蜀都賦》李善注引作「琥珀一名江珠」。《文選・揚雄・蜀都賦》「於近則有瑕英菌芝，玉石江珠。」《木（引者按：當作「本」）草圖經》：「舊說琥珀是千年茯苓所化，一名江珠。」可見「江珠」不誤。范氏所據《一切經音義》蓋誤「江」為「紅」，不足為憑〔註 65〕。

唐子恒曰：江珠，《一切經音義》卷 27、《御覽》卷 808 引並作「紅珠」。（P47）

〔註 63〕王筠《菉友蛾術編》卷上，收入《續修四庫全書》第 1159 冊，上海古籍出版社 2002 年版，第 231 頁。

〔註 64〕參見蕭旭《〈越絕書〉古吳越語例釋》，收入《群書校補（續）》，花木蘭文化出版社 2014 年版，第 2014 頁。

〔註 65〕祝鴻傑《〈博物志校證〉補校》，《文獻》1994 年第 1 期，第 64 頁。

按：祝說是也。范氏所據《一切經音義》卷 27，即《慧琳音義》卷 27，乃轉錄自《玄應音義》卷 6，《玄應音義》引仍作「江珠」。《法苑珠林》卷 32、《御覽》卷 989、《證類本草》卷 12、《紺珠集》卷 4 引亦作「江珠」。《妙法蓮華經玄贊》卷 6、《四分律行事鈔批》卷 6、《金光明經照解》卷 2 引則作「紅珠」。《古文苑》卷 4 揚雄《蜀都賦》章樵注：「皆石之比珠玉者。菌芝，石芝也。《華陽國志》有『光珠穴』。《博物志》曰：『光珠即江珠也。』又『虎珀一名江珠。』」《文選・左思・蜀都賦》「其間則有虎珀、丹青、江珠、瑕英、金沙、銀鑠。」「琥珀」、「江珠」指美石，張華以為是一物異名，揚雄、左思以為是二物。

（14）夫命之所以延，性之所以利，痛之所以止，當其藥應以病也

按：錢熙祚據《御覽》卷 984 引校作「夫命之所以延，性之所以和，病之所以愈，是當其藥應其病也」，祝鴻傑說同而失引錢說〔註 66〕。

（15）五曰班茅，戎鹽解之

唐久寵曰：班茅，《本草經》作「斑貓」，李時珍云：「斑言其色，蝥，刺，言其毒如矛刺也。亦作『螌蝥』，俗訛為『斑貓』。」疑本書「班茅」乃「斑矛」之訛。（P70）

唐子恒曰：班茅，四庫本作「班貓」，即「斑蝥」。（P50）

按：唐久寵所引李時珍說見《本草綱目》卷 40。①紛欣閣叢書本作「斑茅」。考《說文》：「蝥，螌蝥，毒蟲也。」又「螌，螌蝥也。」《廣雅》：「螌蝥，晏青也。」《集韻》：「蝥，螌蝥，毒蟲。」武威漢代醫簡 44 號有「班毦（髦）」，馬王堆帛書《養生方》有「螌冒」。②「螌蝥」的名義，李時珍說非也，唐久寵據李說改本書作「斑矛」，尤誤。《證類本草》卷 22 引陶隱居曰：「此一蟲五變，為療皆相似。二月三月在芫花上，即呼芫青。四月五月在王不留行上，即呼王不留行蟲。六月七月在葛花上，即呼為葛上亭長。八月在豆花上，即呼斑貓。九月十月欲還地蟄，即呼為地膽。」王念孫曰：「《御覽》引《本草》亦云：『春食芫華，故云元青。秋食葛華，故云葛上亭長。』然則此蟲常食草花，故有螌蝥、青蘦之稱……《本草》『斑貓』，陶注云：『豆花時取之，甲上黃黑斑色，如巴豆大者是也。』以有黃黑斑，故曰螌蝥。螌，

〔註 66〕祝鴻傑《〈博物志校證〉補校》，《文獻》1994 年第 1 期，第 64 頁。

猶斑也。《說文》『蝥』作『蝥』，云：『盤蝥，毒蟲也。』」〔註67〕王說是也，《新修本草》卷14「巴豆……殺斑蝥毒」，又卷15「（豚）肪膏，主煎諸膏藥，解斑蝥、芫青毒」，正作「斑蝥」。《證類本草》卷22引《吳氏本草經》：「斑猫，一名斑蚝（音刺），一名龍蚝，一名斑菌，一名騰髮，一名盤蝥，一名晏青。」〔註68〕「蚝」是會意字，指毛蟲，即《說文》之「蛓」字，不是形聲字。《圖經衍義本草》卷33、《證類本草》卷22引《圖經》：「斑猫……其字或作『斑蟊』，亦『斑蚝』。」「蟊」必是「蚤」形誤。《御覽》卷951引《本草經》：「班猫，一名龍尾。」「尾」必是「蚝」形誤。

（16）人啖豆三年，則身重行止難

范寧曰：《御覽》卷841引「年」作「斗」。（P57）

按：《文選・養生論》「豆令人重」，李善注引《經方小品》倉公對黃帝曰：「大豆多食，令人身重。」又引本書：「食豆三年，則身重行止難。」《齊民要術》卷10引本書：「人食豆三年，則身重行動難。」《御覽》卷841引本書作「人食豆三斗，則身重行止動難」。《御覽》「斗」誤，「止動」當衍一字。

（17）啖榆則眠，不欲覺

范寧曰：《御覽》卷956引「榆」上有「枌」字。（P57）

唐久寵曰：《類聚》卷88、《御覽》卷956引「榆」上有「枌」字，指海本即據補作「枌榆」，非也。枌亦榆也，字不當重出。（P39～40）

按：「則眠」屬下句。《類聚》卷88、《御覽》卷956引作「食枌榆，則眠不欲覺」。《文選・養生論》「榆令人瞑」，《類聚》卷75、《御覽》卷720、841、956引「瞑」同，《類聚》卷88引「瞑」作「眠」。李善注引本書：「啖榆，則瞑不欲覺也」。《說文》：「榆，白枌。」又「枌，榆也。」則「枌榆」是複詞，也可倒作「榆枌」，唐說非是。瞑、眠一聲之轉。

（18）啖麥稼，令人力健行

錢熙祚曰：原脫「多」字，又「麥」下衍「稼」字，並依《御覽》卷838刪補。

〔註67〕王念孫《廣雅疏證》，收入徐復主編《廣雅詁林》，江蘇古籍出版社1992年版，第934頁。所引《御覽》見卷951。

〔註68〕《御覽》卷951引「斑」作「班」，「音刺」誤作「音判」。

范寧曰：《齊民要術》卷 10、《御覽》卷 838 引「人」下有「多」字，宜據補。（P57）

唐久寵曰：《齊民要術》卷 10、《御覽》卷 838 引並有「多」字，無「稼」字。《齊民要術》卷 10 引「麥稼」作「麥橡」，疑當從之。《唐本草新附》：「橡實，味苦，微溫，無毒，主治下痢，厚腸胃，肥健人。」（P40）

按：《齊民要術》卷 10 引「麥稼」同（一本作「麥橡」），《御覽》卷 838 引作「啖麥令人多力」。四庫本作「力」上有「有」字。《證類本草》卷 25：「穬麥……久服令人多力健行。陶隱居云：『服食家並食大、穬二麥，令人輕健。』」疑「麥稼」、「麥橡」是「穬麥」誤倒。

（19）飲真茶，令人少眠

范寧曰：「真」當作「羹」，形近而誤。惟劉琨《與兄子南兗州刺史演書》云：「吾體中憒悶，常仰真茶。」《茶經》亦云：「真茶性極冷，惟雅州蒙山出者溫而主疾。」則作「真茶」似亦不誤，但未言飲真茶可以少睡。（P58）

盧紅曰：作「真」字不誤。《博物志》諸本及《齊民要術》卷 10、《事類賦注》卷 17 引均作「真」。疑「真茶」蓋即「真香」、「真香茗」。《述異記》：「巴東有真香茗，其花白色，如薔薇，煎服，令人不眠，能誦無忘。」〔註69〕

按：唐子恒（P50）、鄭曉峰（P129）從范說校作「羹」。盧說是也，所引《述異記》見卷上。《書鈔》卷 144、《事類賦注》卷 17 引作「飲真茶，令人少眠睡」，《御覽》卷 867 引無「人」字，餘同。《新修本草》卷 18 引《桐君藥錄》：「西陽、武昌及盧江、晉熙茗皆好，東人止作青茗……又巴東間別有真荼，〔火煻〕作卷結為飲，亦令人不眠。」〔註70〕「荼」同「茶」。《御覽》卷 867 引《桐君錄》：「西陽、武昌、晉陵皆出好茗，巴東別有真香茗，煎飲，令人不眠。」

（20）人食冬葵，為狗所齧，瘡不差，或致死

錢熙祚曰：終葵，俗本「冬葵」。

唐久寵曰：諸本「終」並作「冬」。《齊民要術》卷 3、《天中記》卷引作「落」，《御覽》卷 980 引作「絡」。字當作「落」也。「落」譌為「絡」，「絡」譌為「終」，「終」脫壞為「冬」。（P36～37）

〔註69〕盧紅《〈博物志校證〉札記》，《南京師大學報》1992 年第 1 期，第 58 頁。
〔註70〕「火煻」二字據《證類本草》卷 27 引補。

　　唐子恒曰：冬葵，士禮居本、指海本、《御覽》卷 980 引並作「終葵」，《齊民要術》卷 3 引作「落葵」。（P51）

　　按：《御覽》卷 980 引作「絡葵」，周心如引文不誤，唐子恒誤校。唐久寵說非是。考《爾雅‧釋草》：「蒤葵，蘩露。」《釋文》本作「終葵」，云：「終，本亦作蒤，同。」《本草綱目》卷 27：「『蒤』、『落』二字相似，疑『落』字乃『蒤』字之訛也。」李說是矣，「絡葵」亦「終葵」形譌。

（21）雁食粟，則翼重不能飛

　　范寧曰：周心如云：「重，一本作垂。」（P58）

　　王媛曰：重，《御覽》卷 840 引作「垂」〔註71〕。

　　按：《御覽》卷 917、《事類賦注》卷 19、《證類本草》卷 25 引都作「重」。「垂」是「重」形誤。

（22）陳葵子微火炒，令爆咤，散著熟地，遍蹋之，朝種暮生，遠不過　　　經宿耳

　　錢熙祚改「咤」作「乾」，「地」下補「中」，云：「『乾』原作『咤』，《類聚》卷 82 作『咤』，今依《御覽》卷 979 改。中，此字依《藝文》、《御覽》補。」

　　范寧曰：《稗海》本、《說郛》本「熟」作「熱」，是也。《御覽》卷 979 引「蹋」作「踏」。（P58）

　　按：《說郛》本作「熟」，不作「熱」，范氏失校。唐子恒從范說校作「熱」（P51）。①宋刊《御覽》卷 979 引仍作「爆咤」，宋刊《類聚》卷 82 作「爆吒」，錢氏所據乃俗本。《證類本草》卷 27「冬葵子」條引陶隱居說作「煇烼」，分別注音「音畢、音咤」，《新修本草》卷 18 作「煇烼」。「爆咤（吒）」不誤，音剝託，指烈火之聲。《法苑珠林》卷 27 引《冥祥記》「若燒炮石瓦爆烼之聲」，宋、元、明、宮本「烼」作「咤」。《慧琳音義》卷 5 引《考聲》：「爆，燒柴作聲，火烈也〔註72〕。」又引《韻英》：「爆，火烼也。」又引《韻詮》：「爆，火烈聲也。」S.617《俗務要名林》：「爆：火裂（烈）也〔註73〕，博教

〔註71〕王媛《〈博物志校證〉補正》，范寧《博物志校證》附錄一，中華書局 2014 年版，第 188 頁。

〔註72〕《慧琳音義》卷 1、4 引《考聲》作「燒柴火烈作聲也」，又卷 36 引誤作「燒柴竹聲也」。

〔註73〕「裂」當作「烈」，高天霞《敦煌寫本〈俗務要名林〉語言文字研究》失校，

反，又普角反。炌：火聲也，步（陟）訝反。」P.2011 王仁昀《刊謬補缺切韻》、蔣斧印本《唐韻殘卷》、裴務齊《正字本刊謬補缺切韻》並云：「炌，火聲。」人怒聲曰吒，火烈聲曰炌，其義一也。「爆炌」又聲轉作「炮炌」，《外臺祕要方》卷 22：「取莨菪子一撮安錢上，令爆炌聲，仍以水少許淋錢上，即氣出，用薰齒。」《備急千金要方》卷 19 作「炮炌」。②熟地，《類聚》、《御覽》引作「熟地中」，《證類本草》引陶隱居說及《新修本草》都作「濕地」。本卷下條云「燒馬蹄、羊角成灰，春夏散著濕地，生羅勒」，亦有「散著濕地」語，此亦當同。

（23）《神農本草》云：「雞卵可作琥珀。」其法取伏卵段黃白渾雜者煮

錢熙祚曰：「鷇」原誤為「卵段」二字，依《御覽》卷 918 改。

范寧曰：《說郛》本「段」作「鷇」。《淮南子·原道篇》高誘注：「卵不成鳥曰鷇。」是「卵段」乃「鷇」字訛誤。案《御覽》卷 918 引作「法取茯苓雞鷇黃白渾雜者」。據此，知「伏」下脫「苓雞」二字，宜據補。黃丕烈謂「段」是「孵」之誤，亦非。（P59）

按：范氏有誤校。《說郛》本作「卵段（段）」，不作「鷇」。黃丕烈說「段」是「鷇」之誤，不是「孵」字。《御覽》卷 918 引作「法取茯苓雞殼卵黃白渾雜者」，范氏引脫「卵」字。《法苑珠林》卷 32 引作「取雞卵殼黃白渾雜者」，《御覽》卷 808 引作「取鷄卵殈（殈）黃白渾雜者」。「殈」是「鷇」俗字，「殼」非其誼。此文當作「其法取伏〔雞〕卵段（鷇）黃白渾雜者煮」。伏，讀為孵。孵雞卵鷇，謂孵雞之卵不能孵化者。《御覽》卷 918 引誤作「茯苓雞」，范氏據改，大誤。

（24）既堅，內著粉中，佳者乃亂真矣

按：粉，《法苑珠林》卷 32、《御覽》卷 918 引同，《御覽》卷 808 引誤作「杓」。佳，《御覽》卷 808 引同，《御覽》卷 918 引作「假」；高麗本《法苑珠林》引作「假」，宋、元、明、宮本作「佳」。

（25）取鼈挫令如碁子大

錢熙祚曰：「剉」原作「挫」，依《御覽》卷 932 改。

按：《北戶錄》卷 1 引亦作「剉」。但不煩據改。

（26）五六日中，作投地中，經旬孷孷盡成鼊也

　　錢熙祚曰：「月」原誤「日」，依《御覽》改。俗本「池」作「地」。

　　范寧曰：《北戶錄》卷1、《御覽》卷932並引作「五六月中，投於池澤中」。據此，則「日」應作「月」，「作」是「澤」誤，「地」是「池」誤。（P60）

　　按：《北戶錄》卷1引作「六月中，投于池澤中」，《御覽》卷932引作「五六月中作，投於池澤中」（范氏失引「作」字）。士禮居叢書本作「池」不誤。「作」字不誤，屬上句，指挫如棋子大以赤莧汁和合的鼊於五六月中有變化。本書卷5「嘗與師於南海作金，投數萬斤於海」，「作」字義同。

卷五校補

（1）封君達云：「食去肥濃，節酸鹹，減思慮，損喜怒。」

　　錢熙祚本作「減思慮，損喜怒」，云：「葉本『減』誤『滅』。」

　　范寧曰：《養性延命錄·教戒篇》「損」作「捐」是也。（P67）

　　按：《類說》卷23引作「絕思慮，損喜怒」。《御覽》卷720引同今本作「減思慮，損喜怒」，道藏本《神仙食炁金櫃妙籙》、《枕中記》、《醫說》卷9引封君達語同，《三洞群仙錄》卷15引《高道傳》引封君達語亦同。《養性延命錄》卷上「減思慮，捐喜怒」，道藏本《雲笈七籤》卷33孫思邈《攝養枕中方》引封君達語同，《雲笈七籤》卷32引「捐」作「損」。《說文》：「損，減也。」「減思慮」與「損喜怒」對舉。《晉書·范甯傳》「得此方云：用損讀書一，減思慮二」，亦其比也。作「捐」、作「滅」均是形誤。

（2）初小困，十數日後體力壯健，不復思食

　　按：《御覽》卷841引「困」下有「極」字，「十數日」作「數十日」，「體力」下有「更」字。錢熙祚據補「更」字，是也。「困極」複詞，極亦困也。

（3）降就道士劉景受雲母九子元方

　　范寧曰：雲，弘治本作「干云」，格致本作「干雲」，疑誤。元，士禮居刊本作「丸」是也。「方」乃「放」字缺壞，指左元放也。（P70）

　　祝鴻傑曰：「就」當作「龍」。士禮居刊本亦誤作「就」，而指海本作「龍」。道家把修煉丹藥馴服七情六欲稱為「降龍伏虎」，故劉景以為號焉。元，范氏校作「丸」，是。此「方」字不誤，指丹方[註74]。

_____

〔註74〕祝鴻傑《〈博物志校證〉補校》，《文獻》1994年第1期，第65頁。

唐子恒曰：龍，原作「就」，據指海本改。丸，原作「元」，據士禮居本、指海本改。（P63）

按：祝氏說「方」指丹方，是也。「雲母九子丸」是丸藥名。祝、唐二氏改「就」作「龍」，鄭曉峰從祝說（P162），非是。就，從也。謂丞相從道士劉景受其藥方也。「劉景」即「劉京」，其雲母丸的藥方得自邯鄲張君。《漢武帝外傳》卷5：「劉京字太玄，南陽人也，漢孝文皇帝侍郎也。後棄世從邯鄲張君學道，受餌朱英丸方……魏武帝時故遊行諸弟子家，皇甫隆聞其有道，乃隨事之。以雲母九子丸及交接之道二方教隆。」S.5751《無上祕要》卷84：「邯鄲張君，前漢末人。劉京，張君弟子。」〔註75〕《御覽》卷669引葛洪《神仙傳》：「劉京從邯鄲張君受餌雲〔母〕丸。」又卷671引《列仙傳》：「劉景，前漢時人也。從邯鄲張君受餌雲母〔丸〕。」《仙苑編珠》卷中：「婁景者，漢文帝侍郎也。從張君學道，得雲母、朱英丸方。」「婁景」亦即「劉景」。

卷六校補

（1）（劉）表有女，表愛粲才，欲以妻之，嫌其形陋周率，乃謂曰：「君才過人而體貌躁，非女壻才。」

錢熙祚曰：《魏志》注「周」作「用」。

范寧曰：形陋周率，《魏志·鍾會傳》注引作「形陋而用率」，義不可解。案粲本傳云：「粲體通侻。」「通侻」與「通率」義同。疑此「周」字乃「用」字之誤，而「用」字又是「通」字之壞體。（P77）

唐子恒曰：周率，四庫本無此二字。范氏云云。通率，曠達坦率，不拘小節。體貌躁，四庫本作「體陋」，士禮居本、指海本無「躁」字。（P68）

按：①《魏志·王粲傳》：「表以粲貌寢而體弱通侻，不甚重也。」裴松之注：「貌寢，謂貌負其實也。通侻者，簡易也。」「通侻」俗作「通脫」。本書「周率」疑當作「簡率」，謂簡略率性。「簡」脫作「間」，形誤作「周」，復誤作「用」。②體貌躁，士禮居叢書本、指海本脫「躁」字，四庫本臆改作「體陋」。躁，讀作懆，謂心躁性惡。《顯揚聖教論》卷7：「此人形貌躁惡、發言麁獷、無所忌憚。」

〔註75〕道藏本《無上祕要》同。

（2）故歌曰：「運石甘泉口，渭水為不流。千人唱，萬人鈞，金陵餘石大如塸（土屋）。」

范寧曰：《書鈔》卷 106 引《關中記》「鈞」作「歌」，《升庵詩話》卷 1 引《三秦記》「鈞」作「謳」。《長安志》卷 15 引《關中記》作「今陵下餘石大如薑」。據此，則「金」當作「今」，「陵」下脫「下」字，「土屋」疑是「薑」字注釋。（P79）

唐子恒曰：據《書鈔》卷 106 引《關中記》，「鈞」當作「歌」。「金」當為「今」，「陵」下當有「下」字，指海本據《長安志》改、補。塸，指海本作「堰」。塸，房屋，住宅。（P72）

鄭曉峰曰：塸，沙堆。（P184）

按：①「千人唱，萬人鈞」六字，《書鈔》卷 106 引潘岳《關中記》作「千人一唱，萬人一歌」，《御覽》卷 559、《長安志》卷 15 引《關中記》作「千人一唱，萬人相鈞」。鈞，讀作謳，歌也。楊慎《古今風謠》卷 1、陸時雍《古詩鏡》卷 30、《古詩紀》卷 2、梅鼎祚《古樂苑》卷 41 徑易作「謳」。②塸，指海本作「堰」，四庫本作「覆」，《長安志》卷 15 作「薑」，《古詩紀》卷 2、《古樂苑》卷 41 引《關中記》作「篋」，楊慎《古今風謠》卷 1 作「漚」。「土屋」是其舊注，則是讀作區，指小室。余讀塸為丘，指高土堆。

（3）魏武帝至漢中得杜夔舊法，始後設軒懸鐘磬，至於今用之

范寧曰：後，士禮居刊本作「復」是也。（P80）

王媛曰：《類聚》卷 41 引摯虞《決疑》曰：「魏武帝至漢中，得杜夔，識舊法，始復設軒懸鐘磬。」當作「得杜夔，識舊法」〔註76〕。

按：王說是，當據補「識」字，又「後」亦當訂作「復」字。《晉書·樂志上》：「及魏武平荊州，獲漢雅樂郎河南杜夔，能識舊法，以為軍謀祭酒，使創定雅樂。」

（4）漢中興，士人皆冠葛巾。建安巾（中），魏武帝造白帢，於是遂廢

范寧曰：《後漢書·郭太傳》注引周遷《輿服雜事》曰：「巾以葛為之，形如帢，音口洽反。本居士野人所服。魏武造帢，其巾乃廢。」據此，則「帢」當作「帢」。（P80）

〔註76〕王媛《〈博物志校證〉補正》，范寧《博物志校證》附錄一，中華書局 2014 年版，第 193 頁。

盧紅曰：范校「帢」作「幍」，誤。本書作「帢」及中華書局本《後漢書·郭太傳》〔注〕引《輿服雜事》校改「幍」作「帢」，皆是。《廣韻》：「帢，士服，狀如弁，缺四角。魏武帝製。」《集韻》、《類篇》云：「帢或作帕。」〔註77〕

祝鴻傑曰：范校「帢」為「幍」，非。《廣韻》：「帢，士服，狀如弁，缺四角。魏武帝製。」字又作「帕」、「陜」〔註78〕。

按：各本作「帢」不誤，獨指海本誤作「帖」。中華本《後漢書》校勘記云：「注云『音口洽反』，則字當作『帕』，今改，下同。」〔註79〕其說是也，「帕」是「帢」改易聲符的異體字。《宋書·禮志五》「帕」作「陜」，亦同。《晉書·五行志上》：「初，魏造白帢，橫縫其前以別後，名之曰顏帢。」《宋書·五行志》、《搜神記》卷7同，尤為「帢」字不誤之確證。《御覽》卷687引《搜神記》亦誤作「幍」。《廣韻》：「帢，士服，狀如弁，缺四角。魏武帝製。嵒、陜，上同。帕，亦上同，《埤蒼》云：『帽也。』」《集韻》：「帢，弁缺四隅謂之帢。或作屫、陜、嵒、袷、帕。」《說文》作「幤」、「韐」，云：「幤，士無市，有幤，制如榼，缺四角……韐，幤或從韋。」

（5）古駿馬有飛兔、腰褭

按：范寧據《呂氏春秋·離俗》、《淮南子·齊俗》、《易林·晉之坎》，改「腰」作「驃」（P81），又是妄改。《呂氏春秋》作「要褭」，不作「驃褭」。《淮南子·齊俗》「驃褭」，《治要》卷41引作「要褭」，《御覽》卷896引作「腰裊」，《長短經·論士》引作「腰裊」。《淮南子·原道篇》又作「要裊」，並一聲之轉。《御覽》卷358引應瑒《馳射賦》：「群駿籠茸於銜首，咸皆腰裊與飛免（兔）。」〔註80〕《類聚》卷66引作「驃褭」。P.3693《箋注本切韻》：「傺，傻傺。」又「傻，傻傺，身弱好皃。」P.2011王仁昫《刊謬補缺切韻》：「傺，傻傺。」《玉篇》：「傻，傻傺，細腰也。」馬名即取此義。

（6）白蟻

按：《穆天子傳》卷1作「白義」，又卷4作「白儀」，郭璞注：「儀，古義字。」《御覽》卷896、《事類賦注》卷21引作「白義」。《列子·周穆王》

〔註77〕盧紅《〈博物志校證〉札記》，《南京師大學報》1992年第1期，第58頁。其文脫一「注」字，徑補。
〔註78〕祝鴻傑《〈博物志校證〉補校》，《文獻》1994年第1期，第66頁。
〔註79〕《後漢書》，中華書局1965年版，第2236頁。
〔註80〕《類聚》卷66引「免」作「麄」，則是「菟」形譌字。

作「白㲚」，張湛注：「㲚，古義字。」《列子釋文》引《史記》作「白犧」。《文選·江賦》、《三月三日曲水詩序》李善注引《列子》作「白儀」。孫詒讓說「儀（義）」是「騒」之借字〔註81〕，是也。「騒」又音衍作雙音節「駊騀」，馬走搖頭貌。「㲚」上部的「減」當是「俄」形誤，故為古「義」字。

（7）騧騟

范寧曰：《穆天子傳》卷 4 及《列子·周穆王篇》均作「踰輪」，《史記·秦本紀》引《穆天子傳》作「騟騟」。「騟」似是「騧」之形譌，而「輪」為誤字矣。原文「騧騟」當乙作「騟騧」。（P81）

按：《史記·秦本紀》《索隱》引《穆天子傳》作「騟騟」，范氏奪《索隱》二字。《穆天子傳》卷 1 亦作「踰輪」。此作「騧騟」是，「踰輪」、「騟騟」均是形誤。但不必乙作「騟騧」。「騧騟」以馬毛色命名。「騧」之言喎，指馬毛色不正。俗字亦作「騧」，或省文作「瓜」。「騟」之言偷也，指盜色，字亦作「騟」，或省文作「余」，亦指馬毛色不正。《廣韻》：「騟，紫馬。」《玉篇》：「騟，紫色馬。」《集韻》：「騟，馬雜色。」考《爾雅·釋畜》郭璞注：「羭，黑羝也。《歸藏》曰：『兩壺兩羭。』」S.2071《切韻箋注》：「羭，黑羝。」《玉篇》：「㺄，黑牛。」《集韻》：「㺄，黑牛也。南齊建武中賜蕭穎冑白㺄牛。」「白㺄牛」見《南齊書·蕭赤斧傳》，當指黑白雜色的牛。「騟」指雜色馬，蓋紫黑色，與「羭」指黑羊，「㺄」指黑牛，都是同源。《說文》：「䳸，駒䳸也。」《爾雅·釋鳥》郭璞注：「䳸，似鷄而小，黃黑色。」「䳸」指雜色鳥，黃黑色，與「騟」亦是同源。《居延漢簡》62.13 有「桃華馬」，《肩水金關漢簡》（貳）73EJT21：209 有「駣華馬」。桃、駣、騧，並讀為盜，指盜色，言顏色相雜。下文「盜驪」，即用正字。「華」是「騧」音變，分別字亦作「驊」〔註82〕。「駒䳸」、「桃（駣）華」亦以馬毛色命名也。《史記·秦本紀》徐廣本「盜驪」，鄒誕生本作「駣驪」，《索隱》引劉氏《音義》：「盜驪，騧驪也。騧，淺黃色。」足證「騧」、「盜」同義，都指馬毛色不正。《舊唐書·北狄列傳》太宗十驥：「五曰決波騟，八曰流金騧」，《御覽》卷 895、《事類賦注》

〔註81〕孫詒讓《列子札迻》，收入《札迻》卷 5，中華書局 1989 年版，第 137 頁。另詳方以智《通雅》卷 46，收入《方以智全書》第 1 冊，上海古籍出版社 1988 年版，第 1374～1375 頁。

〔註82〕參見蕭旭《「桃華馬」名義考》，《中國文字研究》第 22 輯，2015 年 12 月出版，第 190 頁。蕭旭《韓非子校補》，花木蘭文化出版社 2015 年版，第 214 頁。

卷 21 引「駏」作「騧」。S.617《俗務要名林》：「騟，以朱反。騧，古華反。」
吐魯番文書 72TAM151：59.61《高昌某年郡上馬帳》：「郡上馬：丁谷寺瓜（騧）
馬，田地公寺余（騟）馬。」此均以單稱命名駿馬。本書則複言曰「騧騟」。
秦穆公的大臣「由余」或乃「騧騟」音轉，以馬名作人名。

（8）周穆王有犬名耗，毛白

范寧曰：桂馥《札樸》卷 3 云：「案《玉篇》：『耗，力才、力咨二切，強
毛也，亦作氂、綟。』馥謂並當作氂，《說文》：『氂，彊曲毛，可以箸起衣，
從犛省，來聲。』」據此，則「耗」當作「氂」，「白」當作「曲」。（P81）

按：唐子恒從范說（P80）。「氂」是正字，「耗」是異體字，不當改字。
《玉篇殘卷》：「綟，《字書》亦『氂』字。氂，強毛也，在《犛部》。或為『庲』
字，在《广部》。或為『耗』字，在《毛部》。」P.2011 王仁昫《刊謬補缺切
韻》：「耗，毛起。」「白」字亦不當改，彊曲毛之犬，不妨毛為白色也。

（9）晉靈公有畜狗名獒

錢熙祚曰：「害」當作「周」，「周狗」見《宣六年公羊傳》。

范寧曰：士禮居刊本「畜」作「害」。《公羊宣公六年傳》：「靈公有周狗
謂之獒。」《爾雅‧釋獸（引者按：當作『畜』）》郭注引《公羊》亦作「害
狗」。案：周、害形近，故「周」誤為「害」，「害」復以形近而訛為「畜」。
（P82）

唐久寵曰：《公羊》「周狗」，何注云「周狗，可以比周之狗，所指如意」，
疑非其旨。周狗，猶言大狗耳。「周」之與「害」，金文形近易譌，故本書作「害」
字。「害」字亦有大義。（P59）

按：《公羊》「周狗」，段玉裁曰：「周狗，《爾雅》注及《博物志》或譌
作『害狗』，不可為據也。」〔註83〕王念孫曰：「《宣六年公羊傳》『周狗』，
《爾雅‧釋畜》注誤作『害』。」〔註84〕段、王皆說當作「周狗」，但未釋其
義。凌曙曰：「《說文》：『獒，犬知人心可使者。』《博物志》作『害狗』，字之
誤也，不可從。」〔註85〕凌曙引《說文》申何注。近人另有四說：阮元《校勘

〔註83〕段玉裁《說文解字注》「獒」字條，上海古籍出版社 1981 年版，第 474 頁。
〔註84〕王念孫《淮南子雜志》，收入《讀書雜志》卷 14，中國書店 1985 年版，本卷
　　　　第 108 頁。
〔註85〕凌曙《春秋公羊問答》卷下，收入《續修四庫全書》第 129 冊，上海古籍出版
　　　　社 2002 年版，第 450 頁。

記》云：「《爾雅·釋畜》郭注：『《公羊傳》曰：「靈公有害狗謂之獒也。」』又宋本張華《博物志》云：『晉靈公有害狗。』『害』與『周』形相近，故文異。害狗，謂能害人之狗。」〔註86〕郝懿行曰：「按此注（引者按：指何休注）亦望文生訓。周狗，郭引作『害狗』，『害』與『周』形近。」〔註87〕此一說也。孔廣森曰：「周狗，周地所出狗，若言韓盧、宋猛矣。」〔註88〕何若瑤曰：「周狗者，周地所出之狗，如齊有良狗曰韓盧是也。」〔註89〕徐時棟曰：「按此解（引者按：指何休注）甚迂曲，周狗蓋得之於周者耳。」〔註90〕此二說也。洪頤煊曰：「《爾雅·釋畜》郭璞注：『《公羊傳》曰：「靈公有害狗謂之獒。」』『周』、『害』字形相近。《說文》：『猗，牦犬也。』『害』疑即『牦』字之省。」〔註91〕此三說也。馬瑞辰曰：「周之言綢，《廣雅》：『綢，大也。』周人為大人，猶周行或謂大道，周狗即大狗也。何休注謂『可以比周之狗』，失其義矣。」〔註92〕此四說也。余謂馬瑞辰、唐久寵說「周狗即大狗」得之。「綢」亦作「裯」，音雕。《史記·晉世家》：「（靈公）先縱齧狗名敖。」「獒」是「敖」增旁分別字，猶言高大也，故「周狗謂之獒」。狗大則猛，故「獒」為猛犬之名。《廣雅》：「駥，大也。」猛犬曰獒，駿馬曰駥，大龜曰鼇，其義一也。此作「畜」者，亦「周」音轉，古音並讀若祝。

（10）韓國有黑犬名盧

范寧曰：《戰國·齊策三》云：「韓子盧者，天下之疾犬也；東郭逡者，海內之狡兔也。韓子盧逐東郭逡，環山者」云云，是「韓盧」乃「韓子盧」之簡稱也，不云黑色。《孔叢子·執節篇》：「申叔問曰：『犬馬之名，皆因其形色而名焉。唯韓盧、宋鵲獨否，何也？』子順答曰：『盧，黑色。鵲，白黑色。非色而何？』」此子順望文生義之談，實無根據。惟漢時已稱盧為黑色，此於《說文》云「齊人謂黑為黸」，可證。案《唐書》云「狄（引者按：

〔註86〕《十三經注疏》第 21 冊，中華書局 2021 年版，第 552 頁。

〔註87〕郝懿行《爾雅義疏》卷下之七，中華書局 2017 年版，第 943 頁。

〔註88〕孔廣森《公羊春秋經傳通義》卷 6，收入《續修四庫全書》第 129 冊，第 108 頁。

〔註89〕何若瑤《春秋公羊注疏質疑》卷下，收入《續修四庫全書》第 129 冊，第 690 頁。

〔註90〕徐時棟《煙嶼樓讀書志》卷 5，收入《續修四庫全書》第 1162 冊，第 506 頁。

〔註91〕洪頤煊《讀書叢錄》卷 6，收入《洪頤煊集》第 4 冊，上海古籍出版社 2017 年版，第 1518 頁。

〔註92〕馬瑞辰《毛詩傳箋通釋》卷 21，中華書局 1989 年版，第 677 頁。

當作『北』）人謂黑為盧」，疑以盧為黑，乃北方少數民族語之混入漢語者也。
（P82）

按：范氏不通小學，而好為妄說。《戰國策・秦策三》「譬若馳韓盧而逐
蹇兔也」，亦稱「韓盧」。《說文》云「黸，齊謂黑為黸」，此自是漢語，且是
秦漢以前固有的漢民族語。《殷周金文集成》0149～0152《黿公牼鐘》「玄鏐
膚呂（鋁）」，又 0225～0237《邵黛鐘》「玄鏐鑄鋁」〔註 93〕，膚、鑄讀為黸
〔註 94〕，與「玄」同指黑色。春秋及戰國各有《玄膚戈》，其銘文「玄膚之
用」〔註 95〕，「玄膚」即「玄鏐膚鋁」省稱，以顏色詞作名詞。《書・文侯之
命》：「彤弓一，彤矢百，盧弓一，盧矢百。」孔傳：「彤，赤。盧，黑也。」
《左傳・僖公二十八年》：「彤弓一，彤矢百，玈弓矢千。」杜預注：「彤，
赤弓。玈，黑弓。」盧、玈並讀為黸，與「彤」對文，《說文繫傳》「黸」字
條引《尚書》作「黸」。

《法言・五百》「彤弓黸矢」〔註 96〕，正作本字「黸」。《廣雅》：「黸，黑
也。」王念孫曰：「黸，字通作盧。黑土謂之壚，黑犬謂之盧，目童子謂之盧，
黑弓謂之玈弓，黑矢謂之玈矢，黑水謂之瀘水，黑橘謂之盧橘，義並同也。」
〔註 97〕王說是也，黑犬亦曰獹，目瞳子亦曰矑，黑鳥曰鸕。《方言》卷 2：「黸
瞳之子謂之矊（矊）」，郭璞注：「黸，黑也。」是「矑」乃「黸」分別字也。
張永言指出從「盧」之字，多有黑義〔註 98〕。

（11）宋有駿犬曰獌

范寧曰：獌，桓譚《新論》及《廣雅》並作「狊」，《初學記》卷 29 引《字
林》：「狊音鵲，宋良犬也。」據此，字當作「狊」。（P82）

按：《初學記》卷 29 引《字林》「狊音鵲」，《御覽》卷 904 引同。「鵲」同

〔註 93〕《殷周金文集成》（修訂增補本）第 1 冊，中華書局 2007 年版，第 157～160、
270～280 頁。

〔註 94〕周法高《金文詁林》括讀「膚」為「黸」，香港中文大學出版社 1974 年版，第
2605 頁。

〔註 95〕參見《新收殷周青銅器銘文暨器影彙編》，藝文印書館 2006 年版，第 440、710
頁。

〔註 96〕《法言》據國圖藏宋刻本、漢魏叢書本，宋治平、宋台州本「黸」作「盧」。

〔註 97〕王念孫《廣雅疏證》，收入徐復主編《廣雅詁林》，江蘇古籍出版社 1992 年版，
第 688 頁。

〔註 98〕張永言《論上古漢語的「五色之名」兼及漢語和臺語的關係》，收入《語文學
論集》（增訂本），復旦大學出版社 2015 年版，第 155～157 頁。

「雖」，與「狋」同音。《孔叢子·執節》：「申叔問曰：『犬馬之名，皆因其形色而名焉。唯韓盧、宋䲷獨否，何也？』子順答曰：『盧，黑色。䲷，白黑色。非色而何？』」《三國志·朱桓傳》裴松之注引《文士傳》張儼賦犬曰：「守則有威，出則有獲，韓盧、宋䲷，書名竹帛。」《初學記》卷 29 引魏賈岱宗《大狗賦》：「昔宋人有䲷子之譽，韓國珍其大盧。」《抱朴子內篇·釋滯》：「繁弱既韜，盧䲷將烹。」字均作「䲷」。《黃帝九鼎神丹經訣》卷 2「盧䲷將烹」誤作「盧散停廢」，「䲷」雖形近誤作「散」，可知絕非「狋」字。《禮記·少儀》鄭玄注：「謂若韓盧、宋䲷之屬。」孔疏：「桓譚《新論》云：『夫畜生賤也，然其尤善者，皆見記識，故犬道韓盧、宋狋。』魏文帝說諸方物亦云『狗於古則韓盧、宋䲷』，則狋、䲷音同字異耳，故鄭亦為䲷字。」孔氏已經指明「狋、䲷音同字異」，范氏不考，卻勇於改字，妄矣！字或作猗，《集韻》：「狋，宋良犬名，或作猗、獇。」子順說「䲷，白黑色」者，其語源當為「皬」。《玉篇》：「皬，色皬皬白也。」《廣韻》引《埤蒼》：「皬，白色也。」白色不純，故為白黑色也〔註99〕。《說文》：「獇，犬獇獇不附人也。南楚謂相驚曰獇。」《繫傳》：「獇，犬畏人也。」段玉裁曰：「良犬宋獇以此得名。亦作猗，作狋。」桂馥、王筠、朱駿聲、邵瑛等說略同〔註100〕。此又一說也。考《玉篇》：「獇，驚也。獇獇，犬不附人而驚皃。」犬驚畏而不附人曰「獇」，良犬宋䲷不當以此得名，段氏等說不可從，古書無作「宋獇」者。

（12）徐州人謂塵土為蓬塊，吳人謂跋趺

錢熙祚校下句作「吳人謂塵土為沃块」，云：「此句原作『吳人謂跋趺』，依《御覽》卷 37 補正。又『沃』字，《六帖》卷 3 作『拔』，《類聚》卷 6 作『埃』。」

范寧曰：「蓬塊」當作「蓬埤」。《莊子·大宗師篇》《釋文》引崔譔云：「齊人以風塵為埻埤。」《漢書·賈山傳》注云：「東北人名土塊為蓬顆。」據此，則「塊」是「埤」之誤。又《類聚》卷 6 引「跋趺」作「埃块」，《御覽》卷 37 引作「坏块」，《白帖》卷 3 引作「坺块」。《說文》：「坺，土也，一曰塵貌。」

〔註99〕《廣雅》：「皬，白也。」《太玄·內》：「皬頭內其雉婦。」范望注：「白而不純，謂之皬。」是其比。

〔註100〕段玉裁《說文解字注》，桂馥《說文解字義證》，王筠《說文解字句讀》，朱駿聲《說文通訓定聲》，邵瑛《說文解字群經正字》，並收入丁福保《說文解字詁林》，中華書局 1988 年版，第 9761～9762 頁。

《漢書・賈誼傳》「块圠無垠」，《史記》作「块軋」，《索隱》引王逸注《楚辭》云：「块圠，雲霧氣昧也。」《說文》：「块，靐（引者按：「靐」當作「塵」）埃也。」坱、块均有塵土之義，故「跋趺」應作「坱块」，字之誤也。（P82）

唐久寵曰：《類聚》卷6、《白帖》卷3、《御覽》卷37引「吳人謂」下有「塵土」二字，引「趺」字並作「块」。「跋」字，《類聚》引作「埃」，《白帖》引作「拔」，《御覽》引作「坏」。字當作「坱」，《廣雅》：「坱，塵也。」「坱」對轉為「坋」。《御覽》引作「坏」，乃「坋」之譌。跋猶坱也。「趺」當作「块」。《說文》：「块，塵埃也。」（P58）

唐子恒曰：「坏」疑是「埃」字形譌。（P81）

按：下句「塵土為」三字承上省，可以不補。①蓬塊，《白帖》卷1、《類聚》卷6、《御覽》卷37引同，不當遽改。《漢紀》卷7用《漢書》文，易「蓬顆」作「蓬塊」，尤為「蓬塊」不誤之確證。《樂府詩集》卷89陳初童謠：「合盤貯蓬塊，無復揚塵已。」「蓬塊」與「蓬埲」一聲之轉。方以智曰：「墢埲，通作『蓬塊』。」〔註101〕朱駿聲曰：「塊、顆一聲之轉。」〔註102〕黃侃曰：「《說文》無『埲』字，疑古止作『塊』，埲、塊雙聲。」〔註103〕范寧不通古音，妄為改字；鄭曉峰不知范說之誤，又襲其說而不作說明（P200）。②跋趺，四庫本《白帖》卷3引作「拔块」，宋刻《白帖》卷1同（不作「坱块」，鄭曉峰襲范說而不知檢正）。范氏校「跋趺」作「坱块」，是也。「坏」是「坱」形譌，二唐說均非是。跋、拔讀為坱。又音轉為「埲」，《玉篇》：「埲，塵貌。」《慧琳音義》卷99引《考聲》：「吳越謂塵起為块。」但范氏引「块圠（軋）」則不當，「块圠（軋）」亦作「軮軋」、「鞅軋」，與塵土義無涉。

卷七校補

（1）夏桀之時，費昌之河上，見二日，在東者爛爛將起，在西者沉沉將滅，若疾雷之聲

鄭曉峰曰：爛爛，光亮貌，光芒閃耀貌。沉沉，不斷下降、沉落的樣子。（P204）

〔註101〕方以智《通雅》卷17，收入《方以智全書》第1冊，上海古籍出版社1988年版，第609頁。
〔註102〕朱駿聲《說文通訓定聲》，武漢市古籍書店1983年版，第480頁。
〔註103〕黃侃《說文段注小箋》，收入《說文箋識》，中華書局2006年版，第206頁。

按：鄭說非是。①爛爛，《開元占經》卷6引作「焰焰」。《路史》卷23羅苹注引《論衡》佚文：「時二日並出，東者焰，西者沈。」《通鑑外紀》卷2：「費昌見二日出，東者焰，西者沈。」「爛爛」疑當作「爓爓」，即「焰焰」、「燄燄」，火始起微小貌。《書·洛誥》：「無若火始燄燄。」孔傳：「火始然，燄燄尚微。」②沉沉，《開元占經》卷6引作「沈沈」，古音「譚譚」，狀疾雷之聲。宋·李過《西谿易說·原序》引《歸藏初經》：「初釐：燂若雷之聲。」「燂」狀雷聲。亦作「鐔鐔」，P.2931：「陀羅國內盡知名，論鼓譚〔譚〕最有聲。」《集韻》：「鐔，鐔鐔，鼓聲。」鼓聲、雷聲一也。字或作撢，《樂府詩集》卷46《懊儂歌》：「撢如陌上鼓，許是儂歡歸。」字或作紞、黕，《晉書·良吏傳》：「紞如打五鼓，雞鳴天欲曙。」梅堯臣《湖州寒食陪太守南園宴》：「陰晴不定野雲密，黕黕鼓聲湖岸坳。」

（2）晉文公出，大蛇當道如拱

范寧曰：《新序·雜事二》、《新書·春秋篇》「拱」並作「堤」。（P88）

按：《賈子·春秋》作「前有大蛇高若堤」（《御覽》卷933引作「高如隄」），《新序·雜事二》作「前有大蛇高如隄」，《風俗通義·怪神》作「見大虵高如隄」。「拱」當作「堤」，「如」前脫「高」字。《廣記》卷291、《永樂大典》卷13140引已脫誤作「如拱」。

（3）覺而視蛇，則自死也

唐久寵曰：《廣記》卷291引作「蛇則臭矣」。作「臭」是故書。《說文》：「殠，腐氣也。」「殠」或作「臰」。本書「自死」二字，即「臰」字錯衍為二字者。（P83）

按：唐說是也。上文說「夢天殺蛇」，則蛇非自死也。《賈子·春秋》作「文公覺，使人視之，蛇已魚爛矣」，《新序·雜事二》作「發夢，視虵，臭腐矣」，《風俗通義·怪神》作「及明視之，則已臭爛」。《賈子》作「魚爛」雖通，然恐也是「臭爛」形誤。

（4）《徐偃王志》云：「獨孤母有犬名鵠蒼，獵于水濱，得所棄卵，銜以東歸。」

范寧曰：周心如云：「『東』字誤，宜作『來』。」士禮居刊本正作「來」，是也。（P89）

唐子恒曰：士禮居本、指海本、《水經注·濟水》、《御覽》卷360引「東」均作「來」。（P85）

按：①鶄蒼，《初學記》卷8引同；《史記·秦本紀》《正義》引亦同，又云「鶄蒼或名后蒼也」；《水經注·濟水》、《史記·趙世家》《正義》、《後漢書·東夷列傳》李賢注、《御覽》卷360、904、《事類賦注》卷23引作「鶄倉」，《正義》又說「鶄倉或名后倉也」。《搜神記》卷14作「鶄蒼」，《初學記》卷29引郭緣生《述征記》作「后蒼」，《類聚》卷94、《御覽》卷556引《述征記》作「后倉」，《述異記》卷下亦作「后倉」。疑「鶄」脫誤作「后」。②《御覽》卷904、《事類賦注》卷23引「東」亦作「來」。

（5）獨孤母以為異，覆煖之，遂蚨成兒

錢熙祚曰：《御覽》卷904「蚨」下有「蝴」字。

范寧曰：蚨，《稗海》本作「沸」，誤，當作「烰」。《說文》：「烰，烝也。」其本字應為「孚」，徐鍇曰：「鳥褒恒以爪反覆其卵也。」（P89）

唐久寵曰：字書不見「蚨」字，《御覽》卷320（引者按：卷360）、《初學記》卷8、《萬花谷》卷18引皆無「蚨」字。《天中記》卷54引有「蚨蝴」二字。疑本作「弗即」也。「即」之本義為就食。弗即，不食也。指海本依《御覽》卷904引改作「蝴」，亦誤。弗即成兒，蓋謂不食而成兒也。（P87）

按：唐子恒從范說（P85），非是；唐久寵說亦誤。煖，《御覽》卷360引誤作「燸」。「遂蚨成兒」四字，《水經注·濟水》、《御覽》卷360引作「遂成兒」，《御覽》卷904、《天中記》卷54引作「遂蚨蝴成小兒」（錢氏「蝴」誤作「蝴」），《史記·趙世家》《正義》、《後漢書·東夷列傳》李賢注、《事類賦注》卷23引作「遂成小兒」，《史記·秦本紀》《正義》引作「乃成小兒」，《類聚》卷94引《述征記》作「𧌒而成人」，《白帖》卷29《述征記》作「咈而成人」，《初學記》卷29引郭緣生《述征記》作「俄而成人」。《御覽》卷904作「蚨蝴」者，蓋涉於疊韻連語「稊稛」而誤衍「蝴」字〔註104〕。「俄」是「咈」形誤。「虫」俗作「虵」，《古今逸史》本「蚨」即作「𧍙」字形，「𧌒」是「𧍙」形誤。字書未收「蚨」字，文獻中「蚨」字二見：馬王堆帛書《養生方》有「蚨贏」，帛書中又作「弟選（贏）」、「勃贏」，即傳世文獻之「蚹贏」、

〔註104〕蔣斧印本《唐韻殘卷》、裴務齊《正字本刊謬補缺切韻》、P.2011王仁昫《刊謬補缺切韻》、S.2071《切韻箋注》並云：「稊，稊稛，禾重生。」《蔣韻》：「稛，稊稛。」《裴韻》：「稛，稊稛。」「稛」是「稛」俗字。

「蒲嬴」、「薄嬴」，均一聲之轉〔註105〕，此例「蚹」是蝸牛蟲名，與本書無涉。《類聚》卷96引《山海經》郭璞注「今南方蚹蛇，吞鹿已爛，自絞於樹」，明刊本《山海經・海內南經》郭注「蚹」作「蚹」〔註106〕，《御覽》卷933引同，則此例「蚹」是「蚹」形誤，亦與本書無涉。烰之言浮，指蒸氣上升，引《說文》「烰，烝也」無當於文義。本書「蚹」當徑讀為「孚」（語源義是「剖」），指孵化。

（6）偃王乃葬之徐界中，今見狗襲

黃丕烈曰：「襲」是「壟」之誤，《初學記》引作「壟」。

周心如曰：案「襲」字誤，宜作「壟」。

錢熙祚校作「今見有狗壟云」，云：「《水經注》無『界』字，《初學記》卷8引作『里』。『壟』原誤『襲』，又脫『有』字『云』字，並依《御覽》卷904補正。《水經注》『云』作『焉』。《初學記》此句作『見有狗壟存焉』。」

范寧曰：《水經・濟水注》、《初學記》卷8、《御覽》卷360並引「襲」作「壟」，「見」下有「有」字，並宜據正。（P89）

唐久寵曰：《初學記》卷8、《御覽》卷306（引者按：卷360）、《天中記》卷54引並作「狗壟」，《搜神記》卷14亦作「狗壟」。（P87）

按：黃氏等說是也。四庫本作「壟」，《事類賦注》卷23引同。徐界中，《御覽》卷360引同，《御覽》卷904引作「徐梁界中」，《事類賦注》引作「徐梁界內」，《搜神記》卷14亦作「徐里中」。「里」當作「界」，《水經注》脫「界」字〔註107〕。

（7）偃王既其國，仁義著聞

錢熙祚校作「偃王治其國」，云：「『治』原誤『既』，依《水經注》及《御覽》卷75改。」

范寧曰：「其國」上張皋文校云：「當有一『襲』字。」（P89）

王媛曰：既，《御覽》卷347、洪興祖《楚辭補注》卷13、樊汝霖注《昌

黎文集》卷 27 均引作「治」，宜據改。稗海本補「主」字，亦誤〔註108〕。

按：王媛誤校。「既其國」三字，四庫本作「既主其國」，《水經注・濟水》引作「治國」，《御覽》卷 75、《事類賦注》卷 13 引作「治其國」，《御覽》卷 347、《楚辭・七諫》洪興祖《補注》、樊汝霖注《昌黎文集》卷 27 引作「既治其國」（不是「既」作「治」）。今本「既」下脫「治」字，錢校、張校均未得。

（8）欲舟行上國，乃通溝陳、蔡之間

按：舟行，《水經注》、《書鈔》卷 125、《御覽》卷 347、《事類賦注》卷 13 引同，獨《御覽》卷 75 引作「周行」。「周」是同音借字。

（9）子羽左摻璧，右操劍擊鮫

唐子恒曰：摻，士禮居叢書本、指海本、四庫本、《御覽》卷 930 引作「操」。（P87）

按：紛欣閣叢書本「摻」亦作「操」。「摻」是「操」俗譌字。

（10）東阿王勇士有蕃丘訢

范寧曰：《韓詩外傳》卷 10 曰「東海上有勇士菑（《吳越春秋》作「椒」）丘訢」云云，據此，知「阿王」乃「海上」之訛，「蕃」是「菑」之誤。（P90）

按：黃丕烈曰：「《韓詩外傳》無『王』字。『東阿』是『東海』之誤，『蕃』是『菑』之誤。」此范說所本。《御覽》卷 930 引本書作「東海上有勇士菑丘訢」，注云「《韓詩外傳》同」。《外傳》「菑丘訢」，《類聚》卷 96、《御覽》卷 13、70、740、《事類賦注》卷 3 引同，《書鈔》卷 152 引《外傳》作「蕃丘訢」。《御覽》卷 437 引《越絕書》都作「菑丘訢」，《水經注・泗水》同。《論衡・龍虛》作「薔丘訢」，「薔」是「菑」俗譌字。《太平廣記》卷 191 引《獨異志》作「甾丘訢」，又卷 226 引《大業拾遺》作「淄丘訢」。范氏說「蕃是菑之誤」，是也。《廣韻》「丘」字條說「菑丘」是複姓，云「齊有勇士菑丘訢」〔註109〕。《姓解》卷 2：「菑丘，《風俗通》：『齊有勇士菑丘訢。』」

〔註108〕 王媛《〈博物志校證〉補正》，范寧《博物志校證》附錄一，中華書局 2014 年版，第 194 頁。

〔註109〕《廣韻》據古逸叢書覆宋本，《鉅宋廣韻》同，澤存堂本、四部叢刊巾箱本誤作「菑丘訢」。

《古今姓氏書辨證》卷 4：「淄丘，『淄』一作『菑』。其先以所食邑為氏。《英賢傳》：『齊勇士菑丘訢。』」本書下文「訢朝服拔劍」（《外傳》同），正以「訢」作其名。1986 年山東省臨沂市金雀山墓地出土漢代「菑丘倩印」〔註110〕，正以「菑（菑）丘」為複姓。《吳越春秋·闔閭內傳》作「椒丘訢」，菑、椒雙聲轉語。《後漢書·郡國志》劉昭注引本書誤作「萬丘欣」，《永樂大典》卷 19637 引本書誤作「蕃丘訢」。劉師培曰：「《外傳》卷 10『菑邱訢』，《書鈔》卷 153 引『菑』作『蕃』，今本訛文也。」〔註111〕劉說非是，劉氏獨信《書鈔》，而不信群書，殆亦好異之過耳。《四庫考證》卷 20：「《吳越春秋》作『椒丘訢』，《博物志》作『蕃丘訢』，俱與此（引者按：指《廣韻》）異。」〔註112〕亦不知孰者為正。

（11）公卿送喪，駟馬不行，踘地悲鳴，跑蹄下地，得石

范寧曰：「踘地」不辭。「踘」應作「踢」，或作「蹹」，或作「掊」。《汗簡》卷 7、《史記·樊酈滕灌列傳》《索隱》、《御覽》卷 556 並引《西京雜記》，《初學記》卷 14、《書鈔》卷 92 引本書均作「掊」，《類聚》卷 40 引作「蹹」。掊，手杷土也。蹹，《說文》訓僵。此處作「掊」或作「蹹」，均通。（P91）

按：范氏解釋非是。《索隱》、《御覽》所引乃本書，非《西京雜記》。士禮居叢書本、指海本作「蹹地」，紛欣閣叢書本、古今逸史》本、百子全書本作「踘地」，宋刊《類聚》卷 40 引作「殕地」，《書鈔》卷 92、94 引作「棓地」，《初學記》卷 14、《御覽》卷 552、556 引作「掊地」，今本《西京雜記》卷 4 作「跑地」（《御覽》卷 590 引同），《太平廣記》卷 391 引《獨異記》作「蹹地」，《文選·冬節後至丞相第詣世子車中作》李善注引《西京雜記》作「踘地」。「殕」是「蹹」形誤，「踘」是「跑」形誤，「棓」是「掊」形誤。下文云「跑蹄下地得石」，足證「踘」當作「跑」。《廣韻》：「跑，足跑地也。」後作「刨」字，與「掊」一聲之轉。《經律異相》卷 3「復作一牛……跑地大吼，驕突來前」，《慧琳音義》卷 78：「抙地：白茅反，或作抱、掊二〔形〕，同。以手指抙也。經從足作跑，非也。音雹也。」《經律異相》卷 47「（白狗）

〔註110〕 參見賴非《山東新出土古璽印》187 號，齊魯書社 1998 年版，第 99 頁。
〔註111〕 劉師培《左盦集》卷 1《〈韓詩外傳〉書後》，收入《劉申叔遺書》，江蘇古籍出版社 1997 年版，第 1208 頁。劉氏誤記《書鈔》卷號。
〔註112〕 《四庫全書考證》卷 20，景印文淵閣《四庫全書》第 1497 冊，臺灣商務印書館 1986 年初版，第 540 頁。

至本臥處床四腳下，以口足抏地」，宋、元、明本「抏」作「跑」，宮本作「把」。「把」必是「抱」形譌，「抏」與「掊」同。《慧琳音義》卷 79：「抏地：上鮑茅反，前第三十（引者按：『十』字衍文）卷已釋，今經文作掊，非也。」慧琳以「跑」、「掊」為誤字，均未得也。「虎跑泉」云者，「跑」即此義。P.2845《胡笳十八拍》：「馬飢掊雪銜草根，人渴敲冰飲流水。」P.3812「掊」作「馳」，Дx.3871＋P.2555 作「踣」，《樂府詩集》卷 59、《全唐詩》卷 23、303 作「跑」。「馳」是馬足刨地義的專字。也省作「包」，S.5637《牛》：「包野塵而穴地，吼川響以驚天。」

（12）衛靈公葬，得石槨，銘曰：「不逢箕子，靈公奪我里。」

唐久寵曰：不逢箕子，《莊子·則陽》作「不馮其子」，王叔岷《莊子校釋》云：「《釋文》『馮音憑』，《御覽》卷 53 引正作『憑』。作『馮』是故書。」本書「箕子」，字當作「其」。（P80）

唐子恒曰：「不逢」二句，《莊子·則陽》作：「不馮其子，靈公奪而里之。」（P88）

按：《莊子·則陽》猳韋曰：「夫靈公也死。卜葬於故墓不吉，卜葬於沙丘而吉。掘之數仞，得石槨焉。洗而視之，有銘焉，曰：『不馮其子，靈公奪而里之。』」郭象注：「子，謂蒯聵也。言不馮其子，靈公將奪女處也。」《釋文》：「奪而里：而，汝也。里，居處也。一本作『奪而埋之』。」趙諫議本、道藏注疏本、道藏白文本、林希逸《口義》本、王雱《新傳》本、褚伯秀《纂微》本「里」作「埋」，《文選·幽通賦》李善注、《御覽》卷 53、552 引同。馮（憑）、逢一聲之轉。《史記·越王句踐世家》「大夫逢同」，《越絕書·外傳記范伯》、《德序外傳記》作「馮同」。《說文》：「䴷，煮麥，讀若馮。」《周禮·天官·籩人》鄭玄注：「今河間以北，煮穜麥賣之，名曰逢。」「逢」是「䴷」借字，與「馮」音同。《真誥》卷 16「志願憑子晉於緱岑」，《道跡靈仙記》「憑」作「逢」。「馮戎」轉語作「丰茸」、「娀媶」、「蓬茸」。均其音轉之證。本書「箕」當作「其」，代詞。里，讀為薶。《說文》：「薶，瘞也。」《廣雅》：「薶，藏也。」俗作「埋」字。

（13）葬銘曰：「明明哲士，知存知亡。崇隴原壟，非寧非康。不封不樹，作靈乘光。厥銘何依？王史威長。」

周心如曰：「壟」應作「壒」，「乘」應作「垂」，見王漁洋《古夫于亭雜錄》

云出《佑（佔）畢》載《博物志》。」

　　唐子恒曰：原甍，四庫本作「高原」。甍，美。（P89）

　　按：宋史繩祖《學齋佔畢》卷 2 引「甍」作「塈」，「乘」作「垂」。王士禎《古夫于亭雜錄》卷 1 轉錄之。《西漢文紀》卷 22 亦作「塈」、「垂」。

（14）露冠絳衣

　　按：絳，《廣記》卷 292、《御覽》卷 549 引同；紛欣閣叢書本、四庫本誤作「絳」，《御覽》卷 399 引誤同。

（15）民有纗袎視，皆無疾而卒

　　錢熙祚曰：《御覽》卷 399「吏民有嗤者，皆死」。

　　周心如曰：《廣記》作「民有嗤視者」。

　　唐久寵曰：《廣記》卷 292 作「民嗤視之，皆無病而死」，《御覽》卷 549 引作「吏民有嗤者皆死」，則原文當作「吏民有嗤視者，皆無疾而亡」。（P78）

　　按：《御覽》卷 399 見卷 399，唐氏誤記卷號。「嗤」形誤作「強」，復改作「纗袎」。

（16）魏郭后愛念之，錄著宮內，常置左右

　　唐子恒曰：《搜神記》卷 15、《後漢書・五行志》劉昭注引「著」作「置」，「置」作「在」。（P90）

　　按：《御覽》卷 887 引「錄著」、「常置」同今本，《述異記》卷下亦同。《類聚》卷 40 引《吳志》存「常置左右」句（出處《吳志》殆誤標）。《廣記》卷 375 引亦作「錄置」、「常在」。

（17）天新雨後，有鳥如山鵲，飛翔近地，市人擲之，稍下墮

　　按：擲，《御覽》卷 683 引作「摘」，《後漢書・靈帝紀》李賢注引《搜神記》亦作「摘」，《初學記》卷 26 引《搜神記》作「摘」。「摘」是「擿」省文。

（18）後議郎汝南樊行夷校書東觀

　　錢熙祚曰：《御覽》卷 683「行」作「衡」，無「夷」字。

　　唐子恒曰：行夷，《搜神記》卷 9 作「衡夷」，《御覽》卷 683 引作「行」，無「夷」字。（P91）

　　按：宋刊《御覽》卷 683 引作「樊行」，無「夷」字，錢氏所見乃俗本，

周心如所見亦同。《廣記》卷461作「樊行夷」（失標出處），《搜神記》卷9作「樊衡夷」（《初學記》卷26引同）。疑「衡」是「行」形誤。《逸周書・官人弟》：「言忠行夷。」

卷八校補

（1）處士東鬼塊責禹亂天下事

錢熙祚曰：「里」原作「鬼」，依《類聚》卷63、《御覽》卷192、320、335改。

范寧曰：漢魏本「鬼」作「里」，《御覽》卷192、320 並引同作「里」。（P98）

唐久寵曰：鬼，當作「里」。東里，氏名。《御覽》卷192引作「東里鬼」，又卷320引作「東里魂」，又卷335引作「東里愧」，《天中記》卷13引作「東里槐」。（P77）

按：《類聚》卷63未引此句，錢氏失檢。東鬼塊，四庫本作「東鬼槐」，《御覽》卷192引作「東里塊」，唐氏亦失檢。《御覽》卷320、《永樂大典》卷8339引作「東里蒐」，《路史》卷22羅苹注引《傳》作「東里槐」。《路史》卷29亦云：「東里子，諸侯也。夏后臣有東里槐。」則「鬼」當作「里」，錢校是也。「東里」下之字，不知孰正，疑當作「槐」。

（2）彊者攻，弱者守，敵戰

范寧曰：「敵」下應據《御覽》卷192、張純照《遺珠貫索》卷1引增一「者」字。（P98）

唐子恒曰：「敵」下原無「者」字，據《類聚》卷63、《御覽》卷192、320、335引補。（P94）

按：清人張純照《遺珠貫索》沒有版本價值。唐・道掖《淨名經關中釋抄》卷上、《永樂大典》卷8339引亦作「敵者戰」。

（3）衰輿三百乘，甲三千

范寧曰：漢魏本「衰」作「率」，士禮居刊本作「乘」。《史記・周本紀》云：「遂率戎車三百乘，虎賁三千人，甲士四萬五千人，以東伐紂。」據此，則「衰」宜作「乘」。又《淮南・本經訓》云：「武王甲卒三千，破紂牧野。」則「乘甲」當作「卒甲」。（P99）

　　唐子恒曰：衰，漢魏叢書本作「率」，士禮居本、指海本作「乘」，四庫本「衰」作「革」。范氏以為「衰」宜作「乘」，「乘」當作「卒」。（P95）

　　按：范氏改字殊誤。「衰」當作「革」，「甲」下脫「卒」。于「乘」字句，讀作「革輿三百乘，甲〔卒〕三千」。《淮南子‧主術篇》：「武王甲卒三千人，擒之於牧野。」又《泰族篇》：「湯、武革車三百乘，甲卒三千人。」《新語‧慎微》：「（湯、武）革車三百，甲卒三千。」《戰國策‧魏策一》：「武王卒三千人，革車三百乘，制紂於牧野。」「革輿」即「革車」。

（4）祝雍曰：「近于民，遠于侯，近于義，嗇于時，惠于財。」

　　范寧曰：《稗海》本、士禮居刊本「侯」並作「佞」。《說苑‧脩文篇》、《後漢書‧禮儀志》注引《博物記》並同。又《禮儀志》及《大戴記‧公冠篇》、《家語‧冠頌篇》「近于民」下並有「遠于年」三字，宜據補。（P99）

　　祝鴻傑曰：范校「侯」為「佞」，甚是。然謂「近于民」下當補「遠于年」三字，則非。年，通「佞」〔註113〕。

　　按：范氏不通古音而妄補，祝說是也。鄭曉峰不取祝說，而襲用范氏誤說卻又不作說明（P232）。「侯」是「佞」形誤，四庫本亦作「佞」。本書及《說苑》作「遠于佞」，《御覽》卷736引《禮外篇》同。《大戴記》、《家語》作「遠于年」，而無「遠于佞」語。《後漢書‧禮儀志》注引《冠禮》作「近于民，遠于年，遠于佞」（不是引《博物記》）。洪頤煊曰：「佞，讀如年。《左氏襄三十年經》『天王殺其佞夫』，《公羊》作『年夫』。『遠于年』即『遠于佞』，同聲假借字。劉昭《補注》所引『遠于年』下重出『遠于佞』三字，是後人妄加。」〔註114〕洪說是矣，年、佞同聲系通假。

（5）弘積文武之就德

　　范寧曰：就，《大戴記》作「寵」。「寵」誤「就」，宜補正。（P99）

　　按：四庫本作「寵」。《後漢書‧禮儀志》劉昭注引《博物記》「就德」同。「就」是「龍」形誤，「龍」是「寵」省借字。《華陽國志》卷3「龍歸之曲」，《古文苑》卷4章樵注引《成都古今記》「龍」誤作「就」。S.2072《珦玉集》「作《就虵之哥（歌）》」，「就」是「龍」形訛。景祐本、黃善夫本、乾道本

〔註113〕祝鴻傑《〈博物志校證〉補校》，《文獻》1994年第1期，第66頁。

〔註114〕洪頤煊《讀書叢錄》卷4，收入《洪頤煊集》第4冊，上海古籍出版社2017年版，第1478頁。

《史記・李斯列傳》「蓋聞聖人遷徙無常，就變而從時」，紹興本、淳熙本作「龍變」，《文選・東方朔畫贊》李善注引同，宋刊《長短經・懼誠》亦同。

（6）雨則不止，鳴鼓攻之，朱綠繩縈而脅之

范寧曰：《春秋繁露・止雨篇》、《後漢書・禮儀志》，「綠」並作「絲」，當據正。（P100）

按：《春秋繁露》見《精華篇》，《後漢書・禮儀志》劉昭注亦是引《春秋繁露》，范氏誤記。《公羊傳・莊公二十有五年》：「日食則曷為鼓用牲於社？求乎陰之道也。以朱絲營（縈）社，或曰脅之。」《白虎通義・災變》：「鼓用牲於社。社者眾陰之主，以朱絲縈之，鳴鼓攻之，以陽責陰也。」《說苑・辨物篇》：「故鳴鼓而儸之，朱絲縈而劫之。」均「朱絲繩縈而脅之」之證。縈，纏繞也。《御覽》卷736引《禮外篇》誤作「朱綠繩索而脅之」。

（7）日初出滄滄涼涼，及其中而探湯

錢熙祚曰：「而」即「如」字。

范寧曰：《列子・湯問篇》「而」作「如」，是也。（P100）

按：錢說是，「而」、「如」一聲之轉。范氏不通古音而妄改。

（8）子路與子貢過鄭神社，社樹有鳥，神牽率子路，子貢說之乃止

錢熙祚於「社樹有鳥」下補作「子路搏鳥，社神牽攣子路」，云：「原脫『子路搏鳥社』五字，『攣』作『率』，依《御覽》卷532補正。又《類聚》卷90、《御覽》卷914『搏』並作『捕』。」

范寧曰：「神」上《類聚》卷90引作「子路捕鳥社」五字，「率」作「攣」，漢魏本亦作「攣」，是也。「攣」有牽義。（P100）

唐久寵曰：《類聚》卷90引「鳥」下有「子路捕鳥」四字，當據補。《書鈔》卷87、《御覽》卷532「捕」並作「搏」。搏猶捕也。（P76）

唐子恒曰：「有鳥」下，《類聚》卷90引有「子路捕鳥」四字。《御覽》卷532引「捕」作「搏」，恐誤。「神牽」句，《御覽》卷532引「神」下有「社」字，「率」作「攣」。按「率」作「攣」是。攣，牽連不斷。（P98）

按：三氏校語都不準確，且《御覽》卷914未引此文。「社樹有鳥」下，《玉燭寶典》卷2引作「子路搏而取之，社神牽牽不得去」，宋刊《類聚》卷90引作「子路捕（搏）鳥，神社牽攣子路」（「社」誤倒於「神」下），《書鈔》

卷87引作「子路搏之，鳥神牽率子路」，宋刊《御覽》卷532引作「子路搏鳥，社神牽子路」（無「攣」字）。作「搏」是，擊也，唐子恒說非是。「牽（攣）」是「率」俗字〔註115〕，而不是「攣」字。「攣」古字作「孌」，與「孿」形近，《類聚》因而誤作「牽攣」。率，讀作曳，亦作「拽」、「抴」，牽拉也。或讀作掣，亦牽拉也。《後漢書・孔融傳》：「而曲媚姦臣，為所牽率。」《後漢紀》卷29「牽率」同。《三國志・張翼傳》：「自翼建異論，（姜）維心與翼不善，然常牽率同行，翼亦不得已而往。」《亢倉子・政道》：「人有大為賊害，官吏捕獲，因廣條引，誣陷貞良，闊遠牽率，冀推時序，卒蒙赦宥。」此三例亦同。又作「牽帥」，《左傳・襄公十年》：「女既勤君而興諸侯，牽帥老夫以至於此。」《文選・答靈運》李善注引作「牽率」。又倒作「率牽」，《太上洞淵神呪經》卷18：「不免病災起，家家被率牽。」「牽攣」雖亦漢晉成語〔註116〕，猶言牽繫，但「攣」側重於纏繫、連綴，其誼不切。

（9）秦王不得已而遣之，為機發之橋，欲陷丹，丹驅馳過之，而橋不發

唐子恒曰：「為機發」四句，《御覽》卷930引作「而為機橋於渭，將殺之，蛟龍夾舉，機不得發」，文字與此不同。（P99）

按：《燕丹子》卷上作「丹過之，橋為不發」。「橋不發」當作「機不發」，《御覽》卷930引作「機不得發」，是其證。《水經注・渭水》：「交（蛟）龍捧轝（舉）而機不發。」

（10）割粒為餌

周心如曰：割，《御覽》作「剖」。

按：割，士禮居叢書本、指海本、四庫本作「剖」，《御覽》卷767引同，《列子・湯問》亦同。「割」是「剖」形誤。景宋本《淮南子・泰族篇》「卵剖於陵」，道藏本「剖」誤作「割」。《史記・趙世家》「親自剖竹」，《御覽》卷962引「剖」誤作「割」，《論衡・紀妖》誤同。又《張儀列傳》「割地謝前過以事秦」，《趙策二》「割」誤作「剖」。《文選・雪賦》「若馮夷剖蚌列明珠」，《初學記》卷3引「剖」誤作「割」。《圖經衍義本草》卷7引《抱朴子》作「掘取割

〔註115〕　《玉篇殘卷》「轌」字條引《禮記》鄭玄注：「牽，綷也。」今《禮記・玉藻》鄭注作「率，綷也」。《集韻》：「率，古作孌。」

〔註116〕　《越絕書・越絕外傳枕中》：「牽攣於珍怪貴重之器。」《易林・解之漸》：「一牛九鎖，更相牽攣。」又《震之師》：「一莖九蘿，更用牽攣。」

其血」,《類聚》卷81引「割」誤作「剖」。《抱朴子・博喻》「割尺璧以納促匣」,《治要》卷50引「割」作「剖」。

（11）薛譚學謳于秦青,未窮青之旨,於一日遂辭歸

　　唐久寵曰:《列子・湯問篇》「旨」作「技」。《御覽》卷572、《廣記》卷204、《萬花谷》後集卷32引本書亦作「技」,當據改。「技」借為「伎」。王先生《列子補正》云:「《書鈔》卷106、《類聚》卷43……引『技』並作『伎』。」（P63）

　　唐子恒曰:《廣記》卷204引《博物志》、《列子・湯問》「旨」作「技」。（P100）

　　按:旨,讀作伎,俗作技。唐久寵未達通假。《初學記》卷15引本書亦作「技」,《宋書・樂志一》亦作「伎」。《釋名・釋飲食》:「豉,嗜也。五味調和,須之而成,乃可甘嗜也。故齊人謂豉聲如嗜也。」「焉支山」亦作「焉耆山」,「胭脂」、「䊀粘」亦作「燕支」、「䊀䊆」、「䊀枝」,「龍支」亦作「龍耆」。是其音轉之證。

（12）和者同於物,物無得而傷,閱者遊金石之間及蹈於水火皆可也

　　錢熙祚曰:「閱」原誤「閱」,依《列子》改。

　　范寧曰:《稗海》本「閱」作「闕」,當據正。（P101）

　　祝鴻傑曰:「閱」當據《列子》作「閱」。「閱者」二字屬上〔註117〕。

　　唐子恒以「閱者」屬上句,云:「閱,四庫本、《列子・黃帝》並作『閱』,當據正。」（P101）

　　按:祝、唐說是也。紛欣閣叢書本亦作「閱」,《永樂大典》卷4908引同。

（13）自敦煌西涉流沙往外國

　　錢熙祚曰:《御覽》卷901「涉」作「渡」。

　　范寧曰:涉,《類說》卷23、《事類捷錄》卷9並引作「渡」。（P102）

　　唐子恒曰:涉,《廣記》卷436、《類聚》卷94、《御覽》卷901引並作「渡」。（P102）

　　按:《白帖》卷29、《初學記》卷29、《紺珠集》卷4引亦作「渡」〔註118〕。

〔註117〕祝鴻傑《〈博物志校證〉補校》,《文獻》1994年第1期,第67頁。
〔註118〕《初學記》據宋紹興刊本,古香齋刻本作「度」。

（14）沙石千餘里中無水，時則有沃流處，人莫能知

　　錢熙祚曰：「伏」原誤「沃」，依《御覽》改。

　　范寧曰：士禮居刊本「沃」作「汲」，非是。當依紛欣閣刊本作「伏」。《類聚》卷94、《御覽》卷901、《廣記》卷436引並作「伏」，是其証。（P102）

　　唐久寵曰：諸本「汲流」作「沃流」，《白帖》卷97引同，並誤。《類聚》卷94、《初學記》卷29、《御覽》卷901、《廣記》卷436引並作「伏流」，是也。（P46）

　　按：諸說是也，《紺珠集》卷4引亦作「伏」。《白帖》卷29引誤作「沃」。

（15）駱駝知水脈，遇其處輒停不肯行，以足蹋地

　　范寧曰：士禮居刊本「遇」作「過」，《類聚》卷94、《廣記》卷436引同，宜據正。（P102）

　　按：范說是也，指海本亦作「過」。《白帖》卷29、《初學記》卷29、《御覽》卷901引誤作「遇」，《紺珠集》卷4引作「至」。

（16）有三青鳥，如烏大，使侍母旁

　　范寧曰：《楚辭·九歎·惜賢篇》注引「使」作「夾」。案「使」當作「俠」。（P103）

　　按：唐子恒從范說（P103），是也。《御覽》卷31引《漢武帝故事》作「有二青鳥如烏，夾侍王母旁」，《類聚》卷91、《御覽》卷927引「夾」作「俠」，餘同；《書鈔》卷155引作「有二青鳥，夾侍王母之傍」，《事類賦注》卷5引作「有二青鳥，夾侍王母傍」。「三青鳥」當改作「二青鳥」。《白帖》卷1引《漢武故事》作「有二青鳥，侍王母傍」，脫「夾」字。《初學記》卷4引《漢武故事》作「有一青鳥如烏，侍王母傍」，既改作「一青鳥」，則刪去「夾」字以照應。

卷九校補

（1）子胥伐楚，燔其府庫，破其九龍之鐘

　　按：《淮南子·泰族篇》：「闔閭伐楚，五戰入郢，燒高府之粟，破九龍之鍾。」與本書合。《賈子·耳痺》：「提邦以伐楚，五戰而五勝……傷五臟之實，毀十龍之鍾。」則作「十龍」（《書鈔》卷108、《初學記》卷16引同），蓋傳聞異辭。

（2）鬪戰死亡之處，其人馬血積年化為燐

　　唐久寵曰：《御覽》卷 375 引「蟒」作「燐」，當據改。（P38）

　　按：燐，士禮居叢書本作「蟒」，故唐說如此。《說文》：「粦，兵死及牛馬之血為粦。粦，鬼火也。」《繫傳》引本書作「粦」。《說郛》卷 109 引吳僧贊寧《感應類從志》：「田野中見遊光者，火也。其名曰燐，鬼火也。或人死，血久積地為野火。」

（3）有細咤聲如炒豆

　　錢熙祚曰：《御覽》「炒」作「沙」。

　　按：《御覽》卷 375 引作「沙」是形誤。《說文繫傳》「粦」字條引作「爝」，是「炒」正字。

（4）風山之首方高三百里，風穴如電突，深三十里，春風自此而出也

　　按：《書鈔》卷 158 引《外國圖》：「風山之首高三百里，有風穴方三十里，春風自是出也。」《御覽》卷 54 引無「有」字，「自是」作「自此」，餘同。

（5）雲反從西來，訞訞而疾

　　按：訞，讀作佻。訞訞，疾行貌。《集韻》：「佻，《說文》：『行兒。』或作侹、徎。」《玄應音義》卷 7 引《說文》：「佻佻，往來行貌也。」

（6）鼠食巴豆三年，重三十斤

　　按：《證類本草》卷 14「巴豆」條引陶隱居曰：「神仙人吞一枚便欲死，而鼠食之三年，重三十斤。」《淮南子·說林篇》：「魚食巴菽而死，鼠食之而。」「巴菽」即「巴豆」。《南方草木狀》卷上：「鼠食巴豆，其大如狌。」

卷十校補

（1）諸遠方山郡幽僻處出蜜臘，人往往以桶聚蜂，每年一取

　　唐久寵曰：臘，《御覽》卷 950 引作「蠟」。「蠟」或借「臘」為之，本書借「臘」之俗字「臘」為之。作「臘」當是故書。百子全書本徑改作「蠟」，失古義矣。（P102）

　　唐子恒曰：臘，四庫本、《御覽》卷 950 引作「蠟」，當據改。（P114）

　　按：作「臘」不是故書。臘，《古今逸史》本同，士禮居叢書本、紛欣閣叢書本作「蝎」，指海本亦作「蠟」。《事類賦注》卷 30、《本草綱目》卷 39 引

亦作「蠟」。「蝎」是「蠟」俗譌字，「膭」又「蝎」之誤。

（2）王爾、張衡、馬均昔冒重霧行

范寧曰：《類聚》卷 2 引「王爾」作「王肅」。（P112）

唐久寵曰：《初學記》卷 2、《類聚》卷 2、《事類賦注》卷 2、《萬花谷》卷 2 並引「王爾」作「王肅」。「肅」乃「爾」之譌也。惟《白帖》卷 3、《御覽》卷 15 引與本書同。（P103）

按：《事類賦注》見卷 3，引作「王爾」，不作「王肅」。唐氏誤記卷號，且又誤校。《記纂淵海》卷 2、《本草綱目》卷 25 引亦作「王肅」，宋刻《白帖》卷 1、《事類賦注》卷 3、《養生類纂》卷 4 引仍作「王爾」。

（3）歸至家當醉，而家人不知，以為死也，權葬之

錢熙祚校「權葬之」作「具棺殮葬之」，云：「『棺』原誤『權』，脫『具於（殮）』二字，並依《廣記》卷 233 補正。」

唐久寵曰：「權」字衍文也，當刪。《廣記》卷 233、《御覽》卷 845、497、《萬花谷》卷 35 引皆無「權」字。（P66）

祝鴻傑曰：「權」當是「棺」的形誤字，《廣記》作「具棺殮葬之」可證〔註119〕。

按：錢校是。《文選·魏都賦》劉淵林注引俗傳作「棺斂而葬之」。「斂」同「殮」。

（4）去十餘日，奄至一處，有城郭狀，屋舍甚嚴

按：《荊楚歲時記》「嚴」同。嚴，讀作嬐。《廣韻》：「嬐，嬐然，齊也。」猶言整齊貌。字亦作儼，曹植《洛神賦》：「六龍儼其齊首，載雲車之容裔。」陶淵明《桃花源記》：「屋舍儼然。」《類聚》卷 94 引本書作「屋舍宛然」，蓋臆改。

（5）人有山行墮深澗者，無出路，饑餓欲死

唐子恒曰：欲，士禮居本、指海本、《御覽》卷 931、《廣記》卷 456 引並作「分」，當據改。分，料想。（P116）

按：《御覽》卷 931、《廣記》卷 456、《事類賦注》卷 28 引「山行」作「出

〔註119〕祝鴻傑《〈博物志校證〉補校》，《文獻》1994 年第 1 期，第 69 頁。

行」，「欲」作「分」。《御覽》卷 69 引《幽明錄》「山行」同，「欲」作「僅」。僅，猶言近乎、將近，與「欲」義合。分，猶言料定、料想，亦通，不當據改。

（6）經數年後，竦身舉臂，遂超出澗上，即得還家

唐子恒曰：「竦」上，《御覽》卷 931 引有「試」字。（P117）

按：《廣記》卷 456、《事類賦注》卷 28 引亦有「試」字。

（7）募數十人，執杖撟山草伐木至山頂觀之

唐子恒曰：撟，四庫本作「揭」。撟，斬斷。（P117）

按：四庫本作「揭」誤。《漢語大字典》據《廣韻》「撟，折也」，引此例訓「撟」為「折，斬斷」〔註 120〕，此唐說所本。《廣雅》：「撟，折也。」「撟」是「撽」俗譌字。此例當訓折斷，而不是斬斷。S.2071《切韻箋注》：「撽，折〔也〕。」蔣斧印本《唐韻殘卷》、裴務齊《正字本刊謬補缺切韻》同。《集韻·臘韻》：「撽，折也，或作撟。」撽訓折者，本字作「邀」。《說文》：「邀，撩也。」「撩」同「拉」，折也。《廣記》卷 456 引作「募年少者數百人，執兵器持大棒而先縱火燒其草及我（伐）竹木至山畔觀之」，蓋臆改。

《博物志》佚文校補

清人錢熙祚、周心如各有《博物志》佚文輯錄〔註 121〕。唐久寵《博物志逸文補》於錢熙祚所輯外，復補若干條〔註 122〕。范寧《博物志校證》附錄《博物志》佚文，凡 212 條〔註 123〕。王媛《范寧〈博物志佚文〉補正》輯錄佚文110 條，疑偽 78 條〔註 124〕。唐子恒《博物志》點校本在范寧、王媛輯錄的基礎上重新輯錄，凡 372 條〔註 125〕。

〔註 120〕《漢語大字典》（第二版），崇文書局、四川辭書出版社 2010 年版，第 2070頁。

〔註 121〕錢熙祚刻《守山閣叢書》本即指海本《博物志逸文》1 卷，周心如《紛欣閣叢書》本《博物志補遺》2 卷。

〔註 122〕唐久寵《博物志校釋》附錄一《博物志逸文補》，學生書局 1980 年版，第 105~107 頁。

〔註 123〕范寧《博物志校證》，中華書局 1980 年版，第 115~141 頁。

〔註 124〕王媛《范寧〈博物志佚文〉補正》，《古籍整理研究學刊》2009 年第 5 期，第103~112 頁。王媛《范寧〈博物志佚文〉補輯》，范寧《博物志校證》附錄二，中華書局 2014 年版，第 203~216 頁。

〔註 125〕唐子恒《博物志》點校本，收入《子海精華編》，鳳凰出版社 2017 年版，第119~163 頁。

　　唐子恒輯本錄文粗疏已甚，且於原書文字錯譌處，略無校正，未見後出轉精。姑舉數例以見之：①《魏志‧武帝紀》裴松之注引《博物志》「太祖皆與埒能」，《御覽》卷93引同。范寧輯本「埒」字不誤，《御覽》卷號誤作卷90（P115）。唐子恒輯本「埒」字誤作「埒」，《御覽》卷號不曾訂正（P126）。是唐氏未曾核檢裴注及《御覽》原書也。②宋刻《御覽》卷805引《博物志》「得好玉用合玉漿」，俗本作「得好鼓玉角」，錢熙祚、周心如、范寧（P131）皆據俗本輯錄，唐子恒（P139）亦同。是唐氏未檢宋刻也。③宋刻《御覽》卷913引《博物志》「綠文似豹」，俗本「綠」誤作「緣」，范寧（P132）據俗本輯錄，唐子恒（P140）亦同。是唐氏又未檢宋刻也。④《御覽》卷899引《博物志》「嵇叔夜以為無此」，唐子恒輯本「此」誤作「比」（P140）。⑤《御覽》卷902引《博物志》「取殺羜各一……不使相接……膞以為脯」，唐子恒輯本「羜」誤作「羍」（下同），「相」誤作「獻」，「膞」誤作「膊」（P140）。⑥《御覽》卷902引《博物志》「諸遠方山郡僻處出蜜蠟……非攀緣所及……鳥謂之靈雀，捕搏終不可得也」，唐子恒輯本「緣」誤作「援」，「搏」誤作「搏」。唐氏有校記：「『非攀援』原作『飛攀援』，據《事類賦》卷23引改。又《事類賦》引無『僻處』二字。」（P142）《御覽》作「非攀緣」，不作「飛」字；《事類賦》見卷30，亦作「非攀緣」，有「僻處」二字。⑦《御覽》卷971引《博物志》「成都、廣都、郫、繁、江原、臨卬六縣生金橙」云云，唐子恒輯本作「六縣生金」，又復出一條作「六縣生給橙」。唐氏有校記：「給橙，《淵海》卷92引作『金橙』。」（P143）事實是《淵海》引作「給橙」！

　　本文據范寧《博物志佚文》作校補，以其書易得而常見也。

（1）時有一書生，又能低頭以所冠著葛巾角撇棊。（《魏志‧文帝紀》裴松之注引。）

　　按：撇，《世說新語‧巧藝》劉孝標注、《御覽》卷93、687引同，《金樓子‧自序》作「拂」。《世說新語‧巧藝》「客箸葛巾角低頭拂棊」，亦作「拂」。《文選‧甘泉賦》李善注引張揖《三蒼注》：「撇，拂也。」此是聲訓，撇、拂一音之轉，猶言拂拭。《史記‧刺客列傳》「跪而蔽席」，《索隱》：「蔽，猶拂也。」《戰國策‧燕策三》作「拂席」。《屈原列傳》「修路幽拂，道遠忽兮」，《楚辭‧懷沙》「拂」作「蔽」。

（2）洛中有人驅羊入蜀，胡葸子多刺，粘綴羊毛，遂至中國，故名羊負　　來。（《齊民要術》卷 10「胡葈」，末十一字據《本草》引補。）

范寧曰：葸，《御覽》卷 989、《證類本草》卷 15 引作「葈」，又《御覽》卷 912 引作「蕙」。（P117）

按：①《御覽》見卷 902、998，《證類本草》見卷 8，《本草綱目》見卷 15，范氏都誤記卷號。②《玉燭寶典》卷 7 引亦作「胡葈」，《御覽》卷 998 引亦作「胡葸」（不作「胡葈」），《類聚》卷 94 引亦作「胡蕙」。「蕙」當是「葸」形譌，「葸」當是「葈」改易聲符的異體字。《玉燭寶典》卷 7：「葸耳，胡葸子，可作燭。今案《詩草木疏》：『胡葈，一名趣菜。』」《爾雅·釋草》《釋文》：「卷耳：《詩》『卷耳』是也，《本草》作『枲耳』，云：『一名胡枲，一名地葵，一名蔬，一名常思。』陶注云：『一名羊負來。昔中國無此物，言從外國逐羊毛中來也。』」《玉燭寶典》卷 5 引崔寔《四民月令》：「采葸耳，取蟾諸。」「葸耳」是「葸耳」之誤，《齊民要術》卷 3 所引不誤。《廣雅》：「常枲、胡枲，枲耳也。」王引之曰：「常枲，一作常思。思、枲古聲相近。胡枲，一作胡葸。『葸』與『枲』同音。《神農本草》云：『枲耳，一名胡枲，一名地葵。』《名醫別錄》云：『一名蔬，一名常思。』」〔註 126〕③羊負來，《類聚》卷 94《御覽》卷 902 引同，《玉燭寶典》卷 7、《御覽》卷 998 引作「羊負菜」。

（3）離狐國，古乘丘。（《後漢書·郡國志》劉昭注引。）

按：《後漢書·郡國志》「乘氏侯國」劉昭注引《博物記》：「古乘丘。」下文「離狐故屬東郡」與古乘丘無涉。

（4）麋，千千為群，掘食草根，其處成泥，名曰麋畯。民人隨此畯種　　稻，不耕而穫，其收百倍。（《後漢書·郡國志》劉昭注引，亦見《御　　覽》卷 830。）

按：《御覽》見卷 839，范氏誤記卷號。畯，《太平寰宇記》卷 130 引作「畖」，《埤雅》卷 3、《海錄碎事》卷 22 引作「暖」。此字當作「畹」為正，字亦作「蹊」，指鹿行走不由正道而成的路〔註 127〕。

〔註 126〕 王念孫《廣雅疏證》，收入徐復主編《廣雅詁林》，江蘇古籍出版社 1992 年版，第 837 頁。
〔註 127〕 參見蕭旭《〈說文〉疏證（三則）》，《北斗語言學刊》第 7 輯，2020 年 12 月版，第 112 頁。

（5）鵂鶹，一名忌欺，白日不見人，夜能拾蚤蝨也。（《玉燭寶典》卷 10
引。）

按：《玉燭寶典》卷 10 引上述文字出處作《纂文》（《御覽》卷 927 引同），
而引《博物志》佚文則作「鵂鶹鳥夜則目明，又截爪棄地，此鳥拾取，知其吉
凶，鳴則有殃也」。

（6）水蛭三段而成三物。（《續一切經音義》卷 5 引。）

按：三段，《御覽》卷 950、《廣韻》「蛭」字條引作「三斷」。

（7）桃林在弘農湖城縣休牛之山，有石焉，曰帝臺之棋也。五色而文，
狀如鶉卵。（《類聚》卷 6 引。）

范寧曰：《初學記》卷 5、《御覽》卷 52 引「棋」作「棊」。（P123）

按：《事類賦注》卷 7 引亦作「棊」。「椹」是「棋」形誤。休牛之山，《御
覽》、《事類賦注》引同，《初學記》引作「休馬之山」，均誤。《博物志》本於
《中山經》：「苦山之首曰休與之山，其上有石焉，名曰帝臺之棋，五色而文，
其狀如鶉卵。」「休與」形誤作「休馬」，又誤作「休牛」。

（8）祝雞公養雞法，今世人呼雞云祝祝，起此也。（《類聚》卷 91 引。）

按：「祝祝」即「喌喌」。《說文》：「喌，呼雞，重言之，從吅州聲，讀若
祝。」音轉亦作「朱朱」，《御覽》卷 918 引《風俗通》：「呼雞朱朱。俗說雞本
朱公化而為之，今呼雞者朱朱也。謹按《說文》解『喌喌，二口為讙，州其聲
也，讀若祝』。祝者誘致禽畜，和順之意。喌與朱音相似耳。」其言「喌與朱
音相似」是也，而言「雞本朱公化而為之」則妄也。

（9）不周山雲川之水，溫如湯也。（《初學記》卷 7 引，亦見《御覽》卷
71 引。）

按：《御覽》卷 71 引「雲川」作「六川」。

（10）閩越江北山間蠻夷噉丘蟓脯。（《書鈔》卷 145 引。）

范寧曰：《書鈔》卷 146 引末作「噉彌猴鮭」。（P126）

按：《書鈔》卷 146 引作「閩越江北諸夷噉彌侯（猴）鮭」，《御覽》卷 947
引郭義恭《廣志》作「閩越江北山間蠻夷啖蚯蚓脯為羞」，《說郛》卷 61 引
唐‧鄭熊《番禺雜記》作「閩越江北山間蠻獠啖蚯蚓脯為羞」。「丘」疑當作

「氐」，是「蚳」脫文。「蚳」、「蛘」均指螞蟻卵，同義複詞。《文選·西京賦》「攫胎拾卵，蚳蛘盡取」，李善注：「《國語》曰：『鳥翼鷇卵，蟲舍蚳蛘。』韋昭曰：『蚳，蟻子也，可以為醢。蛘，復陶也，可食。』」《說文》：「蛘，復陶也。劉歆說：蛘，蚍蜉子。」「蛘」取劉歆說。王媛指出《廣志》曾避隋諱而改《博志》，此條疑非《博物志》佚文〔註128〕，未必確切，《書鈔》二引俱作《博物志》，不妨《廣志》亦有相類的記載。《書鈔》作「丘蛘」，《廣志》作「蚯蚓」，「蚯蚓」斷不會誤作「丘蛘」，是《書鈔》自有其依據。

（11）西羌仲秋月，取赤頭鯉以為鮨。（《書鈔》卷146引。）

范寧曰：《御覽》卷862引作「仲秋月取赤（引者按：原書「赤」作「折」）頭鯉子，去鱗破腹……是謂秋鯖」。（P126）

按：「西羌仲秋月取赤頭鯉以為鮨」十二字作一句讀。《爾雅·釋器》「魚謂之鮨」，郭璞注：「鮨，鮓屬也。」《御覽》「鯖」當是「鮺」形誤，「鮺」同「鮓」，指腌魚。

（12）北方地寒，冰厚三尺，氣出口為凌。（《書鈔》卷156引。）

按：范氏引文不準確。《書鈔》卷156引作「北方地寒，冰厚三尺，地凍入天，氣出口為凌，馬首常倉」，有脫誤，當據《御覽》卷34引《廣志》作「北方寒，冰厚三尺，地凍入一丈，氣出口為凌，馬首常創。」《初學記》卷3引《廣志》作「北方地厚寒，冰厚三尺，地凍一丈」，可知「天」是「一丈」誤合。

（13）雲南郡土特寒涼，四月五月猶積雪皓然。（《書鈔》卷146引。）

按：《御覽》卷34引《漢書》：「雲南郡有熊倉山，特寒，四月五月中猶積雪皓然。」《事類賦注》卷3引《廣志》：「雲南郡四五月猶積雪皓然。」〔註129〕

（14）流沙在玉門關外，有隴三斷，名三斷隴也。（《書鈔》卷157引。）

按：「有隴三斷，名三斷隴也」有誤衍，當據《後漢書·李恂傳》李賢注、《御覽》卷56、74引《廣志》作「有三斷，名曰三隴也」。斷，讀為自，音轉亦作敦、堆。斷亦隴也，此處對舉同義，合文則曰「龍堆」、「隴堆」、「龍斷」、「隴斷」、「壟斷」。

〔註128〕王媛《范寧〈博物志佚文〉補正》，《古籍整理研究學刊》2009年第5期，第108頁。
〔註129〕《御覽》卷12引脫「然」字，餘同。

（15）南海有水蟲名曰蒯，蚌蛤之類也。其中有小蟹大如榆莢。蒯開甲
食，則蟹亦出食。蒯合，蟹亦還入。始終生死不相離也。（《北戶
錄》卷1注引，亦見《御覽》卷942引。）

按：《御覽》卷942引「蒯」同，《述異記》卷下作「筋」。考《述異記》
卷下：「璅珸似小蚌，有一小蟹在腹中，為出求食，故淮海之人呼為蟹
奴。」《文選‧江賦》李善注引《南越志》：「璅蛣長寸餘，大者長二三寸，腹中有
蟹子如榆莢，合體共生，俱為蛣取食。」《抱朴子內篇‧對俗》：「川（小）
蟹不歸而蛣敗。」〔註130〕「珸」、「蛣」的正字作「鮚」，《說文》：「鮚，蚌
也。」「蒯」是「薊」形誤〔註131〕，「筋」是「筋」形誤。「筋」、「薊」形聲
俱近〔註132〕，《集韻》「薊」、「鮚」同音吉屑切。鮚之言介也、甲也，指甲殼
類蚌屬，故又作「蚧」，蚧亦蚌蛤也。「薊」、「蚧」亦是音轉。蟹亦言介也，
亦甲殼類動物。「蟹」與「鮚」所指不同，而語源義指甲殼類則同〔註133〕。
《類說》卷6引《海物異名記》：「蠣殼中有小蟹，時出取食，復入蠣殼，謂
之蠣奴。」「蠣」是「蠇」俗字，《說文》：「蠇，蚌屬。」與「薊」亦是音轉
（古音來母、見母相通，均月部字）。《嶺表錄異》卷下：「海鏡，廣人呼為膏
葉盤……如蚌胎，腹中有小蟹子，其小如黃豆而螯足具備。海鏡饑，則蟹出
拾食；蟹飽歸腹，海鏡亦飽。」「葉」、「蠣」亦是音轉（以母、來母准雙聲）。

〔註130〕 敦煌本「川」作「小」。
〔註131〕 「蒯」、「薊」形近易誤，是其比也。《韓詩外傳》卷3「封黃帝之後於蒯」，
《禮記‧樂記》、《家語‧辯樂解》、《史記‧樂書》「蒯」作「薊」。《史記‧賈
誼傳》《鵩鳥賦》「細故蔕薊兮」，《索隱》：「薊音介。《漢書》作『芥』。」《鶡
冠子‧世兵》作「袃（蔕）蒯」，「蒯」當作「薊」，「薊」是「薊」俗字。《呂
氏春秋‧貴生》高誘注：「苴，草蒯也。」「草蒯」當作「草薊」，同「草芥」。
《真誥‧稽神樞》「事師西河薊公」，《仙苑編珠》卷中引「薊」誤作「蒯」。
《漢武帝外傳》「薊子訓」，《神仙傳》卷6誤作「蒯子順」。
〔註132〕 《考工記‧弓人》「強者在內而摩其筋」，鄭玄注：「故書『筋』或作『薊』。」
朱珔曰：「薊為筋之假借，筋、薊雙聲字。」孫詒讓曰：「段玉裁云：『此雙聲
之誤。』徐養原云：『亦字之誤。』案徐說是也。」孫詒讓《周禮正義》卷86，
中華書局2015年版，第4290頁。段玉裁說見《周禮漢讀考》卷6，收入《皇
清經解》卷639，第4冊，上海書店1988年版，第223頁。徐養原說見《周
官故書考》卷4，收入《續修四庫全書》第81冊，上海古籍出版社2002年
版，第166頁。
〔註133〕 《淮南子‧墬形篇》：「蛤蟹珠龜，與月盛衰。」《方言》卷8：「桂林之中守
宮大者而能鳴，謂之蛤解。」郭璞注：「江東人呼為蛤蚧，汝潁人直名為蛤解。」
《御覽》卷946引作「蛤蠏」。此「蛤解（蠏）」即是「蛤蚧」，蚌屬，不指螃
蟹。

（16）虎知衝破，又能畫地卜。今人有畫物上下者，推為奇偶，謂之虎
　　卜。（《北戶錄》卷 2 注引，亦見《御覽》卷 726 引。）

　　范寧曰：衡，《御覽》卷 726 作「衝」。為，《御覽》及《緯略》卷 3 引並
作「其」。（P127）

　　按：十萬卷樓叢書本《北戶錄》本就作「衝」、「其」。《御覽》卷 892 亦引
本書。

（17）雲南郡出茶首，茶首其音蔡茂，是兩頭鹿名也。獸似鹿兩頭，其
　　腹中胎常以四月中取，可以治蛇虺毒，永昌亦有之也。（《事類賦
　　注》卷 23 引。）

　　范寧曰：下「茶首」二字依《御覽》卷 906 增補。（P128）

　　按：宋刻《事類賦注》「茶首」二字重出，范氏所據乃俗本。《御覽》卷
906 引同。《證類本草》卷 16：「蔡莒机屎主蛇虺毒，兩頭麋屎也，出永昌郡。
取屎以傅瘡。《博物志》云：『蔡余義獸，似鹿，兩頭。其胎中屎，四時取之，
未知今有此物否？』蔡莒机，余義也。范曄《後漢書》云：『雲陽縣有神鹿，
兩頭，能食毒草。』《華陽國志》曰：『此鹿出雲陽南郡熊舍山。』〔註 134〕
即此余義也。」《本草綱目》卷 51「雙頭鹿」別名「茶莒机」，李時珍曰：「茶
莒机音蔡茂机，番言也，出《博物志》。舊本訛作『茶莒机』，又作『余義』，
亦『茶莒』之訛也。藏器曰：按張華《博物志》云『茶首机出永昌郡，是兩
頭鹿名也。』」據李時珍說，「茶首」是「茶莒」形譌，是也。「茶莒」音譌則
作「蔡茂」。「余義」是「茶茂」形譌，李時珍說是「茶莒」之訛，非是。「蔡
余義」者，「蔡」是「茶」音誤，「余」是「茶」形誤，「義」是「茂」形誤，
復誤衍一字。「茶莒机」、「蔡莒机」、「茶首机」者，「莒」是「首」形誤，「机」
又「義」音誤，亦誤衍一字。要之，本當作「茶首」或「茶莒」，音譌作「蔡
茂」。

（18）小兒五歲曰鳩車之戲，七歲曰竹馬之戲。（《錦繡萬花谷》卷 16
　　引。）

　　按：王媛指出「《紺珠集》卷 13、《類說》卷 23、卷 60、《談苑》卷 4、《海

〔註 134〕今本《華陽國志》卷 4「熊舍山」作「熊倉山」，《御覽》卷 906 引作「熊蒼
　　山」，《類聚》卷 95 引作「雄倉山」。《御覽》卷 34 引《漢書》亦云「雲南郡
　　有熊倉山，特寒」，則「舍」是「倉」形誤。

錄碎事》卷 8 引皆作『王元長曰』。故疑是《萬花谷》誤引。」〔註135〕《類說》卷 23 引《續博物志》作：「王元長曰：『小兒五歲曰鳩車之戲，七歲曰竹馬之遊。』」《永樂大典》卷 8844 引亦作「王元長曰」。則出《續博物志》，非《博物志》也。

（19）鄉豪取而嘗之，哲於口，懆於腹。（《御覽》卷 19 引，亦見《類聚》卷 3。）

　　按：此句引見《御覽》卷 491，「苦」作「哲」，范氏誤記出處，又誤錄其文字。此文本於《列子·楊朱》，「哲」作「蜇」，「懆」作「慘」。「懆」是「慘」俗譌字。

（20）夏曰念室，殷曰動止，周曰稽留，三代之異名也。又狴犴者，亦獄別名。（《御覽》卷 643 引。）

　　按：《初學記》卷 20 亦引，惟「狴犴」作「狴牢」為異。

（21）得好鼓玉角。（《御覽》卷 805 引。）

　　按：宋刊《御覽》卷 805 引作「得好玉用合玉漿」。錢熙祚、周心如輯錄所據乃俗本，范寧（P131）、唐子恒（P139）都照錄，而不一檢宋刻。《文選·南都賦》李善注引作「欲得好穀玉用合漿」。則《御覽》脫「穀」字。《新修本草》卷 20 引張華云：「合玉漿，用𣪠玉。」其字左下部不分明，疑是「穀」字。《證類本草》卷 30 引陶隱居引張華云：「合玉漿，用穀玉。」「穀」是「穀」音誤，《本草綱目》卷 8 引正作「穀」。俗本《御覽》「鼓」是「穀」形誤，「角」是「穀」音誤而衍，而又有缺文。

（22）蜀人以絮巾為帽絮。（《御覽》卷 819 引。）

　　按：《玉篇殘卷》「絮」字條、《御覽》卷 716 亦引之。王念孫曰：「『絮』與『帤』通，帤亦巾也。《說文》：『帤，巾帤也。』《方言》：『幏，巾也。大巾謂之帟，嵩嶽之南、陳潁之閒謂之帤。』《漢書·周勃傳》：『大后以冒絮提文帝。』……《說苑·正諫篇》：『吳王蒙絮覆面而自剄。』謂以巾絮覆面也。亦通作挐，《風俗通義·怪神篇》『以挐巾結兩足幘冠之』是也。」〔註136〕

〔註135〕王媛《范寧〈博物志佚文〉補正》，《古籍整理研究學刊》2009 年第 5 期，第112 頁。
〔註136〕王念孫說轉引自王引之《經義述聞》卷 8，江蘇古籍出版社 1985 年版，第 194 頁。

（23）酒暴熟者酢醶，酸者易臭。（《御覽》卷 866 引。）

按：宋刊《御覽》卷 866 引「臭」作「鼀」。《論衡・狀留》「暴熟者易酸醶，暴酸者易臭」是其所本，疑「酸者」上脫「暴」字。

（24）化民食桑二十七年，以絲自裹，九年死。（《御覽》卷 888 引。）

按：《事類賦注》卷 25 引《括地圖》：「化民食桑，二十七年化而自裹，九年生翼，十年而死。」《類聚》卷 88 引「自裹」誤作「身裹」，《御覽》卷 955 引誤作「自裹」，餘同。《齊民要術》卷 10 引《括地圖》：「昔烏先生避世於芒尚山，其子居焉。化民食桑，三十七年以絲自裹，九年生翼，九年而死。」《御覽》卷 825 引《玄中記》：「化民食桑，三七年化能以自裹如蠶績，九年生翼，七（九）年而死。」「二十七年」或作「三十七年」，不知孰是，當屬下句。「九年死」有脫文，當據各書補正。

（25）陰夷山有淫羊，一日百遍。（《御覽》卷 902 引。）

按：《證類本草》卷 8、《圖經衍義本草》卷 13 引陶隱居云：「西川北部有淫羊，一日百遍合。」當據補「合」字，指交接。

（26）取殺羍各一，別繫令裁相近而不使相接。（《御覽》卷 902 引。）

按：早期字書未收「羍」字。殺是公羊，則羍指母羊。《廣雅》：「牸、牝，雌也。」牸指母牛，是其比也。牸（羍）之言「字」也，得義於生子。

（27）宮脂，鹿脂也。（《御覽》卷 902 引。）

按：《千金翼方》卷 3、《千金要方》卷 80、《新修本草》卷 15 並云：「麋脂，一名宮脂。」則「鹿」當作「麋」。

（28）儒者言月中兔。夫月，水也，兔在水中無不死者。夫兔，月氣也。（《御覽》卷 907 引。）

按：《類聚》卷 95 引《論衡》：「儒者言月中有兔。夫月，水也，兔在水中則死。夫兔，月氣也。」王媛指出《御覽》誤繫出處，此條非《博物志》佚文〔註137〕，是也。《御覽》卷 907 上條引《論衡》「兔舐雄豪而孕，及其生子，從口中出」，此條「又《博物志》曰」，《博物志》蓋誤衍，當作「又曰」。如出處是

〔註137〕 王媛《范寧〈博物志佚文〉補正》，《古籍整理研究學刊》2009 年第 5 期，第 108～109 頁。

《博物志》，則不當有「又」字。《事類賦注》卷 23 引文同《御覽》，出處正作《論衡》。復考《論衡．說日》：「儒者曰：『日中有三足烏，月中有兔、蟾蜍。』……夫月者，水也。水中有生物，非兔、蟾蜍也。兔與蟾蜍久在水中，無不死者……夫烏、兔、蟾蜍，日月氣也。」則此條乃約引《論衡》，非《博物志》佚文也。

（29）**逢伯雲所說有獸緣木，緣文似豹，名虎僕，毛可為筆。（《御覽》卷 913 引。）**

按：宋刊《御覽》引「緣文」作「綠文」，是也。《北戶錄》卷 2 注引《博物志》：「有獸緣木，似豹，名為虎僕，毛可為筆也。」

（30）**丹裏之山有獸焉，狀如鼠，名曰聆鼠，以其尾飛也。（《御覽》卷 913 引。）**

按：《山海經．北山經》：「丹熏之山，其上多丹雘，熏水出焉，而西流注于棠水。有獸焉，其狀如鼠而菟首麋身，其音如獋犬，以其尾飛，名曰耳鼠。」當據校「裏」作「熏」，「聆」作「耳」。《初學記》卷 29、《御覽》卷 911 引《山海經》俱作「耳鼠」，無作「聆鼠」者。「耳鼠」的專字作「鼮」。《白帖》卷 29 引《山海經》「丹熏」誤作「重」，《御覽》卷 913 引復誤作「褈」，范氏不考，臆改作「裏」。

（31）**嵇山之陰，禹葬焉。聖人化感鳥獸，故象為民佃，春耕銜拔草根，秋啄除其穢。（《御覽》卷 914 引。）**

按：宋刊《御覽》引首句作「會稽山陰，禹葬」，「銜」上有「鳥」。

（32）**東海有蛤，鳥常啖之。其肉消盡，殼起浮出，更泊在沙中岸邊，潮水往來，碏薄蕩白如雪，入藥最精，勝採取自死者。（《御覽》卷 942 引。）**

按：宋刊《御覽》卷 942 引「泊」作「薄」。《御覽》卷 988 引作「東海有蛤，鳥嘗啖之。肉消盡，殼起出浮，泊在沙岸，潮水往來揩蕩，白如雪。入藥最良，勝取自死者」。「碏薄蕩」當作「揩蕩」，「薄」是「蕩」形誤而衍。揩蕩，猶言摩擦衝蕩。

（33）**訖，以向湯，令復沸，使相淹消。息視甖中，當自沸，沸便陰乾之。（《御覽》卷 977 引。）**

按：「淹消」不辭，「消」當作「漬」，「息」復涉「消」誤衍。

（34）類草也，其根名為弱頭。大者如升，其外理白，可以灰汁煮則凝，成熟可以苦酒淹食之。不以灰煮則不成熟。蜀人珍貴之。（《御覽》卷 994 引。）

按：「凝成熟」當連讀。《文選·蜀都賦》劉淵林注：「蒟，蒟醬也，緣樹而生，其子如桑椹，〔欲〕熟時正青〔註138〕，長二三寸，以蜜藏而食之，辛香，溫調五藏。蒻，草也，其根名蒻頭，大者如斗，其肌正白，可以灰汁煮則凝成，可以苦酒淹食之，蜀人珍焉。」據此，「類草」當作「蒻草」，「如升」當作「如斗」〔註139〕。「弱頭」即「蒻頭」省文。

（35）郝晦行華草於太行山北，得紫葳華。（《證類本草》卷 13 引。）

范寧曰：「華草」二字疑衍。（P135）

按：《新修本草》卷 13 引亦有「華草」二字，《本草綱目》卷 18 引則無。

（36）桓葉似椰子。（《證類本草》卷 14 引。）

按：《證類本草》卷 14 引作「梆（柳）子」，不作「椰子」，其後尚有「核堅，正黑，可作香纓，用辟惡氣，浣垢」十四字。當「子核堅」連讀，「似梆」有脫文。《本草綱目》卷 35 引作「桓葉似櫸柳葉，核堅，正黑如璧，可作香纓及浣垢」。「桓」指無患子，字亦作「槵」。S.617《俗務要名林·木部》：「槵，無患子。」

（37）紅藍花生梁漢及西域，一名黃藍，張騫所得也。今滄、魏地亦種之。（《圖經衍義本草》卷 17 引。）

按：《圖經衍義本草》卷 14：「紅藍花……生梁、漢及西域，一名黃藍。《博物志》云：『黃藍，張騫所得。』」《證類本草》卷 9、《雲麓漫鈔》卷 7 同。范氏誤輯其文，又誤其卷號。

（38）匈奴名冢曰逗落。（《史記·匈奴列傳》《集解》引張華曰。）

按：《通典》卷 194 引「逗落」作「豆落」。「逗落」、「豆落」非匈奴語，乃匈奴人所用漢語詞。《方言》卷 13：「冢，秦、晉之間謂之墳，或謂之培（郭

〔註138〕「欲」字據《唐鈔文選集注彙存》卷 8 補。
〔註139〕《唐鈔文選集注彙存》卷 8 字作「斗」，甚為分明。

璞注：「音部。」），或謂之瑜，或謂之采，或謂之埌，或謂之壠。自關而東謂之丘，小者謂之壞，大者謂之丘。凡葬而無墳謂之墓。」王念孫曰：「培、壞、瑜，聲之轉。」〔註140〕《後漢書‧郡國志》劉昭注引《博物記》：「（臨淄）縣西有袁婁。」「婁」是「壞」省文。冢與逗、逗與培（部）〔註141〕、逗與瑜、逗與壞、冢與瑜、瑜與壞、埌與壠，並是轉語。落、墓亦是轉語。朱駿聲曰：「逗，發聲之詞。」〔註142〕非是。

（39）顛軨坂在縣鹽池東，吳城之北，今之吳坂。（《後漢書‧郡國志》劉昭注引。）

按：《文選‧答盧諶》李善注引《古今地名》：「真零阪在吳城之北，今謂之吳阪。」「真零」即「顛軨」。

（40）劍後擊鹿盧，名曰屬鏤。（《御覽》卷344引。）

按：「擊」當作「繫」。《淮南子‧氾論篇》「身伏屬鏤而死」，高誘注：屬鏤，利劍也。一曰：長劍摛施鹿盧，鋒曳地，屬鏤而行之也。」《漢書‧雋不疑傳》顏師古注引晉灼曰：「古長劍首以玉作井鹿盧形，上刻木作山形，如蓮花初生未敷時。今大劍木（末）首〔註143〕，其狀似此。」「鹿盧」即「轆轤」。劍環上有轆轤形飾物，因名曰「屬鏤」。

（41）鉤吻葉似亮葵，並非黃精之類。毛茛是有毛，石龍芮何干鉤吻？（《證類本草》卷10引。）

按：①當讀作「毛茛是有毛石龍芮，何干鉤吻」。王媛輯本「何干」誤作「何千」，又不得其句讀〔註144〕，唐子恒輯本（P145）照鈔，而不一檢原書，又不顧文義不通。P.3714《新修本草》引《博物志》佚文字作「干」，《圖經衍義本草》卷17引誤作「十」。《本草綱目》卷17引蘇恭曰：「黃精直生葉，似柳及龍膽草，殊非比類。毛茛乃有毛石龍芮，與鉤吻何干？」②亮葵，

〔註140〕王念孫《廣雅疏證》，收入徐復主編《廣雅詁林》，江蘇古籍出版社1992年版，第778頁。
〔註141〕《說文》「欨」異體作「歐」。
〔註142〕朱駿聲《說文通訓定聲》，武漢市古籍書店1983年版，第348頁。
〔註143〕《輟耕錄》卷23引「木」作「末」。
〔註144〕王媛《范寧〈博物志佚文〉補正》，《古籍整理研究學刊》2009年第5期，第105頁。王媛《范寧〈博物志佚文〉補輯》，范寧《博物志校證》附錄二，中華書局2014年版，第214頁。

《新修本草》、《衍義本草》引都作「莵葵」，當據訂正。諸書無「亮葵」。③
毛茛，《新修本草》引同，《衍義本草》卷 17 引作「毛茛」。「茛」是「茛」
形譌。《廣雅》：「茛，鉤吻也。」曹憲音古恨反。蔣斧印本《唐韻殘卷》：「茛，
古恨反，草名，出《玉篇》。」《集韻》：「茛，古恨切，艸名，鉤吻也。」均
其確證也。《證類本草》卷 11：「毛茛，鉤吻。注：陶云：『鉤吻，或是毛茛。』
蘇云：『毛茛是有毛石龍芮也。』《百一方》云：『菜中有水茛，葉圓而光，
有毒，生水旁，蟹多食之。』蘇云：『又注似水茛無毛，其毛茛似龍芮而有
毒也。』《衍義本草》卷 19「茛」俱誤作「茛」。「茛」是「堇」改易聲符的
異體字〔註 145〕，故又作「毛堇」，音轉亦作「毛建」、「毛芹」（見《本草綱
目》卷 17）。鉤吻葉似芹葉而有毛，故稱作「毛芹」。《肘後方備急方》卷 7
有「鉤吻葉與芥相似，誤食之殺人方」，「芥」必是「芹」形誤，《御覽》卷
990 引葛洪方：「鉤吻與食芹相似，而生處無他草，其莖有毛，誤食之殺人。」
《衍義本草》卷 15、《證類本草》卷 9、《本草綱目》卷 12「薺苨」條云「鉤
吻葉與芹葉相似，誤食之殺人」。王念孫曰：「根、茛古同聲，假借字耳。」
〔註 146〕王氏以「根」為語源，失考矣。復考《御覽》卷 990 引《吳氏本草》：
「烏頭，一名茛，一名毒公。」《證類本草》卷 10、《衍義本草》卷 16 引劉
禹錫按語引同。《御覽》卷 990 又引《吳氏本草》：「烏喙，形如烏頭……一
名側子，一名茛。」「茛」亦是「茛」形譌。毒物「烏頭」、「烏喙」亦名茛，
與「鉤吻」異物同名耳。「茛」亦是「堇」改易聲符的異體字。P.3714《新修
本草》：「謹案：天雄、附子、烏頭……陶以三物俱出建平，故名之，非也。
案《國語》『寘（置）堇於肉』，注云：『烏頭也。』《爾雅》云：『茛，堇草。』
郭注云：『烏頭苗。』此物本出蜀漢，其本名堇，今說為建，遂以建平釋之。
又石龍芮葉似堇草，故名水堇。今復說為水茛，亦作建音，此豈復生建平耶？

〔註 145〕《老子》第 16 章：「夫物芸芸，各復歸其根。」郭店簡本「根」作「堇」。又
第 59 章：「是謂深根固柢。」帛書乙本、北大簡同，帛書甲本「根」作「槿」。
上博簡（七）《凡物流形》甲本：「既本既槿，奚後之奚先？」整理者讀槿為
根（《上海博物館藏戰國楚竹書（七）》，上海古籍出版社 2008 年版，第 225
頁）。《易·艮》：「艮其限。」上博簡（三）「限」作「瞳」。《易·大畜》：「利
艱貞。」上博簡本「艱」作「堇」，帛書本作「根」。馬王堆帛書《衷》：「謹
者，得之代阰也。」廖名春讀謹為艮，帛書整理者從之（《長沙馬王堆漢墓簡
帛集成》第 3 冊，中華書局 2014 年版，第 92 頁）。
〔註 146〕王念孫《廣雅疏證》，收入徐復主編《廣雅詁林》，江蘇古籍出版社 1992 年
版，第 904 頁。

檢字書又無『茛』字。」《衍義本草》卷 16 引同。「水茛」即是「水菫」，都是「石龍芮」別名。

（42）狼䏶民與漢人交關，常夜市，以鼻齅金，知其好惡。（《事類賦》卷 9 引。）

王媛曰：此條見《事類賦》卷 9 引。《類聚》卷 83、《御覽》卷 790、811……均引作《異物志》，《事類賦》應是誤引〔註147〕。

按：宋刻《事類賦》卷 9 引作《異物志》，王氏所據乃四庫本誤耳。

2022 年 4 月 19 日～5 月 16 日初稿，5 月 16 日～5 月 25 日二稿。

〔註147〕王媛《范寧〈博物志佚文〉補輯》，范寧《博物志校證》附錄二，中華書局 2014 年版，第 219 頁。

《生經》校補

　　《生經》5 卷，西晉竺法護（231～308）譯。茲據大正藏本（高麗藏再雕本）作底本，其《校勘記》所稱「宋本」指南宋思溪法寶資福禪寺大藏經本，「元本」指大普寧寺藏本，「明本」指嘉興藏本，「宮本」指日本宮內省圖書寮本，「聖本」指日本正倉院聖語藏本。

　　譚代龍《生經簡注》，四川大學出版社 2015 年版。

卷　一

（1）此博掩子……有所竊欺，前世亦然。和難比丘不刈續信之（《佛說和難經第三》）

　　譚代龍等曰：刈：消除，除去。（P18）

　　按：譚說非是。「續信之」三字為句。刈，讀為忢，字亦作乂、艾，懲戒也。《慧琳音義》卷 94：「懲艾：上音澄，下我蓋反。」

（2）計此二人，皆非善哉，不為奇雅（《佛說邪業自活經第四》）

　　譚代龍等曰：奇：佳，妙。雅：正，合乎規範的。（P24）

　　按：《生經》卷 2：「比丘天眼覩見三界，無一罣礙，在於音聲叢樹之間，則現奇雅。」譚代龍等曰：「奇雅：高雅的德行。」（P80）譚說皆非是。《增壹阿含經》卷 45：「諸人各興此論議：『如來甚奇！甚特！乃能知過去諸佛世尊名字姓號，智慧多少，靡不貫博，甚可奇雅。』」「奇雅」即「奇特」義，猶言特異、奇異。《雜藏經》：「月明夫人衣以上服，金銀名寶，纓絡其身，舞甚奇雅，悅眾歡情。」亦作「綺雅」，《普曜經》卷 3「不喜好種姓，太子為

奇雅」，《分別功德論》卷4「著好衣，令人自大奇雅，是不可親近」，上二例，一本作「綺雅」。《當來變經》卷1「高聽遠視，以為綺雅」，《法苑珠林》卷98引作「奇雅」。《分別經》：「好樂俗常，以為綺雅。」亦作「奇訝」，《普曜經》卷5：「斯觀菩薩之面像，吾不謂父為奇訝」，宋、元、明本作「奇雅」〔註1〕。《大方等大集經》卷4：「魔王見是事已，心甚奇訝。」本作「奇邪」、「奇衺」、「攲邪」，謂不正，不循于常道，故引申訓奇異。《周禮・天官・宮正》：「去其淫怠與其奇衺之民。」鄭玄注：「奇衺，譎觚非常。」《管子・任法》：「植固而不動，奇邪乃恐。」《史記・梁孝王世家》：「公孫詭多奇邪計。」《釋名・釋綵帛》：「綺，攲也，其文攲邪，不順經緯之縱橫也。」倒言則作「雅奇」、「訝奇」，《六度集經》卷3「行者住足，靡不雅奇」，元、明本作「訝奇」。《修行本起經》卷1：「當此之時，十六大國，莫不雅奇，歎未曾有。」《佛說維摩詰經》卷1：「我時甚自雅奇，得與正士高行者會，便解頸百千珠瓔以上之。」單言則作「雅」或「奇」，《生經》卷2：「如是比丘，應在音聲叢樹之間，則現雅德。」謂奇異之德。單言「奇」無煩舉證。

（3）少福無智，第一矜矜，無所齎持（《佛說是我所經第五》）

譚代龍等曰：矜矜：自得。（P27）

按：譚說非是。「矜矜」是「兢兢」轉語，謹慎貌，精勤貌。《持人菩薩經》卷1「皆由往宿矜矜一心不捨此法」，元、明、宮本「矜矜」作「兢兢」〔註2〕。

（4）我等世尊，從無數劫，精進不懈，不拘生死五道之患，欲得佛道，救濟一切（《佛說墮珠著海中經第八》）

譚代龍等曰：拘：束縛。（P39）

按：譚說非是。拘，讀為懼，恐懼、畏懼。《出曜經》卷11：「好學之士畏懼生死五道患難。」《法鏡經》卷1：「恐畏生死五道往來所墮。」

（5）此比丘尼棄家遠業，為佛弟子（《佛說㮈闍摩暴志謗佛經第九》）

按：下文《佛說鼈獼猴經第十》亦有「棄家遠業」語。遠，讀為捐，亦棄也。《持人菩薩經》卷4：「棄家捐業，行作沙門。」《賢劫經》卷3：「若能精進捐棄家業，不以為難。」《出曜經》卷13：「捐棄家業，永捨妻息。」大

〔註1〕 此例承趙家棟博士檢示，謹致謝忱！
〔註2〕 此例承趙家棟博士檢示，謹致謝忱！

正藏本《法苑珠林》卷 59 引《生經》「遠業」，明本形誤作「違業」，宮本形誤作「達業」。

（6）或云五柨截耳割舌挑目殺之（《佛說五仙人經第十一》）

校勘記：柨，宋、元、明本作「杌」。

譚代龍等曰：柨：鼓框。杌：案板。（P53）

按：譚說非是。鄭賢章曰：「『柨』乃『杌』字之訛。《大寶積經》卷 36 『株柨』，即《長阿含經》卷 18 『株杌』。」〔註3〕鄭氏說「柨」是「杌」形誤，是也，磧砂藏本、乾隆藏本亦作「五杌」；《可洪音義》卷 13《生經音義》作「五杌」，注音「五骨反」。《慧琳音義》卷 12《大寶積經音義》「株柨」條指出「下五骨反」，正「杌」字之音，「柨」亦誤字。敦煌寫卷 S.2414V《大寶積經難字》正作「株杌」。《慧琳音義》卷 23、24、25、30、36、47、66、79 有「株杌」條，「杌」音五骨反或吾骨反。《大寶積經》元、明本作「机」，亦「杌」形誤。但此文「杌」非「株杌」之「杌」，舉《大寶積經》只能證其形誤，不能證其義同，當另求解，鄭說未盡也。①「杌」是「兀」增旁字，同音借作「刖」，斷足之刑，字亦作「跀」、「跁」〔註4〕。《琉璃王經》「若干之痛，斧解五杌」，宮本作「五兀」。《增壹阿含經》卷 32「我等當取五兀之」，元、明本作「五杌」；《可洪音義》卷 12《增一阿含經》卷 32：「五兀：五骨反，斷也。正作刖、𣃁（此不知何字）二形也。」《須摩提女經》：「我寧形毀五兀，不能為是作禮。」可洪說「正作刖」是也，《莊子·德充符篇》：「魯有兀者。」《釋文》引李云：「刖足曰兀。」又《養生主》《釋文》：「介，音戒，一音兀。司馬云：『刖也。』向、郭云：『偏刖也。』崔本作兀，又作跁，云：『斷足也。』」「五刖」是以刀鋸刺割人體之刑，即此篇下文「斷其手足、截其耳鼻、斷頭斬腰，五毒治之」之誼。《須摩提女經》：「我父母五親，寧形〔毀〕五刖，斷其命根，終不墮邪見之中。」《阿育王息壞目因緣經》卷 1「形受五兀之切酷」，元、明本「兀」作「杌」；《出三藏記集》卷 7 作「五

〔註3〕鄭賢章《漢文佛典疑難俗字彙釋與研究》，巴蜀書社 2016 年版，第 161~162 頁。

〔註4〕《說文》：「刖，從舟從刖省，讀若兀。」《慧琳音義》卷 86：「刖音兀也。」《周禮·冬官·考工記》《釋文》：「跀，一音兀。」是其同音之證。章太炎指出是「隊、泰旁轉」，參見《國故論衡》卷上《成均圖》（校定本），收入《章太炎全集》，上海人民出版社 2017 年版，第 174 頁。

兀」，宋、元、明本作「五刵」；《諸經要集》卷 13 引作「五兀」，元、明本作「五杌」，宮本作「五瓦」；「瓦」是「兀」形誤，宋本等作「刵」是正字。②《增壹阿含經》卷 36：「或剝其皮，割其肉，或分為二分，或還縫合之，或取五則之，或取火側炙之，或融鐵灑之，或五礫之。」「則」亦「刵」形誤〔註5〕；《可洪音義》卷 12《增一阿含經》卷 36：「五刵：五骨、五越二反，斷也。」是可洪所見本作「刵」不誤。《增壹阿含經》卷 22「我父母五親，寧形毀五刻，斷其命根，終不墮此邪見之中」，宋、元、明本作「五刔」；「刻」、「刔」均「刖」形誤，「刵」之異體字。

（7）奴子無聊，欲自投水……梵志困我，役使無賴，吾當奉承，以展上之，可獲寬恕（《佛說五仙人經第十一》）

譚代龍等曰：無聊：無可奈何。無賴：不勘，無法忍受。（P54）

按：「無賴」即「無聊」，聊、賴一聲之轉，字亦作俚、憀〔註6〕。譚氏未達音轉。

卷　二

（1）至于後日，遂當愘伏，必復重來（《佛說舅甥經第十二》）

黃征曰：愘伏，據字似即「愘伏」，義為畏服。然文義未甚安，疑當為「杭榾」之顛倒與譌誤。下文有「守者杭榾，眠睡不驚」句，可參閱〔註7〕。

太田辰夫等曰：愘伏，高麗本作「愘伏」……《玄應音義》收有「習伏」條，但釋文僅釋「伏」的音義，云：「又作愧，翼世反。《字林》：『愧，習也。』」「愘伏」應是「習伏」之誤〔註8〕。

方一新等曰：「愘」即「習」之俗書，因「伏」而增心旁。「伏」為「伏」

〔註5〕《易林·艮之需》「根刵樹殘，花葉落去」，續道藏本「刵」誤作「則」。《夬之恒》云「朽根刵樹，華葉落去」。《抱朴子外篇·喻蔽》「療淫痺而刵足」，慎校本「刵」誤作「則」。

〔註6〕參見蕭旭《敦煌文獻詞語雜考》，收入《敦煌文獻校讀記》，花木蘭文化出版社 2019 年版，第 33～34 頁。

〔註7〕黃征《敦煌陳寫本晉竺法護譯〈佛說生經〉殘卷 P.2965 校釋》，收入《敦煌語言文學論文集》，浙江古籍出版社 1988 年版；又收入《敦煌語文叢說》，新文豐出版公司印行 1997 年版，第 734 頁。下文引其說據《叢說》隨文標示頁碼。

〔註8〕太田辰夫、江藍生《〈生經·舅甥經〉詞語札記》，《語言研究》1989 年第 1 期，第 82 頁。下文引其說隨文標示頁碼。

之俗書，習也。《玄應音義》卷12《生經》卷1音義有「習忕」條，明玄應所見本作「習忕」〔註9〕。

譚代龍等曰：慴忕：習慣。「慴」即「儠」。「忕」即「忕」，宋、元、明本作「伏」。（P58）

按：太田及方說是，此「慴」非「儠」異體字。慴忕，《可洪音義》卷13《生經音義》同，可洪指出「應和尚《經音義》作『習忕』」。《玄應音義》卷12《生經音義》太田氏已引，《慧琳音義》卷55轉錄同。「忕」是「忕」形譌，俗「愧」字。《說文》：「愧，習也。」宋本等作「伏」乃形譌，《永樂大典》卷8588引誤同。

（2）我力強盛，當濟免舅（《佛說舅甥經第十二》）

按：免，《經律異相》卷44、《永樂大典》卷8588引同，《法苑珠林》卷31引形誤作「挽」。《可洪音義》卷13《生經音義》作「勉」，云：「音免，脫也，正作免。」

（3）畏明日識，輒截舅頭，出窟持歸（《佛說舅甥經第十二》）

按：截，《經律異相》卷44、《法苑珠林》卷31、《永樂大典》卷8588引同，《根本說一切有部毘奈耶破僧事》卷12載此事亦同，《妙法蓮華經文句》卷1引作「級」。《慧苑音義》卷2：「或級其頭：《珠叢》曰：『斬首一名為級也。』」

（4）其人射鬧（《佛說舅甥經第十二》）

譚代龍等曰：射：趁著。鬧：繁鬧。（P59）

按：譚說非是。射鬧，《法苑珠林》卷31、《永樂大典》卷8588引同，敦煌寫卷P.2965作「射丙」，《可洪音義》卷13作「射丙」，《經律異相》卷44引刪去之。黃征曰：「疑『丙』為『吏』字之譌。『丙』是『吏』的簡化。『射鬧』義未甚詳……『射』大約相當於中國的祭儀。」（P736～737）「吏」是會意字，俗作「鬧」。下文云「人眾總鬧」，P.2965「鬧」亦誤作「丙」。黃說「丙」是，太田辰夫等說同，太田氏又曰：「射鬧，猶言趁亂（射有穿、

〔註9〕方一新、王雲路《中古漢語讀本》，吉林教育出版社1993年版；又《中古漢語讀本》（修訂本），上海教育出版社2006年版，第38頁。此書收錄《舅甥經》並作注釋，下文引其說據修訂本隨文標示頁碼。方說又見方一新《敦煌寫本〈生經·佛說舅甥經〉語詞瑣記》，《浙江社會科學》1996年第2期，第71頁。

鑽義）。」（P82）此即譚說所本。射，讀作夜或夕，「射姑」轉語作「夜姑」、「亦姑」、「夕故」，是其證也。《楚辭・招魂》「二八侍宿，射遞代些」，射亦讀作夜。夜、夕亦是轉語，《史記・高祖功臣表》「趙將夜」，《索隱》指出《漢表》「夜」作「夕」。射鬧，猶言夜晚喧鬧。下文「守者明朝具以啟王」，「明朝」即對「夜」而言之。

（5）飲酒過多，皆共醉寐。俘囚酒瓶，受骨而去（《佛說舅甥經第十二》）

校勘記：俘囚，宋、元、明本作「孚囚」。

譚代龍等曰：俘囚：俘獲，這裏指拿走酒瓶。（P60）

按：俘囚，據《中華大藏經》之《校勘記》，資福藏本、磧砂藏本、永樂南藏本、徑山藏本、乾隆藏本作「孚因」，普寧藏本作「俘因」；P.2965 作「孚困」，《經律異相》卷 44 引作「因以」，《永樂大典》卷 8588 引作「孚因」，毗盧藏本作「字因」，日本金剛寺藏寫本作「孚固」〔註10〕，《妙法蓮華經文句》卷 1、《法苑珠林》卷 31 引刪之。《玄應音義》卷 12《生經音義》：「俘因：妨愚反。《尚書》『俘厥寶玉』，孔安國曰：『俘，取也。』」《慧琳音義》卷 55 轉錄同。《可洪音義》卷 13《生經音義》：「孚因：《經音義》作『俘囚』。上芳無反，囚也，取也。下似由反，拘也，繫也。下悮。」太田辰夫等認為「俘囚」讀本字，義為捉取或俘獲（P83），方一新等說同（P40）〔註11〕，此即譚說所本。辛嶋靜志認為「俘（孚）」是「趕快、趕緊」之義〔註12〕。黃征認為「俘囚」當據 P.2965 作「孚困」，「孚困」當作「伏捆」，「捆」有取義，「伏捆酒瓶」即蹲下去取酒瓶（P739～740）。曾良將 P.2965 錄作「孚因」，認為「囚」是「因」訛字；「孚」、「俘」是古今字。「俘因酒瓶」即取以酒瓶〔註13〕。顏洽茂等認為「俘囚」當為「孚因」，「孚」為「趕緊」、「趕快」義，本字為「毚」，又作「趘」；「因」作「用」講〔註14〕。趙家棟等認為「俘（孚）囚」當作「孚囵」，即「捊囵」，同義連文，義為「取」；「囵」俗寫作「囚」，

〔註10〕毗盧藏本、金剛寺藏寫本異文均據方一新（2019，P162）轉錄（見下文引），謹此說明。

〔註11〕方一新說又見《敦煌寫本〈生經・佛說舅甥經〉語詞瑣記》，《浙江社會科學》1996 年第 2 期，第 73 頁。

〔註12〕辛嶋靜志《漢譯佛典的語言研究》，日本《俗語言研究》第 4 期，1997 年版。

〔註13〕曾良《敦煌佛經字詞與校勘研究》，廈門大學出版社 2010 年版，第 398 頁。

〔註14〕顏洽茂、譚勤《「俘囚」辨說》，《中國語文》2014 年第 3 期，第 282～285 頁。

「囚」與「因」形近而訛混，「因」、「困」皆為「図」之形訛〔註15〕。方一新等後來又出新說，認為「孛」是「孚」形誤，「因」是「因」形誤（表示引介對象的介詞），「俘」字不誤，亦讀作趕、蠡〔註16〕。李玉平說「孚」表示疾速義，「因」表示借助，相當於「以」；「孚因」相當於「速因」、「疾因」、「即因」〔註17〕。P.2965 字形作「**囿**」，明顯是「困」字，曾良、顏洽茂皆誤辨其字形。當作「孚困」或「俘困」。孚（俘），讀作包，包裹、包紮；或讀作縛，束縛也。困，讀作稇，俗作捆、綑，捆束也。包稇、縛稇，猶言捆縛、捆紮。所以捆紮者，以便於背負也。「俘囚」只用於俘獲俘虜，不合文義，玄應、可洪說非是。「俘困」因形近而誤作成語「俘囚」。

（6）前後警守，竟不級獲（《佛說舅甥經第十二》）

黃征曰：級獲，斬獲（P740）。方一新說同（P41）。

按：警，P.2965 作「驚」，借字。級，讀作執。《說文》：「執，捕罪人也。」《大法炬陀羅尼經》卷 10：「諸如是等多過罪人，官司執獲。」近代俗字亦借「緝」為之，「通緝」、「緝拿」是也。

（7）素教誡女：「得逆抱捉，喚令眾人，則可收執。」（《佛說舅甥經第十二》）

方一新等曰：逆，迎也。「逆抱捉」謂迎面抱住。（P41）

譚代龍等曰：逆：叛逆，賊人。（P60）

按：逆，讀作遻，遇也。P.2965「誡」作「戒」，「喚」作「**嚄**」。黃征指出「**嚄**」即「嚄」，同「喚」（P741），是也。

（8）唱叫犇急（《佛說舅甥經第十二》）

黃征曰：「犇隱」不誤。「犇」為犇揚，指水波激蕩奔騰。「隱」同「殷」，響聲震動〔註18〕。（P741）

〔註15〕趙家棟、付義琴《〈生經・舅甥經〉「俘囚」詞義復議》，《語言研究》2017 年第 4 期，第 106～109 頁。

〔註16〕方一新、郭作飛《「俘囚」補說》，《漢語史學報》第 21 輯，上海教育出版社 2019 年版，第 161～165 頁。

〔註17〕李玉平《也說〈生經・舅甥經〉中的「俘囚」》，《勵耘語言學刊》2020 年第 1 期，第 99～115 頁。

〔註18〕黃征說又見《敦煌俗字典》，上海教育出版社 2005 年版，第 502 頁。

方一新等曰：急，宋、元、明三本作「隱」，《經律異相》、敦煌本同，是。「隱」通「殷」，震響。「奔隱」猶言奔騰震響。（P42）

方一新又曰：六朝時確有「奔急」一詞……《說文》：「奔，走也。」引申則有疾速、急迫義，故得以與「急」構成同義複詞。雖然就文字而言，「奔急」不如「奔隱」為真，但此處用以指順流而下的木排行駛快疾，意思也通〔註 19〕。

按：《法苑珠林》卷 31 引亦作「隱」。《玄應音義》卷 12《生經音義》作「急」，《慧琳音義》卷 55 轉錄同。《可洪音義》卷 13《生經音義》作「隱」，云：「下或作㥯，同，於靳反。所依據也，恨也。《經音義》作『犇急』，非。」「奔隱」不辭，可洪說非是。當作「急」字。「奔急」猶言急奔。

（9）數數不變，守者翫習，睡眠不驚（《佛說舅甥經第十二》）

校勘記：翫習，宋、元、明本作「杌摺」。

按：磧砂藏本、乾隆藏本亦作「杌摺」，P.2965 作「杬槢」。「杌」是「杬」形譌。黃征指出「翫習」是正字（P742），是也。《可洪音義》卷 13《生經音義》作「杌槢」，注云：「音習，堅木也。經意謂是木成而不精也。」其說均誤。

（10）卿之聰哲，天下無雙（《佛說舅甥經第十二》）

按：哲，《經律異相》卷 44 引同，《法苑珠林》卷 31、《法華文句記》卷 2 引作「黠」，P.2965、《可洪音義》卷 13《生經音義》作「喆」，《慧琳音義》卷 79《經律異相音義》、《可洪音義》卷 23《經律異相音義》亦作「喆」。「喆」同「哲」。「黠」字雖通，恐非其舊，當是「喆」形誤。

（11）可意色欲，諸所慕求，燿然已離（《佛說閑居經第十三》）

譚代龍等曰：燿：銷熔。（P68）

按：譚說非是。2014 版 CBETA 校作「爟」，是也。《可洪音義》卷 13《生經音義》正作「爟然」，云「上火郭反」。《生經》卷 3：「其智慧者，解長者意，爟然無疑。」「爟然」是「霍然」增旁分別字，解悟貌，明白貌。《成具光明定意經》「其在愚曚埃濁者，今日爟然除盡」，宋、元、明、宮本作「霍然」。《法句譬喻經》卷 1「心意疑結，爟然雲除」，聖本作「霍然」。《正法華經》卷 6「心中爟然而無狐疑」，宋本作「霍然」。《正法華經》卷 5：「其心爟

〔註 19〕方一新《敦煌寫本〈生經·佛說舅甥經〉語詞瑣記》，《浙江社會科學》1996 年第 2 期，第 74 頁。

如，雲除日出。」宋本《弘明集》卷 1 牟子《理惑論》「問者霍解」，《御覽》卷 889 引作「問者霍然而解」。

（12）猶大寶樹，根芽莖節，枝葉華實，具足茂好，大觚卒墮，則現缺減，視之無威（《佛說舍利弗般泥洹經第十四》）

校勘記：減，宋、元、明本作「滅」。

譚代龍等曰：觚：這裏指樹果。（P73）

按：譚說無據。觚，讀作柧，指棱角，字亦作孤。《玄應音義》卷 4：「四柧：古胡反。《說文》：『柧，棱也。』經文作觚，器名也，觚非字義也。」〔註20〕《長阿含經》卷 22「閻浮樹其果如蕈，其味如蜜。樹有五大孤，四面四孤，上有一孤」，宋、元、明本「孤」作「觚」，《法苑珠林》卷 63 引作「柧」。「滅」是「減」形譌。《大樓炭經》卷 6：「月何因緣稍稍現缺減……其面則現缺減。」

（13）觀諸世間，皆由無點（《佛說舍利弗般泥洹經第十四》）

譚代龍等曰：點：聰慧、機敏。（P74）

按：「點」當是「喆（哲）」形誤。下文「自調其心，觀世無點……調御其心，觀世無點」，亦同。無哲，猶言無明，下文云「察世無明」，是其誼也。《梵志女首意經》：「計其無明無有形像，假使因緣從無哲起而致憍慢，何謂無哲之原而致於行？」《玄應音義》卷 5《梵女首意經音義》作「無喆」。

（14）身出光燄，如大火聚（《佛說比丘各言志經第十六》）

譚代龍等曰：光燄：火焰。燄，宋、元、明本作「焰」。（P81）

按：磧砂藏本、乾隆藏本亦作「焰」。《可洪音義》卷 13《生經音義》：「光燄：音焰。」下文《佛說和利長者問事經第十八》「溫煖之類，能令人熱，有所消化，而能焚燒，光燄之類」，宋、元、明本「燄」作「焰」。《正法華經》卷 1「燄明大梵自在天子」，又卷 2「火燄然熾」，元、明本「燄」作「焰」。《寂志果經》卷 1「光燄憂愁」，宋、元、明本「燄」作「焰」。《中阿含經》卷 2「一切大地須彌山王洞燃俱熾，合為一燄」，宋、元、明本「燄」作「焰」。《玄應音義》卷 7《正法華經音義》：「焰明：《字詁》古文作『燄』，今作『爓』，《三蒼》作『焰』同，餘瞻反。《說文》：『火行微燄燄然也。』」經文作『燄』，

〔註20〕此例承劉傳鴻博士檢示，謹致謝忱！

許凡反。《埤蒼》：『燂，味辛也。』《字苑》：『燂，秝也。』『燂』非此義。」
玄應、慧琳易作「焰」，得其字義，卻不知其本是轉語。「燂」是「焰」音轉，
又轉作「燄」，與味辛之「燂」是同形字〔註21〕。蔣斧印本《唐韻殘卷》：「燄，
燄焱，火延行，出《字林》。」蔣斧印本《唐韻殘卷》、裴務齊《正字本刊謬
補缺切韻》、P.2011 王仁昫《刊謬補缺切韻》、S.6176V《箋注本切韻》並云：
「燄，火皃。」《玉篇》：「燄，火焱行。」《廣韻》：「燄，火燄。」

（15）最後命盡，至於鞕軏，與于殂危（《佛說迦旃延無常經第十七》）

譚代龍等曰：鞕軏：指身體僵硬。（P87）

按：①「鞕軏」也作「鞕軏」，《玄應音義》卷12《生經音義》：「鞕軏：五
更反，下胡浪反。風名也。『軏』字未詳所出也，相傳音亢耳。」又卷5《普門
品經音義》：「鞕軏：五孟反，《字書》：『鞕，牢也。』下相傳胡浪反，未詳字
語所出。」也作「䩭軏」，《玄應音義》卷13《胞胎經音義》：「䩭軏：五更反，
下胡浪反，成壞身中風名也。」《胞胎經》：「自然化風名䩭軏。」《普門品經》：
「細滑䩭軏，無所適住，亦無所著。」也倒作「軏䩭」，《寶女所問經》卷1：
「無軏䩭說。」李維琦曰：「鞕讀若硬，軏讀若剛。『軏』字與相當於『硬』的
字相連，讀為剛當不為過。」〔註22〕李說近似，但猶未盡。「鞕」是「鞕」俗
字，俗亦作「硬」，轉語又作「䩭」、「軏」，皆與「剛」、「堅」、「彊」一聲之轉。
《慧琳音義》卷13：「不鞕，額更反。《韻英》云：『堅也。』俗作硬，或作䩭，
同也。」《長阿含經》卷6「肌肉堅䩭」，又卷7「何有光色柔頓而輕？何無光
色堅䩭而重」，二文宋、元、明本「䩭」作「鞕」。《度世品經》卷5「性不剛
䩭，不為卒暴」，宋、元、明、宮本「䩭」作「鞕」。《寶雲經》卷3「柔軟不
䩭」，元、明本「䩭」作「鞕」。②《慧琳音義》卷55轉錄《玄應音義》卷12
「鞕軏」作「鞕軏」，又「亢」誤作「字」。《慧琳音義》卷16轉錄《玄應音義》
卷5作：「鞕軏：上五更反，《字書》：『鞕，牢也。』《考聲》：『堅也。』有作
『硬』，俗字也。《文字集略》從印作『䩭』。下『軏』字，准經義合是『岡』
字，舊音義胡浪反，恐非，不成字也。諸字書並無此字，未詳所出，且存本文
以俟來哲。」「軏」當作「軏」，從亢得聲，古音亢、更相轉，故「軏」也是「鞕」
轉語，《呂氏春秋・士節》「身尤其難」，《晏子春秋・內篇褎上》同，《說苑・

〔註21〕《字苑》燂訓秝不知何義，《慧琳音義》卷28轉錄「秝」作「萩」亦不詳，待考。
〔註22〕李維琦《佛經續釋詞》，嶽麓書社1999年版，第158頁。

復恩》「扤」作「㪯」。「稉」或作「秔」，「綆」或作「綋」，「埂」或作「阬」，「踁」或作「远」，皆其比。《廣雅》：「扤，強也。」《漢書‧宣帝紀》顏師古注：「扤，強也。」睡虎地秦簡《語書》簡12「阬閬強肮以視（示）強」，整理者括注「肮」為「扤」〔註23〕。皆是「靪」當作「靪」之證。玄應、慧琳皆不知其語源。複語作「鞕靪」、「剛靪」、「堅靪」、「強肮」者，章太炎稱作「一字重音」，王力稱作「駢詞」〔註24〕。

（16）命盡神去，載出野田，或火燒之，身體臭腐，無所識知（《佛說迦旃延無常經第十七》）

校勘記：載，宋、元、明本作「初」。

譚代龍等曰：載：運載。（P88）

按：譚說非是。載，讀作纔，始也，與「初」同義。

（17）啼哭愁憂，悲哀呼嗟，椎胸殟惘（《佛說迦旃延無常經第十七》）

方一新曰：《玄應音義》卷12「殟殠」條：「於沒反，下莫昆反。《聲類》：『欲死也。』《說文》：『暴無知也。』」「惘」當作「殠」，或為音近之訛〔註25〕。

按：方說是也。殟惘，《可洪音義》卷13同，注云：「上烏沒反，心悶也。下冒殞反，悲也，傷也，正作潣、閔二形也。」《慧琳音義》卷55轉錄《玄應音義》同，所引《聲類》及《說文》，是釋「殟」字；《玄應音義》卷7「烏殟」條亦引《說文》，又引《聲類》作「烏殟，欲死也」。可洪說誤。惘，讀作殠、惛，昏迷無知也，與「殟」同義連文。《廣雅》：「殠、殟，極也。」又「殠、殟，病也。」皆謂病困昏亂。

（18）於時彼魔被其鎧翰，與眷屬俱，往詣世尊（《佛說吉祥呪經第二十一》）

按：鎧翰，《玄應音義》卷12所見本同，注云：「口賓反。《說文》：『鎧，甲也。』下胡旦反。《周易》『白馬翰如』，王弼曰：『鮮絜其馬翰如也。』」《慧琳音義》卷55轉錄同。「鎧翰」不辭，玄應引《易》「白馬翰如」及王

〔註23〕《睡虎地秦墓竹簡》，文物出版社1990年版，第15頁。

〔註24〕章太炎《小學略說‧一字重音說》，收入《國故論衡》卷上，上海中西書局1924年版，第50～51頁。王力《漢語史稿》，中華書局2004年版，第58～59頁。

〔註25〕方一新《玄應〈一切經音義〉卷一二〈生經〉音義札記》，《古漢語研究》2006年第3期，第64頁。

弼注，非其誼也。「翰」當是「釬」同音借字，指護臂的袖套。《說文》：「釬，臂鎧也。」字亦作扞，《漢書‧酷吏傳》：「鮮衣凶服被鎧扞、持刀兵者，悉籍記之。」顏師古注：「鎧，甲也。扞，臂衣也。」

卷　三

（1）親厚捐肉，唯見乞施，吾欲食之（《佛說所欣釋經第二十三》）

譚代龍等曰：捐：施舍。宋、元、明本作「損」。（P110）

按：大正藏本《法苑珠林》卷51引作「損」，《校勘記》：「損，宋、元、明、宮本作『捎』。」《永樂大典》卷12018引作「稍」。諸字均「捐」形譌。

（2）其智慧者設權方便，齎好饌遺百種飲食，詣長者門求索奉現（《佛說國王五人經第二十四》）

譚代龍等曰：現：通「獻」。（P116）

按：譚說非是。「現」是俗「見」字，指會見。「奉見」是佛經習語，無煩舉證。《生經》卷3《佛說腹使經第二十八》：「門吏白王，啟其本末，即時現之……王曰：『現之。』」現亦見也。會見尊長亦作「奉覲」，《大哀經》卷7「奉現諸佛」，明、宮本作「奉覲」。《修行道地經》卷4「和悅被服便往奉現」，聖本作「奉覲」。《長阿含經》卷3「吾等諸神，冀一奉覲」，宋、元、明、聖本作「奉現」；又卷4「我等久違顏色，宜一奉覲」，宋、元、明本作「奉現」。

（3）便角矁眼，色視夫人（《佛說國王五人經第二十四》）

譚代龍等曰：角：斜。矁：眯著眼看。宋、元、明本作「眨」。（P118）

按：下文「何以矁眼視吾夫人」，宋、元、明本「矁」亦作「眨」。《玄應音義》卷12「矁眼」作「翕眼」，注云：「呼及反，猶眨眼也。翕，合也，亦斂也。《說文》：『翕，起也。』經文從目〔作〕『矁』，書無此字。眨音莊狹反。」〔註26〕《可洪音義》卷13：「角矁：宜作『矗』，尸沙反，目動也。又《經音義》以『翕』字替之，許及反，今宜取『矗』呼。」玄應改字誤，可洪說近之，但不必改字。「矁」是「矗」音轉，字亦音轉作「眣」。裴務齊《正字本刊謬補缺切韻》：「眣，閉一目。」《玄應音義》卷1：「眣眼：又作『矗』，

〔註26〕「作」字據《慧琳音義》卷55轉錄補

同。《通俗文》：『一目眨曰瞸。』謂眇目視日（白）也。」《慧琳音義》卷 42：
「瞸眼：又作『瞲』，同，失涉反。《通俗文》：『一目眨（眨）曰瞸。』眨（眨）
音莊狹反。」〔註27〕字亦作瞸，《集韻》：「瞸，目眇視，或作瞸、瞻。」《玉
篇》：「瞸，瞼也。」胡吉宣謂「瞼」當作「睒」〔註28〕，余謂「瞼」當作「瞻」。
字亦作睒，《韓子·說林上》「人見君，則睒其一目」，《御覽》卷 366 引「睒」
作「瞸」，注云：「大叶切，閉目也。」《集韻》：「瞲，目動兒，或作睒、睫。」
《列子·湯問》：「倡者瞬其目而招王之左右侍妾。」佛經故事與之相類，「瞻
眼」即「瞬其目」也。

（4）則拔一肩楔，機關解落，碎散在地（《佛說國王五人經第二十四》）

譚代龍等曰：拔：宋本作「挍」，元、明本作「校」。楔，木楔，宋、元、
明本作「楔」。（P119）

按：磧砂藏本、乾隆藏本亦作「校」。「挍」同「校」，是「拔」形譌。
「楔」是「楔」音轉，指橛子。「撠挈」、「機楔」、「偠㑊」轉語作「撠搰」、
「蔑屑」，又轉作「撤屑」、「㩧偒」、「撤徦」，又轉作「勃屑」〔註29〕，是其
音轉之證。字亦作搰、挈，名詞、動詞相因也。《慧苑音義》卷 2：「挈：先
結反，案《說文》作『搰』。」獅谷本「挈」作「楔」。《玄應音義》卷 7：「因
楔：又作楔，同，先結反。江南言欈，子林反。楔，通語也。」又卷 9：「木
楔：又作楔，同，先結反。《說文》：『楔，欈也。』欈，子林反。今江南言欈，
中國言屆。楔，通語也。」《入楞伽經》卷 3「如因楔出楔，誑凡夫入法」，《成
實論》卷 16「於此間死生色界中如楔出楔」，二文宋、元、明、宮本「楔」
作「楔」。《顯揚聖教論》卷 16「令不復現依以楔出楔道理」，聖本「楔」作
「搰」。《楞伽阿跋多羅寶經》卷 2「如逆搰出搰」，宋、元、明、宮本「搰」
作「楔」。字亦省作屑，《大般涅槃經集解》卷 30：「令修十善五戒以背惡道，
所謂以屑出屑者也。」《金光明經文句》卷 1：「斯乃非欲之欲，以欲止欲，
如以屑出屑，將聲止聲。」《金光明經文句記》卷 2：「諭以屑者，字應作楔，
又作楔，同。《說文》云：『楔，欈也。』欈，子林切。出前欈者，必假後欈，
故云『以楔出楔』也。」

〔註27〕「眨」字據《玄應音義》卷 1 校正。
〔註28〕胡吉宣《玉篇校釋》，上海古籍出版社 1989 年版，第 838 頁。
〔註29〕參見蕭旭《「抹殺」考》，收入《群書校補（續）》，花木蘭文化出版社 2014 年
　　　　版，第 2460～2467 頁。

（5）以王勇猛，計策方便，權捐難及，終不破壞（《佛說審裸形子經第二十七》）

譚代龍等曰：捐：才智。宋、元、明本作「愲」。（P135）

按：「捐」同「揖」，《法苑珠林》卷 63「皆洗心致跪而捐之」，是也。《玄應音義》卷 12《生經音義》作「權愲」，注云：「古文『謵』，同，息與反。《通俗文》：『多意謂之忴愲。』《字林》：『忴愲，知也。』忴音張呂反。」方一新指出此文「捐」乃「愲」形譌，指才能智慧〔註30〕，是也。《可洪音義》卷 13 作「權愲」，「愲」亦「愲」形譌。《說文》「謵」、「愲」並釋為「知（智）也」。「忴」或作「許」，亦智也。「愲（謵）」字或省作「胥」，亦借「須」、「所」為之。

卷　四

（1）便即揚塵瓦石，以坌擲之（《佛說水牛經第三十》）

陳秀蘭等曰：坌，塵也。「以坌擲之」即用塵土打他〔註31〕。

按：陳說非是。「坌」是動詞，而非名詞。坌擲，《經律異相》卷 47 引同；《慧琳音義》卷 79 亦同，注云：「盆悶反，塵汙也。」《可洪音義》卷 13《生經音義》、卷 23《經律異相音義》都作「坋擲」，字形分別作「坋」、「坋」。「坋（坌）」與「揚塵」相應，「擲」與「瓦石」相應。王雲路等解「坋（坌）」作「塵土等污染、撒落在物體上」，舉例甚多〔註32〕，其說是也。「坋（坌）」謂灰塵揚起後附著於物，今吳語猶有遺存；音轉作「勃」，亦作「埲」。此文下文「揚塵瓦石打擲」，當是「坌」易作「坋」，又形誤作「打」；又「打擲」或「擲打」是佛經習語，或涉習語而誤也。《起世經》卷 10「即以杖木土塊瓦石而打擲之」，「打」與「杖木」相應，「擲」與「土塊瓦石」相應。敦煌寫卷 S.4107《法華經疏》：「此受打擲難：杖木以打之，瓦石以擲之。」〔註33〕疏解甚得之。

〔註30〕方一新《玄應〈一切經音義〉卷一二〈生經〉音義札記》，《古漢語研究》2006年第 3 期，第 64 頁。

〔註31〕陳秀蘭、楊孝容《〈生經〉口語詞匯解析》，《宗教學研究》1998 年第 1 期，第116 頁。

〔註32〕王雲路、方一新《中古漢語語詞例釋》，吉林教育出版社 1992 年版，第 19～22 頁。

〔註33〕大正藏本卷號誤標作「S.520」，于淑健君檢正，見其所著《敦煌本古佚與疑偽經校注》（稿本）。

（2）佛言：「善哉！卿等快計知道至真，興立塔寺，因是生天。」（《佛說五百幼童經第三十三》）

譚代龍等曰：快：善於，能。計：計慮，考慮。（P160）

按：《經律異相》卷44引作「決計」，宋、元、明、宮本「決」作「快」。「快」是「決」形誤。

（3）遊四使水，度脫四瀆（《佛說五百幼童經第三十三》）

譚代龍等曰：四使：指貪、瞋、癡、慢。四瀆：指欲流、有流、無明流、見流。（P160）

按：《大般涅槃經義記》卷7：「今且就其貪、瞋、癡、慢四使說之。」《眾事分阿毘曇論》卷3：「云何修斷四使，謂修斷貪、恚、慢、無明。」《勝鬘寶窟》卷2：「貪、瞋、慢、無明四使。」《華嚴經內章門等雜孔目章》卷1：「與我見、我慢、我愛、無明四使相應。」此上「四使」蓋譚氏說所本，然非此文之誼。此文「四使水」與「四瀆」所指一也，均指「欲流、有流、無明流、見流」，即「四流」。《出曜經》卷24：「流有四品，其事不同。云何為四？一者欲流，二者有流，三者無明流，四者見流。眾生之類沈溺生死皆由此四，流浪四使不能自免，方當涉歷流轉五道。」又考《鼻奈耶》卷9：「山水者四使，欲界欲使、不可使、癡使、見使。」即此文所指。所指亦同。「四使」亦作「四駛」，《中陰經》卷2「四使生死河，法船渡彼岸」，元、明本「使」作「駛」。《無言童子經》卷2「度脫眾生於四使水，譬如大虹」，元、明本「使」作「駛」，乃「駛」形誤。合稱則作「四使（駛）瀆」，《漸備一切智德經》卷1「消除眾塵勞，越于四使瀆」，宋、元、明、宮本「使」作「駛」。《賢劫經》卷6「唯愍天世人，墮在四駛瀆」，聖本「駛」作「使」。又稱作「四使（駛）流」，《大方廣十輪經》卷1「是四使流生死橋梁」，宋、元、明、宮、聖本「使」作「駛」。《大方廣佛華嚴經》卷6：「彼悉能度四駛流，示導無畏解脫處。」又卷58：「乘大法船，濟四使流。」

（4）炊作飲食，破薪燃火（《佛說鼈喻經第三十五》）

校勘記：飲，宋、元、明本作「飯」。

按：「飲」是「飯」形誤。《生經》卷4《佛說菩薩曾為鼈王經第三十六》「破薪燃火，炊作飲食」，《經律異相》卷11、《法苑珠林》卷65、《諸經要集》卷8引作「炊煮飯食」。

（5）鼈馳走入大海水者，謂犯十惡，沒溺三惡地獄、餓鬼、畜生之中，若不可言（《佛說鼈喻經第三十五》）

　　按：2014 版 CBETA 校「若」作「苦」，是也。譚代龍氏失校（P166）。

（6）勸化不逮，皆欲使安（《佛說菩薩曾為鼈王經第三十六》）

　　校勘記：逮，宋、元、明本作「違」。

　　按：磧砂藏本、乾隆藏本亦作「違」。「不違」是「不達」形譌，與「不逮」皆不智之義。《生經》卷 4《佛說無懼經第三十二》：「講經論法，開化不逮。」《賢劫經》卷 5：「棄離自大，順從法律，以化不逮，是曰忍辱。」此「不逮」例。《佛說如幻三昧經》卷 2：「彼有菩薩，名文殊師利，成不退轉，手執利劍馳走向佛，欲得開化不達菩薩。」此「不達」例。

（7）於時鼈王出海於外，在邊臥息，積有日月（《佛說菩薩曾為鼈王經第三十六》）

　　按：出海於外，《經律異相》卷 11、《法苑珠林》卷 65、《諸經要集》卷 8 引作「出於海外」，當據乙正。譚代龍氏失校（P167）。

（8）入海淺水，自漬其身，除伏火毒，不危眾賈（《佛說菩薩曾為鼈王經第三十六》）

　　按：除伏，《經律異相》卷 11、《法苑珠林》卷 65、《諸經要集》卷 8 引作「除滅」。

（9）眾賈恐怖，謂海水漲，湖水卒至（《佛說菩薩曾為鼈王經第三十六》）

　　按：2014 版 CBETA 校「湖」作「潮」，是也。譚代龍氏失校（P168）。《經律異相》卷 11、《法苑珠林》卷 65 節引作「謂潮卒漲」；《諸經要集》卷 8 節引作「謂湖卒涁」，宋、元、明本「湖」作「潮」。

（10）鼈王報曰：「善哉！善哉！當如來言，各自別去。」（《佛說菩薩曾為鼈王經第三十六》）

　　按：如來，《法苑珠林》卷 65 引同，當據《經律異相》卷 11、《諸經要集》卷 8 引校作「如汝」。「汝」指代眾賈人。

（11）放恣情欲，噓天雅步（《佛說誨子經第三十八》）

譚代龍等曰：噓天：仰天吐氣。雅步：從容安閒地行走。（P173）

按：《四不可得經》「噓天推步，慕于世榮，不識天地表裏所由」，《法苑珠林》卷 69、《諸經要集》卷 13 引作「噓天獨步」。七寺本《淨度三昧經》卷 2：「逐世榮名，噓天稚步。」《法滅盡經》「貢高求名，虛顯雅步，以為榮〔貴〕，冀望人供養」，《華嚴經海印道場懺儀》卷 30 引同，《釋迦譜》卷 5 引作「噓天雅步」（元、明本「雅」作「推」），敦煌寫卷 S.2109 亦作「噓天雅步」，《經律異相》卷 6 引作「噓天推步」，《法苑珠林》卷 98 引作「虛無雅步」。當作「噓天雅步」。「噓天」典出《莊子·齊物論》「仰天而噓」。《法滅盡經》作「虛顯」者，「噓天」之轉語，而義因晦。《釋名》：「天，顯也，在上高顯也。」此其音轉之證。「雅步」非謂安閒地行走，與《生經》卷 4《水牛經第三十》「安詳雅步」不同，當是「邪（衺）步」借字，謂行步不正。《四自侵經》「自謂無憂高勝無上，虛天邪步，廣視裂目，不知天地日月之表」，宋、宮本「邪」作「雅」，元、明本作「推」；高麗本「邪」是正字。《大愛道比丘尼經》卷 2：「綺行雅步，亡失經道。」此例「雅步」亦是「邪步」。綺讀為奇，亦邪也。李維琦曰：「陸雲《大安二年夏……被命作此詩》：『騑騑駟牡，噓天載步。』《詩經》有『載馳載驅』的說法，陸雲本意是說駿馬昂首噴氣，馳驅奔騰。限於韻腳，不說『載馳』，也不說『載驅』。有可能是譯經者不太懂何以會用『載步』的道理，改為『雅步』。但仍覺不妥，又改而為『推步』。『雅步』、『推步』均未得其精要。」〔註34〕李說非是，佛經「雅步」與陸雲詩無涉，更與《詩經》無涉。

（12）時見古世一親親人，而為債主所見拘繫，縛在著樹而不得去（《佛說負為牛者經第三十九》）

譚代龍等曰：拘繫：拘禁。（P181）

按：「繫」當屬下句，「繫縛」成詞。下文云「遙見故舊為人所拘，負五十兩金，令不得去」，足證「拘」字句。《經律異相》卷 47 引作「逢見親舊為債主所拘，云負五十兩金，繫縛著樹」。

〔註34〕李維琦《佛典詞語匯釋》，湖南師範大學出版社 2004 年版，第 432～433 頁。李說又見《佛典中疑難詞語考釋例說》，收入《李維琦語言學論集》，語文出版社 2011 年版，第 68 頁。

（13）聖王報之：「解之令去，當倍卿百兩金。」（《佛說負為牛者經第三十九》）

按：「倍」即俗「賠」字，字亦作「陪」，音轉則作「負」、「備」。下文云「佛為卿行分衛倍償」，「倍償」即「賠償」。睡虎地秦墓竹簡《秦律十八種‧金布律》：「縣、都官坐效、計以負賞（償）者，已論，嗇夫即以其直（值）錢分負其官長及冗吏。」「負償」亦即「賠償」。

（14）會於佛所，稽首足下，遷住一面（《佛說光華梵志經第四十》）

譚代龍等曰：遷：移。（P184）

按：《濟諸方等學經》「來詣佛所，稽首足下，遷住一面」，宋、元、明、宮本「遷」作「還」。《普曜經》卷1「往詣佛所稽首足下，還住一面」，宋、元、明本「還」作「遷」。「遷」是「還」形誤〔註35〕。《大寶積經》卷9「繞佛七匝，還住一面」，《順權方便經》卷上「坐佛樹下而見如來，稽首足下，還住一面」，此其不誣之例。還，猶言退卻、返回。「卻住一面」、「退住一面」是佛經習語，例多不勝枚舉，《生經》卷2、3即有「卻住一面」，又卷5有「退住一面」，又卷1有「卻坐一面」，又卷2、4有「退坐一面」，其誼均同。茲舉唐寫本例證。敦煌寫卷S.2084《佛母經》：「爾時佛母遶棺三匝，卻住一面。」S.2692《法王經》：「繞佛三匝，卻住一面。」S.2474V《佛為心王菩薩說投陀經》卷上：「卻住一面。（原注：卻者，迴也，返照。住言不動。凝靜神明，故云一面也。）」P.2191《淨名經集解關中疏》卷下：「禮眾菩薩及大弟子，卻住一面。」〔註36〕

（15）身若果落，不久著樹（《佛說變悔喻經第四十一》）

譚代龍等曰：不久：不能長久地。（P187）

按：譚說非是。「不久」是時間副詞。著，依附。《圓覺經大疏釋義鈔》卷12「故如果落，還依樹開華也」，可以移釋本文。

（16）時天小熱，俱行欲洗，詣流水側（《佛說比丘尼現變經第四十三》）

校勘記：詣，宋、元、明本作「指」。

〔註35〕《史記‧秦本紀》「終年不還」，《韓子‧十過》、《說苑‧反質》「還」作「遷」。亦是其例。
〔註36〕大正藏本卷號誤標作「P.219」，于淑健君檢正，見其所著《敦煌本古佚與疑偽經校注》（稿本）。

按：「指」是「詣」形誤。欲洗，《經律異相》卷 23 引作「洗浴」。

（17）知世無常，三界如寄，其身化成，骨血不淨，無可貪者（《佛說比
丘尼現變經第四十三》）

按：貪者，《經律異相》卷 23 引作「貪著」，是也。著亦貪戀義。

（18）乃感比丘尼威德化眼（《佛說比丘尼現變經第四十三》）

按：「化眼」不辭，「眼」是「服」形誤。《博物志》卷 9「因服便去」，
《御覽》卷 790 引「服」作「眼」，是其相訛之例。

卷 五

（1）或有人說：「今此仙人，往古難及，當往啟受。」（《佛說蜜具經第
四十八》）

校勘記：下「往」，宋、元、明本作「住」。

按：「住」是「往」形誤，《經律異相》卷 40 引《蜜具經》作「當往」，又
「往古」誤作「佳吉」。

（2）天時霖雨，泥溺叵行，又不能飛，徐徐自曳，歸到其巢（《佛說雜
讚經第四十九》）

校勘記：曳，宋、元、明本作「伸」。

譚代龍等曰：曳：牽引，拖。（P218）

按：磧砂藏本、乾隆藏本亦作「伸」。「伸」是「曳」形誤。曳，讀作趹、
逇，本字《說文》作「趨」，跳也。P.2011 王仁昫《刊謬補缺切韻》：「趹，
跳，亦作跡。」《集韻》：「趨，超踰也，或作趹、跙、逇，通作迣。」言烏鳥
毛羽被拔，不能飛行，乃徐徐跳躍而歸其巢。

（3）我如所念如所造，卿所讒唽多所貪（《佛說雜讚經第四十九》）

校勘記：唽，明本作「折」。

譚代龍等曰：讒唽：好以讒言誹謗他人。（P219）

按：譚說乃本於《漢語大詞典》〔註37〕，望文生義，非是。①讒唽，磧
砂藏本、乾隆藏本同，《玄應音義》卷 12、《可洪音義》卷 13 亦同，《慧琳音

〔註37〕《漢語大詞典》（縮印本），漢語大詞典出版社 1997 年版，第 6704 頁。

義》卷 55 音誤作「纔呢」。玄應注云：「側鎋、中鎋二反。唧呢，鳥悲也。」
慧琳轉錄作：「唧呢，鳥悲也。《離騷》『唧呢而悲鳴』是也。」「唧呢而悲鳴」
出自《楚辭・九辯》，《玄應音義》卷 7、《慧琳音義》卷 28、96、《白氏六帖事
類集》卷 29 引「唧呢」作「嘲呢」，《文選・藉田賦》、《雜體詩》、《反招隱詩》
李善注三引同；《慧琳音義》卷 4、《說文繫傳》「鶛」字條引「唧呢」作「嘲
唶」，《文選・北征賦》、《笙賦》李善注二引同；《玉篇》「唧」字條引作「唧
哲」〔註38〕。「哲」是「呢」形符移位異體字，與「明哲」之「哲」是同形異
字。「纔呢」是「嘲呢」、「唧呢」轉語，鳥鳴聲，此文狀鳥多言貌。幽部字「唧」
旁轉入宵部作「嘲」〔註39〕，幽部字「唧」旁轉入談部作「纔」〔註40〕，宵
部字「嘲」對轉入談部亦作「纔」〔註41〕。《慧琳音義》卷 99：「唧唶：顧野

〔註38〕 劉師培《楚辭考異》有誤校、失校、誤記卷號的情況，崔富章等主編《楚辭集
校集釋》、黃靈庚《楚辭集校》照錄劉說，而不知檢正。劉師培《楚辭考異》，
收入《劉申叔遺書》，江蘇古籍出版社 1997 年版，第 1153 頁。崔富章、李大
明主編《楚辭集校集釋》，湖北教育出版社 2003 年版，第 2051 頁。黃靈庚《楚
辭集校》，上海古籍出版社 2009 年版，第 283 頁。

〔註39〕 幽、宵旁轉是古音學常識。「周」聲、「朝」聲相通之例參見張儒、劉毓慶《漢
字通用聲素研究》，山西古籍出版社 2002 年版，第 218～219 頁。《廣韻》「唧」、
「嘲」同音陟交切。「僬僥」轉語作「周饒」，亦其比。

〔註40〕 章太炎《文始》卷 7 論及「幽部與談、盍為次旁轉」，舉例有「吟」轉作「噞」，
「搔（騷）」轉作「蔋」，「黝」轉作「黵」等字，收入《章太炎全集》，上海人
民出版社 2014 年版，第 380、384、386 頁。王玉堂《侵宵對轉說與詞的音義
關係研究》有補證，《古漢語研究》1991 年第 3 期，第 50～51 頁。吳澤順《漢
語音轉研究》亦有補證，嶽麓書社 2006 年版，第 228 頁。

〔註41〕 《說文》：「誂，從言少聲。讀若麃。」又「纔，帛雀頭色。讀若纔。從糸毚聲。」
又「毚，狡兔也。」下二例是聲訓，「雀」本從少得聲。《集韻》：「嚵，謙言。」
「謙」是「誂」同音借字（「抄」同「操」，是其比）。此均宵部字「少」、「巢」、
「交」與談部字「毚」相轉之證。章太炎較早提到上古音宵、談對轉，其後王
玉堂、施向東、馮蒸、龍宇純、裘錫圭各有補證。西晉竺法護此例「嘲」對轉
作「纔」，蓋乃上古音之遺留。章太炎《國故論衡》卷上《成均圖》（校定本），
收入《章太炎全集》，上海人民出版社 2017 年版，第 175 頁。章說又見《文
始》卷 9，收入《章太炎全集》，上海人民出版社 2014 年版，第 440 頁。王玉
堂《侵宵對轉說與詞的音義關係研究》，《古漢語研究》1991 年第 3 期，第 48
頁。施向東《試論上古音幽宵兩部與侵緝談盍四部的通轉》，中國音韻學會第
6 屆年會論文（山東威海 1992 年）；後發表於《天津大學學報》1999 年第 1
期，第 20～25 頁。馮蒸《上古漢語的宵談對轉與古代印度語言中的-am》-o，
-u 型音變》，《古漢語研究》1993 年第 3 期，第 53～59 頁。龍宇純《上古音芻
議》，《歷史語言研究所集刊》第 69 本第 2 分，1998 年版，第 378～380 頁。
裘錫圭《從殷墟卜辭的「王占曰」說到上古漢語的宵談對轉》，《中國語文》

王云：『嘲哳，大鳥鳴也。』《考聲》：『嘲哳，鳥聲貌也。』喝或作嘲，哳或作喋，並通用。」《廣韻》：「哳，嘲哳，鳥鳴。」《集韻》：「喋，嘲喋，鳥聲。」《類聚》卷 97 引梁昭明太子《蟬贊》：「茲蟲清潔，惟露是餐。寂寞秋序，咽哳夏闌。」「咽哳」是「喝哳」形誤。②段玉裁曰：「喝，大聲。哳，小聲也。」〔註 42〕「喝哳」是「喝喝哳哳」省文。「喝喝」狀多聲，《禽經》：「鷁雀喝喝，下齊眾庶。」也作「嘲嘲」，柳宗元《放鷓鴣詞》：「楚越有鳥甘且腴，嘲嘲自名為鷓鴣。」南宋俞德鄰《貓燕行》：「可憐乳燕未出巢，探頭思乳聲嘲嘲。」「喝喝」轉語作「咮咮」、「朱朱」、「袾袾」，古音周、朱相轉〔註 43〕，《集韻》「咮」、「喝」同音張流切。《道德指歸論·至柔章》：「天下惝惝，咮咮喁喁，不知若戇，無為若雛，生而不喜，死而不憂。」〔註 44〕又《上德不德章》：「天下咮咮喁喁，皆蒙其化而被其和。」《廣韻》：「咮，鳥聲。」《御覽》卷 918 引《風俗通》：「呼雞朱朱。」雞聲「朱朱」，與鳥聲「咮咮」一也。《全唐詩》卷867《原陵老翁吟》「拿尾研動，袾袾喋喋」，明刻本《太平廣記》卷 448 引同，宋人吳聿《觀林詩話》引形誤作「袾袾喋喋」〔註 45〕。「袾袾喋喋」即「咮咮哳哳」，亦即「喝喝哳哳」轉語。古音朝、朱亦相轉，元刻本《白虎通·禮樂》「侏離者，萬物微離地而生」，《禮記·明堂位》孔疏引「侏離」作「朝離」。俗語「喝喝」又轉作「叨叨」、「刀刀」，古音周、刀相轉〔註 46〕。《古尊宿語錄》卷 30《龍門偶作》：「叨叨林鳥啼，披衣中夜坐。」《嘉泰普燈錄》卷 11作「刀刀」。《說文》：「喝，喝嘍也。」「喝嘍」倒文轉作「唧嘈」、「膠轕」，俗語又轉作「嘮叨」，重言曰「嘮嘮叨叨」。小蟬一曰「蚻蟧」，得名於其聲叨嘮繁雜，即喝嘍也。《文選·北征賦》「鴈邕邕以群翔兮，鵾雞鳴以嚌嚌」，顯然化自《楚辭》：「鴈廱廱（噰噰）而南遊兮，鵾雞喝哳而悲鳴。」李善注：「嚌嚌，眾聲也，音喋。」《文選·笙賦》：「含唱嘽諧，雍雍喋喋，若群雛之從母也。」「邕邕嚌嚌」即「雍雍喋喋」。「嚌嚌」是「喋喋」轉語，《詩·風雨》「雞

2002 年第 1 期，第 70～76 頁；又收入《裘錫圭學術文集》卷 1，復旦大學出版社 2012 年版，第 485～494 頁。此上部分材料承孟蓬生教授、龐光華教授檢示，謹致謝忱！
〔註 42〕段玉裁《說文解字注》，上海古籍出版社 1981 年版，第 59 頁。
〔註 43〕相通之例參見蕭旭《馬王堆帛書〈木人占〉校補》。
〔註 44〕此據祕冊彙函本、津逮祕書本、四庫本，道藏本「咮咮」形誤作「味味」。
〔註 45〕四庫本、補守山閣叢書本、湖北先正遺書本均誤同。
〔註 46〕相通之例參見張儒、劉毓慶《漢字通用聲素研究》，山西古籍出版社 2002 年版，第 133～134 頁。

嗚喈喈」是也，與「哳哳」亦是轉語。《太玄・樂》：「鐘鼓喈喈，管絃嚌嚌，或承之衰。」「嚌嚌」與「喈喈」轉語，音轉之詞屬文〔註47〕，其誼一也。「哳哳」猶言「札札」，《集韻》：「吃，吃吃，聲也。」又「叱，鳥聲。」「吃吃（叱叱）」是其俗字。蟲聲曰「虬虬（蛪蛪）」，水聲曰「汃汃」，車聲曰「軋軋」，其誼亦一也。姜亮夫曰：「『啁哳』雙聲聯綿詞，猶後世言『嘈雜』矣。馬融《長笛賦》『啾咋嘈碎（啐）』，『嘈碎（啐）』即今言『嘈雜』矣。」〔註48〕馬融賦「嘈啐」是「嘈啈（啐）」形誤〔註49〕。「啐」是月部字，正與「折」聲字同部，「嘈啐」又轉作「嘈囋」，亦是「啁哳」轉語。③《正法華經》卷2「彼男子者，無黠無明，所在慳貪，性常嚵哳」，宋、元、明、宮本作「嚵哳」；《玄應音義》卷7作「嗅哳」，注云：「陟黠反。《楚辭》：『嘲哳，鳥鳴也。』案字義宜作『呹』，烏交反，江南以多聲為『呹咋』。咋音仕白反。」《慧琳音義》卷28轉錄同。《可洪音義》卷5作「嗅唽（哳）」，注云：「陟轄反，鳥鳴也。《經音義》云『宜作吙（呹），馬（烏）交反』。」「嗅」是「嚵」形誤，亦「嘲」轉語。「哳」當從斤作「听」，從折省聲〔註50〕，即「哳」字，與笑貌之「听」（非「聽」字）是同形異字。真大成曰：「『嚵』是隨意多話、插嘴之義。『嚵哳』謂輕易插嘴、隨便說話。《生經》『讒哳』當即『嚵哳』。『讒』非『讒言』

〔註47〕古人自有此句法，《荀子・禮論》「躑躅焉，踟躕焉」，「躑躅」即「踟躕」轉語。《淮南子・俶真篇》「蕭條霄霓」，「霄霓」即「蕭條」轉語。又「搖消掉捎仁義禮樂」，「搖消」即「掉捎」轉語。劉歆《遂初賦》「寥琫窗以梟窂」，「梟窂」是「廖琫」倒語之轉。《文選》馬融《長笛賦》「庨窌巧老」，《漢書・司馬相如傳》《上林賦》「柴池茈虒」，又《揚雄傳》《甘泉賦》「柴虒參差」，《文選・洞簫賦》「阿那腲腇者已」，亦其例。《文選・高唐賦》「縱縱莘莘」，「縱縱」、「莘莘」亦音轉。《老子指歸・善為道者章》「沌沌偆偆」，「偆偆」即「沌沌」轉語。《古文苑》卷6後漢黃香《九宮賦》「蚩尤之倫，玢璘而要斑斕」，又「聲淳淪（一作『綸』）以純侖」，「斑斕」即「玢璘」轉語，「純侖」即「淳淪」轉語。《北史・高昂傳》「昂，字敖曹……（其父）以其昂藏敖曹，故以名字之」，「敖曹」、「昂藏」音相轉。

〔註48〕姜亮夫《楚辭通故》（四），收入《姜亮夫全集》卷4，雲南人民出版社2002年版，第494頁。姜氏引「啐」誤作「碎」。

〔註49〕參見胡紹煐《文選箋證》卷19，黃山書社2007年版，第482～483頁。《集韻》以「啐」為「啈」異體，實是形誤字耳。

〔註50〕郭店楚簡《五行》「君子誓其〔獨也〕」，《克鼎銘》「盄（淑）悊氒德」，「誓」、「悊」都從折省聲，即「悊」字異體。是古有此例。《集韻》「斦」訓夭死，是「折」分別字，「斦」亦是從折省聲，即「殲」字（《改併五音類聚四聲篇海》：「殲，音制，前也。」「前」當作「死」）。

之『讒』，而是同『嚵』。說鳥夫讒唭，是埋怨它胡亂說話，多嘴。」〔註51〕
裘雲青曰：「《玉篇》：『嗜，欲也。唭，古文。』……『讒唭』即『饞嗜』。『讒』
同『嚵』，是『饞』的異體，『听』和『唭』是『唭』的譌誤。」〔註52〕二氏均
未得。④《莊子·齊物論》：「厲風濟則眾竅為虛，而獨不見之調調、之刁刀
乎？」一本「刀刀」作俗字「刁刁」〔註53〕。郭象注：「調調、刀刀，動搖貌
也。言物聲既異，而形之動搖亦又不同也。動雖不同其，得齊一耳。豈調調獨
是，而刀刀獨非乎？」《釋文》引向秀曰：「調調、刁刁，皆動搖貌。」林希逸
曰：「調調、刁刁，皆樹木為風所搖動之形。」余謂「調調刀刀」即「啁啁刀
刀」，亦音轉之詞連文，狀風聲，風搖樹動，故向、郭二氏訓動搖貌，指林葉
動搖也。馬敘倫曰：「調刀者，『橾招』之假。《說文》曰：『橾，樹動也。招，
樹橾貌。』」〔註54〕朱桂曜曰：「『刀』、『刁』蓋皆『勻』之壞字。勻，調勻也。」
〔註55〕二氏均未得，朱氏改字尤誤。成善楷從朱說改字〔註56〕，是謂無識。

（4）爾時有一比丘新學，遠來客至此國諸比丘，欲求猗籌（《佛說驢駝 經第五十》）

譚代龍等曰：猗：通「倚」，依靠。籌：用於投票的竹木薄皮。「猗籌」指
決定外來比丘是否可以依止的投票行為。（P220）

按：譚氏臆說，非是。猗，讀作筍，箭杆也。俗字亦作筈，《道地經》：
「持筈作枕，聚土中臥。」《慧琳音義》卷75：「持籌：《說文》：『籌，算也。』
經文從奇作筈，錯書也。」《可洪音義》卷21：「持筈：下宜作『碕』，石也。」
慧琳、可洪二氏改字均未得。筈籌者，猶言箭籌。《儀禮·鄉射禮》：「箭籌八
十，長尺有握。握素，楚撲長如筍。」鄭玄注：「箭，篠也。籌，算也。」賈
公彥疏：「注釋曰『箭，篠也』者，謂以箭為籌射之耦。」篠，小竹也。

〔註51〕真大成《〈正法華經〉疑難詞語釋義三題》，收入《歷史語言學研究》第10輯，
　　　　商務印書館2016年版，第190～191頁。
〔註52〕裘雲青《〈生經〉詞語選釋六則》，《漢語史學報》第20輯，上海教育出版社
　　　　2018年版，第52頁。
〔註53〕元刻纂圖互注本、世德堂本作「刀」，《玉篇》「刀」字條引同，趙諫議本（蜀
　　　　本）作「刁」。
〔註54〕馬敘倫《莊子義證》卷2，收入《民國叢書》第5編，上海商務印書館1930
　　　　年版，本卷第4頁。
〔註55〕朱桂曜《莊子內篇證補》，上海商務印書館1935年版，第44頁。
〔註56〕成善楷《莊子箋記》，巴蜀書社2010年版，第14頁。

（5）新學比丘復取衣鉢，取主比丘撾捶榜笞，就地縛束，猶繫其口
　　（《佛說驢駝經第五十》）

　　校勘記：猶，宋、元、明本作「撙」。

　　按：磧砂藏本、乾隆藏本亦作「撙」，《可洪音義》卷 13《生經音義》作
「攙」，注云：「上茲損反，泥也，正作撙。」趙家棟說「泥是減字殘損」，引
P.2011 王仁昫《刊謬補缺切韻》：「劗，茲損反，減。」「撙」訓減不合文義，
可洪說誤。「猶」當作「揂」，「撙」又「揂」形誤。揂，讀作鼞、摯。《說文》：
「鼞，收束也，讀若酋。」《玉篇》：「鼞，收束也，堅縛也，亦作摯。」

（6）時眾人見微妙殊好，羽翼殊特，行步和雅，所未曾有（《佛說孔雀
　　經第五十一》）

　　校勘記：特，宋、元、明本作「傑」。和，宋、元、明本作「弘」。

　　按：磧砂藏本、乾隆藏本「和」亦作「弘」。《經律異相》卷 39 引《孔雀
經》「特」作「傑」，「和」作「弘」，與宋本等合。「弘」是「和」形誤，《最勝
問菩薩十住除垢斷結經》卷 1：「出入行步和雅安詳。」

（7）今我等察錦盡手稽首面見，聞說法律，尋時出家，而為沙門（《佛
　　說仙人撥劫經第五十二》）

　　校勘記：稽，宋、元、明本作「啟」。

　　按：據上文，「錦盡手」是人名。磧砂藏本、乾隆藏本「稽」亦作「啟」。
啟，讀作稽。《家語·曲禮子貢問》「拜而後啟顙」，《禮記·檀弓上》「啟」作
「稽」。S.4690V「啟首歸依三學滿」亦作借字，P.2237「稽首歸依十方世界清
淨法身」則作正字。

（8）嗚呼唉痾，純為是驢（《佛說譬喻經第五十五》）

　　按：《玄應音義》卷 12：「唉痾：於來反。《說文》：『膺聲也。』《蒼頡
篇》『唉，吟也。』《字書》：『慢膺也。』下又作『痾』（引者按：此字疑當
作『疴』），同，於何反。吟音於禮反。」《慧琳音義》卷 55 轉錄同。《可洪
音義》卷 13：「唉痾：上於其反，下烏嫁反。驢聲也。下正作欸。」玄應說
誤，可洪說是。古音亞、可聲轉，自古如此，故「欸」音轉作「痾」字。章
太炎曰：「凡亞聲語，後多轉為可聲，如《易》云『笑言啞啞』，《廣雅》轉

為『歏歏、嗰嗰、呵呵』等語是也。」〔註57〕王國維指出《石鼓文》「亞箬」
是「阿儺」、「猗儺」音轉〔註58〕，亦即「阿那」音轉。《玄應音義》卷8「聾
瘂」條、卷12「瘂或」條並云：「於假反，經文作痾。」《普曜經》卷5「聾
盲瘖痾皆悉解」，宋、元、明本「痾」作「瘂」。《道行般若經》卷8「不復盲
聾瘖痾歐（傴）」，元、明、聖本「痾」作「瘂」。皆是其證〔註59〕。P.2011 王
仁昫《刊謬補缺切韻》、裴務齊《正字本刊謬補缺切韻》並云：「歏，驢鳴。」
「唉」當音許其切，「唉歏」亦作「歖歏」、「歖歏」，古音矣、喜通。《弘明
集》卷8僧順《答道士假稱張融三破論》：「釋曰：噫唉！何子之難喻耶？」
《二諦義》卷上：「噫嘻！中世以隆，其學不傳，其書將泯。」「噫唉」即「噫
嘻」〔註60〕。「娭」或作「嬉」，「誒」或作「譆」，「烓」或作「熺」，均是其
證。P.2011 王仁昫《切韻》：「歖，於几反，歖歏，驢鳴。」〔註61〕《集韻》：
「歖、歖，隱几切。歖歏，驢鳴。或省。」又轉作「歐歏」，《玉篇殘卷》：
「歏，於訝反。《蒼頡篇》：『吹（歐）歏也。』《字指》：『歏，驢鳴也。』」
〔註62〕《玉篇》：「歏，歐歏，驢鳴。」《廣韻》：「歏，歐歏，驢鳴。歐，乙
利切。」《集韻》：「歏，歐歏也。」

2020 年 4 月 3～15 日初稿，4 月 18 日二稿，4 月 24 日三稿，2021 年 5
月 27 日補記「㑒囚」條新見之方一新、李玉平論文。

〔註57〕章太炎《新方言》卷 4，《章太炎全集（7）》，上海人民出版社 1999 年版，第
92 頁。
〔註58〕王國維《觀堂別集》卷 2《明拓〈石鼓文〉跋》，收入《觀堂集林》附錄，中
華書局 1959 年版，第 1226 頁。
〔註59〕《普曜經》等二例承趙家棟博士檢示，謹致謝忱！
〔註60〕此例承趙家棟博士檢示，謹致謝忱！
〔註61〕裴務齊《切韻》「歏」上脫「歖」字。
〔註62〕胡吉宣校「吹」作「歐」是也，但謂《字指》「歏」上奪「歐」字則誤。胡吉
宣《玉篇校釋》，上海古籍出版社 1989 年版，第 1941 頁。

《拾遺記》校補

　　《拾遺記》也稱作《拾遺錄》，東晉王嘉（字子年）撰，梁蕭綺錄，今存殘本 10 卷，是六朝志怪小說的代表作之一。今人齊治平以明世德堂翻宋本為底本作《校注》，重印本書後附錄《校記訂補》[註1]。

　　本文引用類書，《藝文類聚》省稱作《類聚》（據宋刻本），《北堂書鈔》省稱作《書鈔》（據孔廣陶刻本），《白氏六帖事類集》省稱作《白帖》（據宋刻本），《初學記》（據古香齋刻本），《太平廣記》省稱作《廣記》（據明代許刻本），《太平御覽》省稱作《御覽》（據宋刻本），《事類賦注》（據宋刻本）。《說郛》卷 30 有《拾遺記》節錄本（據涵芬樓刻本）。《記纂淵海》據四庫本，另有宋刻殘本，如據宋本，文中皆作標注。

卷一校補

（1）所都之國

　　按：《紺珠集》卷 8、《記纂淵海》卷 8 引作「所居之都」。

（2）絲桑為瑟

　　按：《路史》卷 10：「絙桑為三十六絃之瑟。」《文選·白頭吟》李善注引桓子《新論》：「神農始削桐為琴，繩絲為絃。」「絲桑」不辭，此文有脫誤，當作「繩絲為絃，絙桑為瑟」。絙亦作緪，引急也。

（3）均土為塤

　　齊治平曰：《路史·後紀一》云：「灼土為塤。」羅氏常引本書，或其所見

〔註1〕齊治平《拾遺記校注》，中華書局 1981 年版，2015 年重印。

本作「灼」。（P3）

　　按：《文獻通考》卷 135 引本書亦作「灼土為塤」。「均」是「灼」形誤。
灼，燒也。《周禮·春官·小師》鄭玄注：「塤，燒土為之。」《書鈔》卷 111 引
《三禮投壺圖》：「壎，燒土為之。」《風俗通·聲音》：「塤，燒土〔為〕也。」
〔註2〕「塤」是「壎」俗字。

（4）位居東方，以含養蠢化，叶於木德，其音附角，號曰木皇

　　按：附角，《永樂大典》卷 15951 引誤作「附甲」。古書言木德者其音角。
《淮南子·天文篇》：「東方，木也……其音角。」又《時則篇》：「孟春之月
……其位東方，其日甲乙，盛德在木，其蟲鱗，其音角。」《董子·五行五
事》：「風者，木之氣也，其音角也。」《論衡·感虛》：「清角，木音也。」

（5）朱草蔓衍於街衢，卿雲蔚藹於叢薄

　　齊治平曰：蔚藹，光華油潤之貌。（P6）

　　按：齊氏臆說無據。蔚藹，亦作「蔚靄」，猶言幽蔚隱藹〔註3〕，形容濃
盛貌。《靈寶無量度人上品妙經》卷 7：「飛雲蔚藹，朗燿大虛。」又卷 17：
「七色蔚靄，洞煥高空。」又音轉作「鬱藹」、「鬱靄」，《抱朴子外篇·博喻》：
「桑林鬱藹，無補柏木之淒冽。」《黃庭內景玉經·靈臺章》：「靈臺鬱藹望黃
野，三寸異室有上下。」《靈寶無量度人上品妙經》卷 2：「靈綱鬱靄，徧周
化境。」

（6）井中之金柔弱，可以緘縢也

　　按：《御覽》卷 189 引「柔」形誤作「桑」。

（7）變乘桴以造舟楫，水物為之祥踴，滄海為之恬波

　　齊治平曰：《稗海》本、《御覽》卷 769 作「翔踴」，毛校作「祥湧」。（P10）

　　按：四庫本作「翔踴」，《古今逸史》本、子書百家本作「祥踴」。「祥湧」、
「祥踴」均不辭，當據《御覽》作「翔踴」，音之誤也。翔踴，猶言騰躍。
《拾遺記》卷 1「顓頊」條：「鯨鯢游湧，海水恬波」，「游湧」義同。《御覽》
引「桴」形誤作「採」。

〔註2〕「為」字據《御覽》卷 581 引補。《御覽》復有「塤，一作『壎』字也」六字，
　　　　當是疑注文。
〔註3〕晉郭璞《巫咸山賦》：「林薄叢籠，幽蔚隱藹。」

（8）詔使百辟群臣受德教者，先列珪玉於蘭蒲席上

　　齊治平曰：《類說》引作「先列珪玉於蘭臺」。（P10）

　　按：《類說》卷5所引非是。《御覽》卷709、《路史》卷14引同今本作「蘭蒲席上」，《雲笈七籤》卷100同。《路史》卷14又引《封禪記》：「黃帝列圭玉蘭蒲席上。」「蘭蒲」是草名，《水經注·渠水》引《陳留風俗傳》：「北有牧澤，中出蘭蒲。」

（9）故甯先生游沙海頌云

　　按：《御覽》卷939引「沙海」誤作「涉」，「云」誤作「亡」。

（10）以桂枝為表，結薰茅為旌

　　齊治平曰：薰茅，一種香草。（P14）

　　齊治平《訂補》曰：薰茅，《永樂大典》卷2246引作「芳茅」。（P261）

　　按：《永樂大典》見卷2346，齊氏誤記卷號。《說郛》卷30引下句同，《御覽》卷9、《記纂淵海》卷2引作「結芳茅為旍」。「旍」同「旌」。「薰茅」別無所考，疑當作「芳茅」。本書卷8：「（童女）又授以芳茅一莖。」〔註4〕《御覽》卷689引本書：「禮敬國，其俗人年三百歲，而織芳茅以為衣蓋。」〔註5〕

（11）皇娥倚瑟而清歌曰：「天清地曠浩茫茫，萬象迴薄化無方。涵天蕩蕩望滄滄，乘桴輕漾著日傍。當其何所至窮桑，心知和樂悅未央。」

　　按：其，讀作期。何所，猶言何時。《三洞群仙錄》卷1引「其」作「期」。《說郛》卷30引「涵天」作「蒼天」，「其」亦作「期」。《漢語大字典》：「涵，同『涵』，沉沒，浸在水中。」並引此例為證〔註6〕。「涵天」不辭。涵，讀為喊，亦作噉、譀，怒呼也。俗作嗺，《集韻》：「嗺，吼也。」

（12）有浮金之鐘，沉明之磬，以羽毛拂之，則聲振百里

　　按：沉明，《古今逸史》本、四庫本同，《紺珠集》卷8引亦同；子書百家本作「沈明」，《類說》卷5引同。《三洞群仙錄》卷1引作「沉羽」。「沉明」不辭，當是「沉羽」形誤，與「浮金」對文。《抱朴子內篇·地真》：「金沈羽

〔註4〕《永樂大典》卷13140引誤作「又授一芳一莖」。
〔註5〕本書卷1明刻本作「而織茅為衣」。
〔註6〕《漢語大字典》（第二版），崇文書局、四川辭書出版社2010年版，第1747頁。

浮，山峙川流。」《抱朴子外篇・交際》：「夫操尚不同，猶金沈羽浮也。」「金沈羽浮」是常情，《拾遺記》則反言之，以狀其奇異。南宋磧砂藏本《廣弘明集》卷 16 沈約《瑞石像銘》：「良由法身是託，不溺沉弱之淵；剖析既離，方須浮金之水。」「沉弱」必是「沉羽」形誤，元刻本誤同，高麗本作「沈玉」誤，宋本作「沈溺」尤誤。

（13）韓終採藥四言詩曰：「闇河之桂，實大如棗。得而食之，後天而老。」

　　按：《類聚》卷 89 引「棗」誤作「栗」。上文「闇河之北，有紫桂成林，其實如棗」云云，是「棗」字。

（14）帝德所洽，被於殊方

　　按：《廣記》卷 403 引作「帝德所被，殊方入貢」。被，覆也。《拾遺記》卷 1「虞舜」條云「德之所洽，群祥咸至矣」。

（15）死則破其腦視之

　　按：破，《廣記》卷 403 引作「扣」。

（16）腦色白者，多力而怒

　　齊治平曰：《稗海》本、《廣記》卷 403「怒」作「鷙」。（P21）

　　按：四庫本亦作「鷙」。字作「怒」為長，指性劣。《淮南子・墜形篇》「多力而巏」，《御覽》卷 952 引「巏」作「惡」，《大戴禮記・易本命》作「拂」，盧辯注：「拂，戾也。」

（17）隨帝世之汙隆，時淳則露滿，時澆則露竭

　　按：方以智曰：「汙隆，一作『窊隆』、『窳隆』……窊、窳皆與汙通聲。」〔註7〕《說文》：「窊，污衺，下也。」

（18）堯登位三十年，有巨查浮於西海，查上有光，夜明晝滅

　　齊治平曰：查，同「楂」，亦作「槎」，水中浮木。（P24）

〔註7〕方以智《通雅》卷 7，收入《方以智全書》第 1 冊，上海古籍出版社 1988 年版，第 282 頁。

按：①查，《三洞群仙錄》卷8引同，《示兒編》卷13引作「查」〔註8〕，《苕溪漁隱叢話》後集引作「楂」，《癸辛雜識》前集、《四六標準》卷1引作「槎」。從旦之「查」、「楂」是俗謁字，當從旦作「查」及「楂」，故與從差得聲之字「槎」為轉語。古音且聲、差聲相通，《說文》：「𪎭，從鹵，𡍩（差）省聲。河內謂之𪎭，沛人言若盧。」《淮南子·道應篇》「差須夫子也」，《說苑·指武》作「且待夫子也」。《史記·蕭相國世家》「鄼侯」，《集解》：「按茂陵書，蕭何國在南陽，宜呼讚，今多呼嵯。『嵯』舊字作『𨜈』。」金文及書傳「叔」、「祖」、「且」用作嘆詞「嗟」〔註9〕。新蔡楚簡甲一24、甲二25、甲二34「瘧」、「虡」用作「瘥」〔註10〕，上博楚簡（四）《柬大王泊旱》簡20「瘧」用作「瘥」〔註11〕，清華簡（十）《病方》簡2「瘧」用作「瘥」〔註12〕。「鉏鋙」、「鉏牙」、「齟齬」、「楂牙」音轉作「槎牙」、「嗟呀」、「齟齬」〔註13〕。《廣韻》「查」、「楂」或作「槎」〔註14〕。《慧琳音義》卷72「槎」或作「楂」。《正法華經》卷2「皆共齾掣」，宋、元、明、宮本「齾」作「攎」，《玄應音義》卷7改作「攎」，指出「經文作齾，齾非此用」。都是其例也。②《博物志》卷3：「有浮槎去來不失期……乘槎而去。」S.2072《琱玉集》、《書鈔》卷150、《類聚》卷65、《御覽》卷8、25、60引「槎」作「查」，《玉燭寶典》卷7、《白帖》卷1、《事類賦注》卷6引作「查」（原刻字形分別作「查」、「查」、「查」），宋刊《類聚》卷8引作「楂」（原刻字形作「楂」）。S.2072「查」字誤，《寶典》《白帖》作「查」、《類聚》作「楂」不誤。唐《禹璜靈泉寺題記》：「雖乘查之問霄漢，入壺而觀太虛，未必多此。」字形作「查」亦不誤。水中浮木曰查，水中浮草曰苴，其義一也。《方言》卷9：「舟，自關而西謂之船，自關而東或謂之舟……小舸謂之艖。」《廣雅》：

〔註8〕《示兒編》據知不足齋叢書本。引下文又作「查」。

〔註9〕參見楊樹達《全盂鼎跋》、《小臣𧅤𣪘跋》，收入《積微居金文說》卷2、4，中華書局1997年版，第42、103頁。

〔註10〕參見《新蔡葛陵楚墓》整理者說，大象出版社2003年版，第187、188頁。

〔註11〕參見《上海博物館藏戰國楚竹書（四）》整理者說，上海古籍出版社2004年版，第213頁。

〔註12〕參見《清華大學藏戰國竹簡（十）》整理者說，中西書局2020年版，第155頁。

〔註13〕參見蕭旭《「齟齬」考》，收入《群書校補（續）》，花木蘭文化出版社2014年版，第2383～2389頁。

〔註14〕《廣韻》據澤存堂本，《鉅宋廣韻》、黑水城殘卷本同，覆元泰定本誤作「查」、「楂」。蔡夢麒《廣韻校釋》自稱以澤存堂本作底本，以《鉅宋廣韻》等各本校對，而亦竟誤作「查」、「楂」，殊疏（嶽麓書社2007年版，第355頁）。

「艖、舣，舟也。」「舣」同「艖」，是「槎」指船的專字。

（19）穴中有水，其色若火，晝則通曨不明，夜則照耀穴外

齊治平曰：通曨，亦作「瞳朧」，光線微弱之狀。（P24）

按：《說郛》卷 30 引作「通朧」。「瞳朧」當作「瞳曨」，日不明貌，亦作「晍曨」。月不明貌曰「曈朧」，同源詞也。也作「通籠」、「通朧」，明翻宋刊《江文通文集》卷 2《赤虹賦》：「霞晃朗而下飛，日通籠而上度。」《類聚》卷 2 引同，《初學記》卷 2 引作「通曨」。《周書·劉璠傳》《雪賦》：「曉分光而映淨，夜合影而通朧。」〔註15〕《初學記》卷 2 引同，《類聚》卷 2 引作「通曨」。

（20）遊海者銘曰「沉燃」，以應火德之運也

齊治平曰：銘，當作「名」。（P24）

按：不煩改字。「銘」是「名」增旁分別字。《國語·魯語下》「故銘其栝曰『肅慎氏之貢矢』」，亦其例。字亦作「詺」，辨別物名也。

（21）堯在位七十年，有鸞雛歲歲來集，麒麟遊於藪澤，梟鴟逃於絕漠

按：《御覽》卷 29、《路史》卷 20、《廣記》卷 460 引「七十年」作「七年」，「七」、「十」形近而致誤衍「十」字。今本《竹書紀年》卷上亦說「（堯）七年，有麟」。王國維說本書作「七十年」是，《紀年》、《路史》作「七年」誤〔註16〕，未必確也。宋人所見本書皆無「十」字，本書明刻本不足據。又《路史》引「絕漠」作「絕域」。

（22）有祗支之國獻重明之鳥，一名雙睛

按：祗支，《紺珠集》卷 8 引同，《古今逸史》本作「秖支」，《御覽》卷 29 引作「祗友」，《廣記》卷 460 引作「折支」，《說郛》卷 30 引作「祇支」。「友」是「支」形譌，「折」是「祈」形譌。其上字從氐或從氏與「祈」都是音轉，從氐為上。Φ263+Φ326「於是天神執蓋，下接幽魂；地祇捧花，上乘其足」，S.6417「地祇」作「地折」，S.5957 作「地析」，P.3084+3765 作「地祈」。

〔註15〕《初學記》卷 2 引「分光」作「連光」，蓋誤。《類聚》卷 2 引作「攝光」。
〔註16〕王國維《今本竹書紀年疏證》，收入《王國維全集》卷 5，浙江教育出版社、廣東教育出版社 2009 年版，第 207 頁。

S.3427「土地靈祈」，P.2807、S.5589 作「靈祇」。雙晴，《御覽》引作「重精」，《廣記》引作「重晴」。

（23）飴以瓊膏

齊治平曰：飴，音寺，飼也。《說郛》本作「飼」。（P25）

按：《廣記》卷 460 引作「飴」，《御覽》卷 29 引作「食」，《說郛》卷 30 引作「飼」。「飴」同「飼」。飼，食也。本書卷 2：「飴以雲實。」

（24）國人莫不掃灑門戶，以望重明之集

按：望，《御覽》卷 29 引同，《廣記》卷 460 引誤作「留」。

（25）其未至之時，國人或刻木，或鑄金，為此鳥之狀，置於戶牖之間，則魑魅醜類自然退伏

按：《御覽》卷 29 引「未至」作「來至」，「或刻木或鑄金」作「或刻鑄金寶」，「醜類」作「鬼類」，並誤。

（26）昔北極之外，有潼海之水，渤潏高隱於日中

齊治平曰：渤潏，沸湧貌。（P26）

按：字亦作「浡潏」，《文選·海賦》：「天綱浡潏，為凋為瘵。」李善注：「浡潏，沸涌貌。桓子《新論》曰：『夏禹之時，鴻水浡潏。』《說文》曰：『潏，水涌出也。』」又音轉作「沸潏」，宋周麟之《檻泉賦》：「吹波若魚目，沸潏若湯鼎。」

（27）至聖之治，水色俱澄，無有流沫

齊治平曰：「澄」原作「溢」，蓋形近而誤，今改。（P26）

按：四庫本作「澄」。「溢」也可能是「清」字之誤。

（28）至億萬之年，山一輪，海一竭

按：四庫本「輪」作「淪」，亦當據校。

（29）有鳥如雀，自丹州而來

齊治平曰：「自」原脫，據《御覽》卷 803 引文補。（P28）

齊治平《訂補》曰：《初學記》卷 14「雀」上有「丹」字，又下句亦有「自」字。（P261）

按：《御覽》卷 558、922、《三洞群仙錄》卷 9、《事類賦注》卷 9、19 引亦有「自」字。

（30）吐五色之氣，氤氳如雲

齊治平曰：氤氳，《御覽》卷 922 作「氛氳」。（P28）

齊治平《訂補》曰：氤氳，《初學記》卷 14 作「氛氳」。（P261）

按：《事類賦注》卷 19 引亦作「氛氳」。

（31）名曰憑霄雀

按：《初學記》卷 14、《御覽》卷 922、《三洞群仙錄》卷 9、《事類賦注》卷 19 引同，《御覽》卷 558 引作「白日憑霄雀」，又卷 803 引作「名曰憑宵鳥」，《事類賦注》卷 9 引作「名曰憑宵」。「白日」是「名曰」形譌，「宵」是「霄」借字。

（32）銜青砂珠，積成壟阜，名曰珠丘

按：《御覽》卷 803 引「青砂」誤作「者沙」。

（33）有孝養之國，其俗人年三百歲，而織茅為衣

按：《御覽》卷 689 引作「禮敬國，其俗人年三百歲，而織芳茅以為衣」。今本蓋脫「芳」字。

（34）及四海攸同

按：攸同，《廣記》卷 418 引作「會同」。

卷二校補

（1）濟巨海則黿鼉而為梁，踰翠岑則神龍而為馭

齊治平曰：翠岑，《稗海》本、《路史・餘論》卷 9 引作「峻山」。（P34）

按：《說郛》卷 30 引「翠岑」同，《路史・餘論》卷 9 引作「峻嶺」，《廣記》卷 466 引作「峻山」，齊氏失檢。又《廣記》、《路史》引「黿鼉」作「黿龜」，「馭」作「負」。「翠岑」最早見於唐詩，疑非其故本。

（2）以占氣象之休否

齊治平曰：休否，《類說》、《紺珠集》作「休咎」，義同，皆謂吉凶也。（P37）

按：齊說非是。「休否」當是「休咎」形誤，《祖庭事苑》卷 5 引《類合志》誤同。休咎，謂吉凶，「休」是吉祥義。《御覽》卷 29 引《古史考》：「元日，太史乃占氣象，以知水旱吉凶。」「吉凶」是其誼也。《抱朴子內篇·雜應》：「診訊訛於物類，占休咎於龜筴。」而《易經》「休否」謂廢止閉塞，「休」是廢止義。固非一詞也。

（3）字作九州山川之字

按：《御覽》卷 683、《廣記》卷 472 引「山川」作「山水」。「水」是「川」形譌〔註17〕。

（4）至一空巖，深數十里，幽暗不可復行

按：《書鈔》卷 158 引「空巖」作「空穴」。《拾遺記》卷 2「殷湯」條云「傅說賫為赭衣，舂於深巖以自給」，「深巖」謂深穴。《說文》：「夐，營求也。《商書》曰：『高宗夢得說，使百工夐求，得之傅巖。』巖，穴也。」《史記·賈生列傳》《索隱》引夏靖書：「猗氏六十里黃河西岸吳阪下，便得隱穴，是〔傅〕說所潛身處也。」《書鈔》卷 158 引白袞（襃）《魯國記》：「吳反（阪）之下，便得隱穴，傍入三里，穹隆蒙密，傅說所瓚（潛）身，武丁之所墓。」「深巖」即是「隱穴」。傅說舂於深巖，故《離騷》、《墨子·尚賢中》稱作「傅巖」。王楙《野客叢書》卷 7 據下文「湯以玉帛聘而為阿衡」，說「湯所聘者伊尹，而傅說起於高宗之世，相去二十來世，如此之遠，而此言湯時傅說云云，無乃誤乎」，四庫本《拾遺記》因改「傅說」作「伊尹」，大誤，伊尹何嘗舂於深巖？《拾遺記》只是說「湯聘為阿衡」有誤耳。

（5）故蚩蚩之類，嗟殷亡之晚，望周來之遲矣

齊治平曰：《詩·衛風》「氓之蚩蚩」，毛傳：「蚩蚩者，敦厚之貌。」氓，民也。故此以蚩蚩代民。《廣記》卷 135「望」作「恨」。按「望」亦有恨義。（P44）

按：四庫本「望」作「恨」。《廣記》卷 135 引「蚩蚩」作「元元」。

（6）八百之族，皆齊而歌

按：《御覽》卷 769 引誤作「八百之旅，皆薦賢而歌」，《事類賦注》卷 16

〔註17〕二字相譌之例甚多，參見蕭旭《韓詩外傳解詁》，《文史》2017 年第 4 輯，第 15 頁。

引《語林》誤作「八百之旅，皆薦寶而歌」。「旅」當是「族」形誤，「八百之族」指八百諸侯。「薦賢」、「薦寶」皆不合事理。

（7）有大蜂狀如丹鳥，飛集王舟，因以鳥畫其旗

按：《御覽》卷 769 引「丹」誤作「舟」，「因」誤作「困」。《御覽》及《事類賦注》卷 16「其」作「幡」。

（8）有泥離之國來朝

按：泥離，《類說》卷 5 引作「泥蘺」。明談愷刻本、許自昌刻本《廣記》卷 480 引形誤作「泥雜」。汪紹楹說「明鈔本『雜』作『離』」，未判斷正誤〔註18〕。「泥離國」是東方外國名，亦見本書卷 5〔註19〕。

（9）或入潛穴，又聞波濤之聲在上

按：波濤，《古今逸史》本、四庫本、子書百家本作「波瀾」，《廣記》卷 480、《類說》卷 5 引同。

（10）二物皆出上元仙，方鳳初至之時⋯⋯

按：「方」字當屬上句。謂上元之仙方。

（11）有因祇之國，去王都九萬里，獻女工一人

齊治平曰：《稗海》本、《廣記》卷 225「人」下有「善工巧」三字，《御覽》卷 816 作「善於工巧」。（P50）

齊治平《訂補》曰：因祇之國，《初學記》卷 27 兩引俱作「巇支國」。（P261）

按：因祇，《御覽》卷 381、814、815、816、《廣記》卷 225、《事類賦注》卷 10 引作「因祇」。《御覽》卷 814、815 引「獻」作「致」，《事類賦注》引作「貢」。《廣記》引「女工」作「女功」。《御覽》卷 381 引「人」下亦有「善於工巧」四字。《御覽》卷 752 引前二句作「巇（音須）支國去泥離國八萬里」。「祇」、「支」音轉。「巇」字無考，疑「因」誤作「奐」，復改作「巇」。

（12）體貌輕潔，被纖羅雜繡之衣，長袖脩裾，風至則結其衿帶，恐飄

〔註18〕《太平廣記》（汪紹楹點校本），中華書局 1961 年版，第 3952 頁。

〔註19〕《御覽》卷 711、《廣記》卷 81、《三洞群仙錄》卷 3 引本書卷 5「泥離」同。

飆不能自止也

齊治平曰：「衿」為「紟」之借字。《說文》：「紟，衣系也。」衿帶即繫衣之帶。（P50）

按：齊說非是。雜繡，《御覽》卷381引同，又卷816引作「新繡」，《廣記》卷225引作「繡縠」。「新」是「雜」形譌。衿帶，《廣記》引同，《御覽》卷381引作「襟帶」。衿，讀作袷，俗作襟，指衣之前幅。四庫本「飄飆」作「飄飄」。

（13）有雜珠錦，文似貫珠珮也

按：雜珠，《廣記》卷225引同，《御覽》卷815、《事類賦注》卷10引作「離珠」。「雜」是「離」形譌〔註20〕。「離」與「貫」相應，《開元占經》卷71引《帝覽嬉》：「流星夜見光，望之有尾，離離如貫珠，名曰天狗。」《史記·樂書》：「累累乎殷如貫珠。」「離離」、「累累」即「歷歷」音轉，行列分明貌。貫珠珮，《御覽》卷815引作「貫佩珠」，《廣記》引作「貫珮珠」，《事類賦注》引作「〔貫〕佩珠」，今本「珮」字誤倒於「珠」下。

（14）有列明錦，文似列燈燭也

齊治平曰：《稗海》本、《廣記》卷225下「列」上有「羅」字。（P51）

按：四庫本亦作「羅列燈燭」，《御覽》卷752引作「列燈燭」，又卷815引作「羅燈燭」，《事類賦注》卷10引作「燈燭」。《廣記》存其故文，《御覽》二卷各脫一字，《事類賦注》脫二字。

（15）燃丘之國獻比翼鳥

按：《御覽》卷773、《事類賦注》卷16、《廣記》卷480引「燃丘」作「然丘」，「比翼」作「比翅」。《御覽》卷820引亦作「然丘」。翼，翅也。

（16）鐵峴峭礪，車輪剛金為輞，比至京師，輪皆銚銳幾盡

齊治平曰：銚銳，《方言》：「盆謂之盂，或謂之銚銳。」按此處以盆釋銚銳，義不可通。銚，削也。則此銚銳乃穿削之義，言此車輪雖以剛金為輞，而

〔註20〕《莊子·繕性篇》「離道以善，險德以行」，《淮南子·俶真篇》「離」誤作「雜」。《淮南子·本經篇》「不離其理」，《類聚》卷11引「離」誤作「雜」。《淮南子·詮言》「以數雜之壽」，《類聚》卷97引「雜」誤作「離」。《古文苑》卷5馬融《圍棋賦》「雜亂交錯兮」，《類聚》卷74引「雜」誤作「離」。均二字互譌之例。

經歷峭礪之鐵峴，皆磨損穿削也。又本書卷 9 有「輪皆絕銳」之句，疑此亦當作「絕銳」。（P52）

　　范崇高曰：《校注》釋「銚銳」之義極確，然懷疑當作「絕銳」則誤。「銚」有穿削之義，《廣雅》：「挑，穿也。」「銚」與「挑」通，也可為證。「絕銳」可譯作「斷裂耗損」，「銚銳」可解為「穿削耗損」，義各有歸。「銳」有「磨損、耗損」義……《集韻》：「剈，削也。」「剈」也許就是「銳」的「磨損、耗損」義的後起字。S.617《俗務要名林》：「贏，得利。銳：折本。」「銳」的「折本」義應該是由「耗損」義引申而來〔註21〕。

　　按：①峭礪，《御覽》卷 773 引同，《事類賦注》卷 16 引作「削礪」，《廣記》卷 480 引作「峭厲」。②「輪皆銚銳幾盡」六字，《御覽》卷 773、《事類賦注》卷 16 引作「輞銳幾盡」，明刻《廣記》作「皆訛說幾盡」（四庫本「訛說」作「銚銳」）。「銚銳」是「姚娧」、「條脫」轉語，長好兒（孟謂之銚銳，即取此義命名），與此文無涉。本書當作「輪輞皆訛銳」，《御覽》、《事類賦注》「銳」上脫「訛」字，《廣記》「說」當作「銳」。後人見「銳」上有脫字，因據《方言》補「銚」字，不知其非其誼也。《慧琳音義》卷 8：「訛銳，上吾禾反，亦作譌，孔注《尚書》云：『訛，化也。』下營慧反，杜注《左傳》云：『銳，細小也。』《廣雅》：『銳，利也。』經言『訛銳』者，車涉遠路，輞訛軸銳也。」經文見《大般若波羅蜜多經》卷 580：「譬如商人以車重載種種財寶遠趣大城，若時若時其車運轉漸漸前進，爾時爾時轂輞軸等漸漸銚銳。如是展轉得入大城，車遂一時眾分散壞。」「銚銳」與此文「訛銳」用法正同，慧琳說「輞訛軸銳」是也，但引孔傳「訛，化也」則不確。訛，讀為銚，磨削也，磨損也。《廣雅》：「銚，刓也。」《玉篇》：「銚，削也。」《廣韻》：「刓，圓削也。」《漢書·食貨志》顏師古注：「抏，訛也，謂摧挫也。」「抏」即「刓」。王念孫、桂馥都指出「訛」即「銚」〔註22〕。古音化、為相轉，為、麻亦轉（麾或作撝，是其例）。「銚」訓去角為圓，與「摩（俗作磨）」亦是音轉。《玉篇》：「劘，削也。」《拾遺記》卷 9：「因墀國在西域之北，送使者以鐵為車輪，十年方至晉。及還，輪皆絕銳，莫知其遠近也。」「絕銳」亦當作「銚銳」。

〔註21〕范崇高《中古小說校釋集稿》，巴蜀書社 2006 年版，第 93～94 頁。這條材料承張文冠博士檢示，謹致謝忱！

〔註22〕王念孫《廣雅疏證》，收入徐復主編《廣雅詁林》，江蘇古籍出版社 1992 年版，第 435 頁。桂馥《說文解字義證》，收入丁福保《說文解字詁林》，中華書局 1988 年版，第 13677 頁。

（17）南陲之南有扶婁之國

按：扶婁，《初學記》卷 15、《御覽》卷 567、《廣記》卷 284 引同，《廣記》卷 482 引作「扶樓」。

（18）備百戲之樂，宛轉屈曲於指掌間

按：宛轉，《廣記》卷 284 引同，《初學記》卷 15、《御覽》卷 567 引作「婉轉」，《廣記》卷 482 引作「旋轉」。

（19）神怪欻忽

按：欻忽，《廣記》卷 482 引同，《初學記》卷 15、《御覽》卷 567 引作「歘忽」，《廣記》卷 284 引作「倏忽」。「欻忽」複語，欻或作歘，亦忽也，一聲之轉。「歘忽」亦作「翕忽」，急速倏忽貌。《文選·吳都賦》：「神化翕忽，函幽育明。」劉逵注：「翕忽，疾貌。」

（20）衒麗於時

按：衒麗，許刻本《廣記》卷 284 引誤作「佳麗」，《廣記》卷 482 引脫作「衒」。

（21）忽夢白雲蓊蔚而起

齊治平曰：《御覽》卷 948 引「夢」下有「西方有」三字，此句下有「俄而闇於庭間」一句。按「蓊蔚」與「滃鬱」同音通假，雲氣盛出之貌。（P54）

按：齊說是也，但《御覽》卷號是卷 984，齊氏誤記。蓊蔚，《御覽》卷 984、《永樂大典》卷 8909 引同，《廣記》卷 276 引作「蓊鬱」，一聲之轉。本書卷 3「周靈王」條云：「望雲氣蓊鬱。」《玉篇殘卷》：「滃，草木蓊鬱為蓊字。」《高上太霄琅書瓊文帝章經》：「飛煙蓊蔚。」《高僧傳》卷 12：「芬梧蓊蔚。」也倒作「蔚蓊」，裴務齊《正字本刊謬補缺切韻》：「蔚，蔚蓊，草盛貌。」又倒作「鬱蓊」，《文選·西征賦》：「納歸雲之鬱蓊。」又倒作「灡滃」，P.3694V《箋注本切韻》、蔣斧印本《唐韻殘卷》、裴務齊《切韻》並云：「灡，灡滃，大水。」《類聚》卷 61 晉庾闡《揚都賦》：「逢渤灡滃，潢漾擁涌。」雲煙盛貌曰「蓊蔚」、「蓊鬱」、「鬱蓊」，草木盛貌曰「蓊蔚」、「蓊鬱」、「蔚蓊」，水盛貌曰「灡滃」，其義一也。

（22）王乃驚寤，而血濕衿席

按：《廣記》卷276、《三洞群仙錄》卷1引「衿」同，不指衣衿，當是「衾」異體字，指被子。字亦作袊，裴務齊《正字本刊謬補缺切韻》：「袊，單被。」《詩·葛生》毛傳引《禮》：「夫不在，斂枕篋衾席。」〔註23〕

（23）塗脩國獻青鳳丹鵠各一雌一雄

齊治平曰：《御覽》卷769「鵠」作「鵾」。《御覽》卷916作「鶴」，「雌雄」二字互倒，下有「以潭皋之粟餧之，以溶溪之水飲之」二句。（P56）

按：①《白帖》卷29「鶴」條、「鵠」條、「鵾」條凡三引，各如詞條。《白帖》卷4、《初學記》卷25、《永樂大典》卷8909引作「鵠」，《初學記》卷20、《太平廣記》卷226、《御覽》卷702、《事類賦注》卷14引亦作「鵾」，《初學記》卷30、《事類賦注》卷18、《記纂淵海》卷97引亦作「鶴」；《述異記》卷下作「鵾」。「鵾」既是「乾鵲」的別稱，又是「鶴」異體字，故類書又誤入「鶴」條。②《御覽》卷916所引「以潭皋之粟餧之，以溶溪之水飲之」二句，《初學記》卷30引「餧」作「飼」，《事類賦注》卷18引「餧」作「飴」，餘同；《白帖》卷29「鶴」條引作「飼以潭皋之粟，飲以溶溪之水」。③塗脩，《白帖》卷29「鶴」條引誤作「塗循」。

（24）扇一名遊飄，二名條翩，三名虧光，四名仄影

齊治平《訂補》曰：條翩，《初學記》卷25作「條融」，下「仄影」作「反影」。（P261）

按：《白帖》卷4引作「一名條融，一名仄景」，《白帖》卷29引作「一名條翩，一名素影」，《御覽》卷702、《事類賦注》卷14引作「一名施風，一名條翩，一名反影」，《御覽》卷769引作「扇名遊飄，二名條翩，三名虧光，四名側影」。《埤雅》卷32「條融扇」條說「一名條融，一名灰影」，亦是依據本書。此文以風、光、影命名扇，「施風」是「遊飄」形誤，「條翩」是「條融」形誤，「反影」、「灰影」是「仄影」形誤。「條融」指條風與融風，指和風。《呂氏春秋·有始》：「東北曰炎風，東方曰滔風。」《淮南子·墜形篇》「滔風」作「條風」，高誘注並云：「炎風，一曰融風。」「滔」與「條」、「炎」與「融」並一聲之轉〔註24〕。北宋余靖《過大孤山》：「四氣均分風，條融各有掌。」亦

〔註23〕唐寫本 P.2529「衾席」同，今《禮記·內則》作「簟席」。
〔註24〕《說文》說「熊，從能，炎省聲」。《書·洛誥》「無若火始炎炎」，《漢書·梅

指條風與融風。

（25）時東甌獻二女，一名延娟，二名延娛

按：《御覽》卷769、《廣記》卷291引「東甌」同，《御覽》卷702引作「南甌」。《御覽》二卷引「女」上均有「美」字。延娛，《廣記》卷291、《樂府詩集》卷80、《永樂大典》卷8909引同，《御覽》卷769引作「造娛」，《說郛》卷77引洪遂《侍兒小名錄》作「延嬋」。疑「延嬋」是，二女名字是「嬋娟」分言。

（26）輕風四散，泠然自涼

齊治平曰：原作「冷」，據《稗海》本改。泠然，清和貌。（P56）

按：《古今逸史》本、四庫本、子書百家本都作「泠然」。《御覽》卷769、《永樂大典》卷8909引亦誤作「冷然」。本書卷10云「有香風泠然而至」。《御覽》「四散」作「乍至」。

（27）故江漢之人，到今思之。立祀於江湄，數十年間，人於江漢之上，猶見王與二女乘舟戲於水際

按：《御覽》卷769引「思之」誤作「異之」，「立祀」誤作「丘祠」，「戲」誤作「橇」。

（28）綴青鳳之毛為二裘，一名燠質，二名暄肌，服之可以卻寒

齊治平曰：「燠」原誤作「煩」，據《御覽》卷915改。「燠質」與下「暄肌」，均使身體溫暖之義。服之可以卻寒，《御覽》卷915引作「常以禦寒」。（P56）

齊治平《訂補》曰：《初學記》卷26、30並作「一曰燠質，一曰暄肌」。（P261）

按：《御覽》卷694、《永樂大典》卷8909引作「煩質」，《白帖》卷4、《事類賦注》卷18引亦同《御覽》卷915作「燠質」。《文苑英華》卷113唐人獨孤授《西域獻吉光裘賦》：「颯然舜風，翠雲之光可奮；籠夫堯日，青鳳

福傳》引作「庸庸」。《左傳·文公十八年》「閻職」，《史記·齊太公世家》作「庸職」。《史記·天官書》「炎炎有光」，《開元占經》卷23引甘氏曰作「熊熊」。此皆「炎」、「融」聲轉之證。

之煥徒稱。」又雍陶《千金裘賦》：「豈比夫告弊於黑貂，誇煥於青鳳。」二賦均用《拾遺記》之典，「煥」當作「燠」〔註25〕。《詩·無衣》：「不如子之衣，安且燠兮。」燠，溫燠也。「燠質」指裘衣有溫燠的本質，齊氏所釋不切。各書引「暄肌」同，獨《御覽》卷 694 引誤作「暄風」。《初學記》卷 26、30引末句同《御覽》卷 915 作「常以禦寒」，《白帖》卷 4 引作「以禦寒也」，《御覽》卷 694 引作「可以禦寒也」。

卷三校補

（1）四名越影

齊治平曰：「越影」原作「超影」，《類說》引亦作「超影」，蓋涉下文「超光」而誤，據《紺珠集》、《廣記》卷 435、《御覽》卷 897 改。（P61）

按：《說郛》卷 30 引作「超影」，《初學記》卷 29、《記纂淵海》卷 98、《祖庭事苑》卷 3 引亦作「越影」。

（2）遞而駕焉，按轡徐行

按：遞，猶言更迭。明刻《廣記》卷 435 引誤作「遍」，《祖庭事苑》卷 3引誤作「徧」，《說郛》卷 30 引不誤。

（3）王東巡大騎之谷，指春宵宮

齊治平曰：《御覽》卷 870 引作「穆王東至大欐（按《御覽》卷 12 亦作『欐』，並有注云：『音奇。』）之谷，起春霄之宮。」（P65）

按：《御覽》卷 870「欐」下亦有注「晉奇」，是「音奇」之誤。《御覽》卷 12 引作「大攦」，注：「攦，音奇。」《事類賦注》卷 3 引同。戲聲、奇聲音轉，同為歌部，曉母、群母旁紐雙聲。《三洞群仙錄》卷 11 引作「穆王東遊大騎之谷，指春霄宮」。指，讀作詣，至也。《初學記》卷 26 引「穆王起春霄之宮，西王母來焉，納丹豹文履」，《御覽》卷 697「霄」作「宵」，餘同。今本不見「西王母來焉，納丹豹文履」，疑是佚文。

（4）又列璠膏之燭

按：璠膏，《白帖》卷 4、《類說》卷 5 引同，《初學記》卷 25 引作「蟠

〔註25〕參見彭叔夏《文苑英華辨證》卷 9，《文苑英華》附錄，中華書局 1966 年版，第 5295 頁。

龍膏」，《埤雅》32 引作「螭膏」。本書卷 5「龍膏之燈」、卷 10「以龍膏為燈」所指蓋同，「璠」當作「蟠」。《初學記》引「列」作「烈」。

（5）敷碧蒲之席，黃莞之薦

按：《初學記》卷 25、《御覽》卷 709 引同今本，《三洞群仙錄》卷 11 引「莞」作「菅」。《書鈔》卷 133 引作「西王母敷黃莞之薦」。薦亦席也，莞亦蒲也，「敷」字貫二句。「菅」是音誤字。《御覽》又有「莞色若金」，疑是舊注。

（6）陰岐黑棗……黑棗者，其樹百尋，實長二尺，核細而柔，百年一熟

齊治平曰：《御覽》卷 965 有「北極有岐峰之陰，多棗樹，百尋，其枝莖皆空，其實長尺，核細而柔，百歲一實」等句，當是此節佚文。（P66）

齊治平《訂補》曰：《初學記》卷 28 所引佚文與《御覽》同，惟「百歲一實」上多「歷」字。（P262）

按：《類說》卷 5 引同今本。《事類賦注》卷 26、《麈史》卷 2、《記纂淵海》卷 92 引同《御覽》。當是此節異文。

（7）萬歲冰桃，千常碧藕

按：千常，《埤雅》32、《紺珠集》卷 8、《類說》卷 5、《記纂淵海》卷 92 引作「千年」，蓋臆改。「常」是「尋常」之「常」，長度單位。下文「磅磄山」條說「生碧藕，長千常，七尺為常也」，足證「千常」不誤。

（8）條陽山出神蓬，如蒿，長十丈。周初，國人獻之，周以為宮柱，所謂蒿宮也

齊治平曰：《大戴禮記·明堂》：「周時德澤洽和，蒿茂大，以為宮柱，名蒿宮也。」（P67）

按：《呂氏春秋·召類》：「故明堂茅茨蒿柱，土階三等，以見節儉。」亦以蓬蒿為宮柱之說也。「條陽」疑當作「條暢」，此山所產蓬蒿十丈，條暢茂盛，因名其山曰「條暢山」。《古文苑》卷 14 楊雄《百官箴》：「絲麻條暢，有稉有稻。」《後漢書·杜篤傳》《論都賦》：「保殖五穀，桑麻條暢。」潘岳《西征賦》：「華實紛敷，桑麻條暢。」三例與此狀蓬蒿用法正同。「條暢」亦作「條鬯」、「調暢」、「滌暢」，《類聚》卷 20 引《風俗通》：「聖者，聲也，通也，言其聞聲知情，通於天地，條暢萬物也。」《御覽》卷 401 引作「調

暢」。《漢書・律曆志》：「然後陰陽萬物靡不條鬯該成。」

（9）岑華，山名也，在西海上，有象竹，截為管吹之，為群鳳之鳴

　　齊治平曰：《御覽》卷963作「在西海之西，有篿竹，為簫管吹之，若群鳳之鳴」。（P67）

　　按：《御覽》「在西海之西」前有「岑華山」三字，亦當出之。《事類賦注》卷24引同《御覽》，惟「篿」作正体字「箮」。《初學記》卷28引作「岑華，山名也，在西海之西，有箮竹，為簫管吹之，若群鳳之鳴」。釋贊寧《筍譜》云：「王子年《拾遺記》有『篿竹作簫』。」《述異記》卷上：「岑華山在西海之西，有蔓竹，為簫管吹之，若群鳳之鳴。」今本「象」為「曼」形誤，「曼」為「箮」省文，「蔓」則為借字。《文苑英華》卷146吳筠《竹賦》：「則有箪（簜）筹、筋、曼、射筒、篠簵。」「曼」亦「箮」省文。《初學記》卷28引戴凱之《竹譜》：「箮竹，皮青，內（肉）白如雪，頓韌可為索。」〔註26〕《齊民要術》卷10引《禮斗威儀》：「君乘土而王，其政太平，蔓竹、紫脫常生。」《類聚》卷89引「蔓竹」同，《御覽》卷963引「蔓」作「篿」，脫「竹」字。「箮竹」即「篾竹」，一聲之轉。清華簡（一）《祭公之顧命》「茲由（迪）襲學于文武之曼德」，《逸周書・祭公》「曼」作「茂」。《玄應音義》卷15：「竹箮：《聲類》：『箮，篾也。』今中國蜀土人謂竹篾為箮也。」又卷17：「中國謂竹篾為箮。箮音彌。蜀土亦然也。」

（10）員山，其形員也，有大林，疾風震地，而林木不動

　　按：四庫本「大林」誤作「火林」。《御覽》卷576引二「員」作「圓」，「大林」誤作「木林」。

（11）晉文公焚林以求介之推，有白鵶遶煙而噪

　　按：白鵶，《初學記》卷25、《御覽》卷832、871、《廣記》卷463、《說郛》卷30引同，《永樂大典》卷2345引作「白雅」，《記纂淵海》卷97、《永樂大典》卷4908引作「白鴉」，並同。

（12）天帝下奏鈞天之樂，列以顏氏之房

　　按：以，當據四庫本作「於」，《說郛》卷30引作「于」。下文「又有五老

〔註26〕據釋贊寧《筍譜》引《廣志》校「內」為「肉」。

列於徵在之庭」，亦作「於」。

（13）有麟吐玉書於闕里人家

齊治平曰：闕里，毛校及他本皆作「闕里」。（P71）

按：《御覽》卷 691、815、《廣記》卷 137、《說郛》卷 30 引作「闕里」。「闕」是「闕」改易聲符的俗字，「闕」同「缺」，古音圭、欮、夬一聲之轉。《淮南子·天文篇》「群神之闕也」，《書鈔》卷 150 引「闕」作「闕」。《書鈔》凡「闕」多作「闕」，不具引。P.3595《蘇武李陵執別詞》：「北闕之下。」P.3449《刺史書儀》：「某自到闕庭，久陪譚笑。」又「少事出入，有闕祇印（迎）。」P.3931《靈武節度使表狀集》：「是闕賓士之禮。」是唐人「闕」字已俗寫作「闕」形。

（14）水精之子，係衰周而素王

齊治平曰：「係」原作「孫」，據毛校改。《類說》引作「系」，義同。係，繼也。《廣記》卷 137 作「水精子，繼衰周為素王」，脫「之」字。（P71）

齊治平《訂補》曰：《大典》卷 2973 引「係」作「系」。（P262）

按：《御覽》卷 691、《說郛》卷 30 引作「繼」，《三洞群仙錄》卷 1 引亦作「系」。《孔子集語》卷下引伏侯《古今注》亦作「繼」，《東家雜記》卷上作「係」。系、係、繼，並一聲之轉。

（15）坐者皆凜然

按：凜然，《三洞群仙錄》卷 6、《永樂大典》卷 2948 引同，《御覽》卷 757 引作「噤」，又卷 178 引作「口禁」。「口禁」是「噤」誤分為二字。

（16）宮中池井，堅冰可瑑

齊治平曰：「瑑」原作「喙」，據《稗海》、《逸史》、《小史》各本改。程榮本作「琢」。按「琢」、「瑑」古通用，作「喙」非。（P74）

齊治平《訂補》曰：《大典》卷 2948 引「瑑」作「琢」。（P263）

按：《御覽》卷 178、《三洞群仙錄》卷 6 引亦作「琢」。「瑑」是「琢」形誤，音義不同，不是通用，齊說非是。

（17）又設狐腋素裘，紫罷文褥

按：《御覽》卷 178 引「文褥」誤作「大褥」。

（18）有玉人，機戾自能轉動

齊治平曰：「戾」當作「棙」。機棙亦名關棙，即今所謂機關、機器。（P75）

按：四庫本作「機棙」，《廣記》卷 403 引作「機類」。①類、戾一聲之轉。《逸周書・史記解》「愎類無親」，孔晁注：「類，戾也。」孫詒讓曰：「類、戾聲相近。」〔註27〕「愎類」即「愎戾」。班固《車騎將軍竇北征頌》：「性蒙識而愎戾順，貳者異而懦夫奮。」《荀子・不苟》：「夫富貴者，則類傲之。」孫詒讓曰：「『類』與『戾』通。《逸周書・史記解》孔晁注云云。『類』、『傲』二字平列。」梁啟雄從其說〔註28〕。楊雄《逐貧賦》：「桀跖不顧，貪類不干。」「貪類」即「貪戾」。《鄧析子・轉辭》：「明者寂（審）於去就，故進退無類。」類亦讀作戾。②此文戾之言捩也，轉捩、扭轉義，用作名詞，指機關，「棙」是其專字。本書卷 10「於地下為機棙以測昏明，不虧弦望」，《三輔黃圖》卷下作「機戾」〔註29〕，唐王懸河《上清道類事相》卷 1 引《十洲記》作「機捩」。《廣記》卷 75 引《仙傳拾遺》：「（韓志和）善雕木為鸞鶴鳥雀之形，置機捩於腹中，發之則飛高三二百尺。」《三洞群仙錄》卷 3 引作「機棙」，《永樂大典》卷 2346 引作「機戾」，唐蘇鶚《杜陽雜編》作「關捩」〔註30〕。

（19）故周人以萇弘幸媚而殺之

按：幸媚，四庫本作「媚諂」，《廣記》卷 403 引同。

（20）有韓房者，自渠胥國來，獻玉駱駝，高五尺

齊治平曰：渠胥，疑即「渠搜」，古西戎國名，《漢書・地理志》作「渠叟」。據《廣記》卷 229 補「駱」字。（P75）

按：岑仲勉說「渠胥」即「渠搜」〔註31〕。「渠搜（叟）」亦作「渠廋」、「渠溲」、「巨蒐」，又音轉作「渠莎」。其國善於出產氍毹，「渠搜」等名即

〔註27〕 孫詒讓《周書斠補》，中華書局 2010 年版，第 280 頁。

〔註28〕 孫詒讓《荀子札迻》，收入《札迻》卷 6，中華書局 1989 年版，第 184 頁。梁啟雄《荀子簡釋》，中華書局 1983 年版，第 32 頁。

〔註29〕 《三輔黃圖》據四部叢刊影元刻本，萬曆刻本、關中叢書本同，四庫本作「機棙」，《古今逸史》本、龍谿精舍叢書本誤作「機是」。

〔註30〕 《杜陽雜編》據學津討原本，《廣記》卷 227 引同；四庫本、石印本作「關戾」，四庫本《說郛》卷 46 引同。

〔註31〕 岑仲勉《上古東邊的伊蘭族——渠搜與北發》，《兩周文史論叢》，商務印書館 1958 年版，第 44～54 頁。

是「虺虺」轉語〔註32〕。劉瑞明曰：「『渠胥』是『趣虛』的諧音。」又曰：「渠：它。『搜』是『瞍』的諧音：眼睛沒有瞳人，即瞎。渠瞎：這是瞎說的。」〔註33〕全是妄說。「駱駝」可單稱「駝」，不必補「駱」字〔註34〕，《御覽》卷750引作「王（玉）馳」。下文「可照百餘步」下，《御覽》引尚有「又噴水為雲，蔽虧其側，靈王視之，忽不知所在，或云昇天」一段，今本無之，疑為佚文。

（21）燻目為瞽人，以絕塞眾慮

齊治平曰：《稗海》本、《廣記》卷230作「乃燻目為瞽」。（P75）

按：《廣記》見卷203，「燻」作「薰」，齊氏誤校。

（22）或乘鴻鶴，或衣羽毛，耳出於頂，瞳子皆方，面色玉潔

按：《三洞群仙錄》卷9引同，《類說》卷5引前四句亦同。《道德真經廣聖義》卷3引首二句作「或乘鳴（鴻）鶴，或著羽衣」。《御覽》卷383引作「或乘虎豹，或乘鴻鵠，衣毛羽之服，眉覆於目，耳垂至肩，兩眸子皆黑，方面玉潔」，其文有異。

（23）手握青筠之杖

按：《御覽》卷383、《三洞群仙錄》卷9引同，《書鈔》卷133、《紺珠集》卷8引無「之」字，《類說》卷5引無「手」字，餘同。《御覽》卷710引作「手捉青筠之杖」。「青筠」猶言青竹皮。青竹皮之竹，不堪為杖。疑「筠」是「筇」形誤，「筇」是「邛」俗字。白居易《題玉泉寺》：「手把青筇杖，頭戴白綸巾。」上句即出本書。戴凱之《竹譜》：「竹之堪杖，莫尚於筇。碌砢不凡，狀若人功。」《廣韻》：「筇，竹名，可為杖，張騫至大宛得之。」字本作「邛」，《史記·西南夷列傳》「邛竹杖」，《集解》引韋昭曰：「邛縣之竹，屬蜀。」又引臣瓚曰：「邛，山名。此竹節高實中，可作杖。」

〔註32〕參見鄭珍《說文新附考》卷4鄭知同按語，收入《續修四庫全書》第223冊，上海古籍出版社2002年版，第305頁。章太炎《檢論》卷5，《章氏叢書》本，第17頁。

〔註33〕劉瑞明《〈山海經〉新注新論》，甘肅文化出版社2016年版，第797～798頁。

〔註34〕劉傳鴻、張小燕《〈拾遺記校注〉校讀札記》也已指出「駝」可以單用，《古籍整理研究學刊》2020年第3期，第37頁。

（24）出肘間金壺四寸，上有五龍之檢，封以青泥

　　按：《紺珠集》卷8、《永樂大典》卷2256引「出肘間」同。《道德真經廣聖義》卷3引作「時出」，《三洞神符記》、《雲笈七籤》卷7並引《聖紀》亦同。疑「時」脫誤作「肘」，因改作「出肘間」。《事類賦注》卷15、《混元聖記》卷6、《文房四譜》卷5引作「出金壺」，雖無「時」字，亦是「出金壺」連文。

（25）夏有明晨焦泉朱華流金之調

　　齊治平曰：「朱」原作「之」，據《稗海》本、毛校、《紺珠集》改。（P83）

　　按：四庫本作「朱」，《廣記》卷203、《記纂淵海》卷78引同。

（26）終為沉湎淫曼之音

　　按：淫曼，《廣記》卷203引作「靡曼」。

（27）其食則有渠滄之鳧，煎以桂髓；叢庭之鶊，蒸以蜜沫；淇漳之鱧，脯以青茄；九江珠穄，爨以蘭蘇；華清夏潔，灑以纖縞

　　齊治平曰：「蜜」原作「密」，據《稗海》本改。《廣記》卷76作「承以蜜渠」。（P85）

　　按：《廣記》卷76引「滄」作「餐」，「髓」作「醴」，「鱧」作「醴」，「潔」作「結」，「灑」作「鹿」，並誤。「桂髓」是瓜名，陸機《瓜賦》：「夫其種族類數，則有括樓定桃，黃瓤白傳（搏），金文（乂）蜜筩，小青大班，玄骭素椀，狸首虎蹯。東陵出於秦谷，桂髓起於巫山。」〔註35〕脯，讀為爆。《說文》：「爆，灼也。」猶言燒灼。俗字作暴、煿、煏，亦借「博」、「搏」、「薄」為之〔註36〕。「蘭蘇」是香草名。「渠滄」、「蜜沫」未詳。

（28）吳王妖惑忘政

　　按：《御覽》卷185引作「吳王妖惑，怠於國政」，《廣記》卷272引作「妖惑既深，怠於國政」。「忘」是「怠」形誤，《說郛》卷30引亦誤。本卷

〔註35〕《類聚》卷87引「白傳」同，《初學記》卷28、《御覽》卷978引作「白搏」，《齊民要術》卷2引有「搏」、「搏」、「傳」的異文，當以作「搏」為正，參見繆啟愉《齊民要術校釋》，中國農業出版社1998年版，第155頁。《初學記》卷28引「金文」同，《類聚》卷87引作「金乂（乂）」，《齊民要術》卷2、《御覽》卷978引作「金釵」。

〔註36〕參見蕭旭《敦煌變文校補（二）》，收入《群書校補（續）》，花木蘭文化出版社2014年版，第1340～1341頁。

上文「師涓」條云「以此四時之聲奏於靈公，靈公情湎心惑，忘於政事」，「忘」字誤同，《廣記》卷 203 引亦誤。《家語・子路初見》、《史記・孔子世家》、《漢書・五行志》並有「怠於政事」語，《韓子・內儲說下》「遺哀公女樂以驕榮其意，哀公新樂之，必怠於政」，《史記・秦本紀》「戎王好樂，必怠於政」，亦沉湎聲樂怠政之事。

卷四校補

（1）王即位二年，廣延國來獻善舞者二人

齊治平曰：《御覽》卷 12 有「廣延之國去燕七萬里，在扶桑東，其地寒，盛夏之日冰厚至丈，常雨青雪。冰霜之色，皆如紺碧」數語，疑是此節佚文。（P92）

按：《御覽》卷 375 引作「燕昭王三年，廣延之國去燕七萬里，或云在扶桑之東，獻善儛者二人」。《初學記》卷 2、《白帖》卷 1、《歲華紀麗》卷 3、《紺珠集》卷 8 並引本書「廣延國霜色紺碧」，《事類賦注》卷 3 引本書「廣延國在扶桑〔東〕，常雨青雪。冰霜之色，皆如紺碧」。今本「來獻」上有脫文，當據《御覽》卷 12、375 補，《廣記》卷 56 已脫同今本。《書鈔》卷 142 引「廣延」作「大延」，避隋煬帝諱。

（2）一名旋娟，一名提謨

齊治平曰：提謨，《說郛》本作「提嫫」。（P92）

按：《廣記》卷 56 引同今本，《御覽》卷 375 引作「一名提波，一名携漢」，又卷 574 引作「一名旋波，一名提漢」，《類說》卷 5 引作「一名提漠，次名旋娟」，《三洞群仙錄》卷 14 引作「一名旋波，二名捉琰」，《說郛》卷 77 引洪遂《侍兒小名錄》作「一名旋娟，一名提漠」。此二舞女之名，當是取義於形容舞貌的形容詞。①「旋娟」不誤，讀作「嬛娟」，即重言詞「嬛嬛」或「娟娟」，狀輕麗美好貌。《史記・司馬相如列傳》《上林賦》「柔橈嬛嬛」，《集解》引徐廣曰：「嬛，音娟。」《索隱》：「郭璞曰：『柔橈嬛嬛，皆骨體耎弱長豔皃也。』《廣雅》云：『嬛嬛，容也。』張揖曰：『嬛嬛，猶婉婉也。』」《漢書》作「嫚嫚」，今《廣雅》同。「嫚」同「娟」。「嬛」與「嫚（娟）」是聲轉字。《御覽》引作「提波」、「旋波」者，「提」是「旋」形誤，「波」是妄改。②「提漢」是「提漠」形誤，「携漢」、「捉琰」是妄改，「提謨」、「提嫫」、「提漠」都是「旋便」形誤。「旋便」是「便旋」倒語，「便旋」又音轉作「便娟」

「便娟」、「嫚娟」、「便嬛」、「嫚嬛」、「便嬽」、「盤旋」、「蹁躚」，美好貌。

（3）綽約而窈窕，絕古無倫

按：《廣記》卷 56 引同。《御覽》卷 375 引作「綽約婉妙，絕古無倫」，又卷 574 引作「綽婉妙絕，曠古無倫」，《事類賦注》卷 11 引作「綽約絕妙」。

（4）或行無跡影，或積年不饑

按：積年，《廣記》卷 56、《類說》卷 5 引同，《御覽》卷 574、《事類賦注》卷 11 引作「經年」。

（5）昭王處以單綃華幄，飲以瓀珉之膏，飴以丹泉之粟

按：單綃，《御覽》卷 574、816、《廣記》卷 56、《三洞群仙錄》卷 14 引同，《御覽》卷 700 引作「丹綃」。單，讀作丹。瓀珉，《書鈔》卷 142、《廣記》引同，《御覽》卷 574 引作「瑞珉」，《群仙錄》引作「珉瑌」。「瑌」同「瓀」，亦珉也。「瑞」是形譌。

（6）王登崇霞之臺，乃召二人來側，時香風欻起，徘徊翔轉

齊治平曰：原作「乃召二人，徘徊翔舞」，當有脫誤，據《稗海》本、《廣記》卷 56 補改。（P92）

按：《廣記》作「翔舞」。《御覽》卷 574 引作「乃召二人在側，時香風欻起，二人徘徊翔轉」，《事類賦注》卷 11 引作「二人在側，時香風欻起，二人隨風宛轉」，《三洞群仙錄》卷 14 引作「其所至之處，香風欻起，徘徊翔轉」。崇霞之臺，《書鈔》卷 133、《廣記》卷 56、《事類賦注》卷 11 引同。本書卷 10 云「昭王王坐通雲之臺，亦曰通霞臺」，當是同一個臺。

（7）王以縷縷拂之，二人皆舞

按：縷縷，《廣記》卷 56、《說郛》卷 30 引同，《御覽》卷 574 引作「縷綏屬」，《事類賦注》卷 11 引作「縷綏屨」，《三洞群仙錄》卷 14 引作「縷」。「縷綏」指冠縷的下垂絲帶。「屬」是「屨」形譌。疑當作「縷綏屨」為是。

（8）容冶妖麗，靡於鸞翔，而歌聲輕颺

按：《廣記》卷 56 引「靡於鸞翔」同，《御覽》卷 574 引作「靡若鸞翔」，《三洞群仙錄》卷 14 引作「綺靡鸞翔」。

（9）清響流韻，雖飄梁動木，未足嘉也

　　按：飄梁動木，《廣記》卷 56 引作「飄梁動塵」，《御覽》卷 574 引作「遶梁動木」。作「塵」是，「塵」俗作「尘」，脫誤形譌作「木」。嘉，《御覽》卷 574、《廣記》引作「加」。加，猶言超過。

（10）其舞一名縈塵，言其體輕與塵相亂

　　按：《廣記》卷 56 引同，《御覽》卷 574、《事類賦注》卷 11 引「塵」下有「霧」字。

（11）末曰旋懷，言其支體纏曼，若入懷袖也

　　按：《廣記》卷 56、《說郛》卷 30 引「旋懷」同，《說郛》卷 77 引洪遂《侍兒小名錄》亦同，《御覽》卷 574 引誤作「游懷」。纏曼，當據《廣記》、《御覽》引作「緬曼」，《說郛》卷 30 引已誤。「緬曼」疊韻連語，形容身體細長貌。又音轉作「縣曼」，《六韜・文韜・文師》：「曼曼縣縣，其聚必散。」《楚辭・九章・悲回風》：「藐蔓蔓之不可量兮，縹縣縣之不可紆。」又音轉作「縣蠻」、「綿蠻」、「緝蠻」，《詩・黃鳥》：「綿蠻黃鳥，止于丘阿。」毛傳：「縣蠻，小鳥貌。」《御覽》卷 56 引作「綿蠻」。又「縣蠻黃鳥，止於丘隅。」《禮記・大學》引作「緝蠻」，《御覽》卷 53、394 引作「綿蠻」。

（12）設麟文之席，散荃蕪之香

　　按：麟文，《初學記》卷 25 引誤作「鱗文」。荃蕪，《初學記》卷 25、《御覽》卷 388、《紺珠集》卷 8 引同，《廣記》卷 56 引誤作「華蕪」，洪芻《香譜》卷上、陳敬《陳氏香譜》卷 1 引誤作「荼蕪」，《三洞群仙錄》卷 14 引誤作「荼壽」。《廣記》卷 414 引《獨異志》「燕昭王時，有波弋之國貢荼蕪香」，「荼蕪」亦誤〔註37〕。郭憲《別國洞冥記》卷 1：「波祗國亦名波弋國，獻神精香草，亦名荃蘼，一名春蕪。」「荃蕪」即是「荃蘼」。

（13）香出波弋國，浸地則土石皆香，著朽木腐草，莫不鬱茂

　　齊治平曰：鬱茂，《廣記》卷 56 作「蔚茂」。（P92）

　　按：波弋，《廣記》卷 56 引誤作「波戈」。鬱茂，洪芻《香譜》卷上、陳敬《陳氏香譜》卷 1 引作「茂蔚」，《廣記》卷 414 引《獨異志》作「榮秀」。

〔註37〕張國風《太平廣記會校》失校，北京燕山出版社 2008 年版，第 7360 頁。

蔚、鬱一聲之轉。

（14）以屑噴地，厚四五寸，使二女舞其上，彌日無跡，體輕故也

　　齊治平曰：噴地，《廣記》卷 56 作「鋪地」。（P92）

　　按：洪芻《香譜》卷上、陳敬《陳氏香譜》卷 1 引亦作「鋪地」。

（15）何異操圭爵以量滄海，執毫釐而迴日月，其可得乎

　　齊治平曰：圭爵，猶今言小酒杯。六粟為一圭，十圭為一撮。爵，飲酒器也。（P94）

　　按：齊說非是。如其說，無如此小的飲酒器。「圭爵」指玉製的飲酒器。

（16）沐胥之國來朝，則申毒國之一名也

　　齊治平曰：沐胥，《類說》卷 5、《紺珠集》卷 8 作「休胥」，《廣記》卷 284 作「沐骨」。（P95）

　　按：《紺珠集》引作「沐胥」，齊氏誤校。《御覽》卷 366、367 引亦作「沐胥」。「休」是「沐」形譌，「骨」是「胥」形譌〔註38〕。

（17）尸羅噴水為霧霧，暗數里間，俄而復吹為疾風，霧霧皆止

　　按：《廣記》卷 284 引「噴」作「歃」，「暗」作「闇」，餘同。《御覽》卷 367 引作「以口噴水為雨，紛漫數十里，俄而口吹為風，而雨皆止」。

（18）又於左耳出青龍，右耳出白虎。始出之時，纔一二寸，稍至八九尺。俄而風至雲起，即以一手揮之，即龍虎皆入耳中

　　齊治平曰：「始出」之「出」原作「入」，各本均誤，今以意改。（P95）

　　按：齊校是也。《御覽》卷 366 引作「左耳中出青龍，右耳中出白虎。龍虎初出之時，如繩緣頰。手捫面而龍虎皆飛去地十餘丈，而雲氣繞龍，風來吹虎。俄而以手一揮，龍虎皆還入耳。」與今本雖大異，而此句字正作「出」。

（19）死葬於野外，以香木靈草瘞掩其屍

　　按：《廣記》卷 480 引「瘞」作「翳」。

〔註38〕《說苑·貴德》「憎其人者惡其餘胥」，《論衡·恢國》作「胥餘」，《韓詩外傳》卷 3 作「骨餘」。《列子·天瑞篇》「乾餘骨之沫」，《釋文》本「骨」作「胥」，云：「胥，《南華真經》作『骨』。」《御覽》卷 887 引《莊子》作「胥」。

（20）昔大禹隨山導川乃至其地為無老純孝之國

齊治平曰：無老，《稗海》本作「扶老」。（P96）

按：《廣記》卷480引作「無老」。「無老」不誤，即上文「至死不老」。四庫本亦誤作「扶老」。

（21）王取瑤漳之水，洗其沙泥

按：明刻許本《廣記》卷402引「瑤漳」作「寶璋」，沈本作「寶漳」，四庫本作「瑤璋」；《三洞群仙錄》卷7引《仙傳拾遺》作「珪璋」。古字「寶」作「珤」，形近而訛作「瑤」。「瑤」從䍃得聲，䍃從缶，肉聲。「寶（珤）」則從缶得聲。本書卷10「以瑤器承之」，《初學記》卷2、《御覽》卷12引「瑤」作「寶」。

（22）工人以指畫地

按：《廣記》卷284引「指」作「絹」。

（23）有宛渠國之民，乘螺舟而至

按：《廣記》卷135、《埤雅》卷32、《類說》卷5、《紺珠集》卷8引「乘螺舟而至」同。《書鈔》卷137凡二引，一作「有乘蠡舟浮黑水而至」，一作「有羽人乘蠡舩浮黑水而至」；《御覽》卷869、《事類賦注》卷8引作「乘蠡舟泛黑水而至於雍部」。「蠡」同「蠃」，俗作「螺」。本書卷9「置之自縮如蠡」，《御覽》卷189、《廣記》卷480引「蠡」作「螺」。

（24）及夜，燃石以繼日光

按：《御覽》卷869引作「及其為夜，琢燃石以代日光」，《事類賦注》卷8引作「夜則琢然石以代日光」。「琢」是「琢」俗譌字。「燃（然）石」是名詞，指出於燃山之石，則今本脫「琢」字。琢，敲擊也。

（25）此石出燃山，其土石皆自光澈，扣之則碎，狀如粟，一粒輝映一堂

按：四庫本「澈」作「徹」。《御覽》卷869引作「此石出於然山，其土石皆自光明，鑽斬皆火出，大如栗（粟），則輝曜一室」，《事類賦注》卷8引作「此石出於然山，其土石皆有（自）光明，鑽斫則火出，火（『火』衍文）大如粟，輝耀一室」。「光澈」謂透明。《漢語大字典》引此例，釋「光」為「光

－1773－

滑」〔註39〕，非是。

（26）南得煙丘碧桂，酈水然沙，賣都朱泥，雲岡素竹

齊治平曰：「桂」原作「樹」，乃通名而非專名，與下「柏」、「松」、「柘」、「梓」等不類。《御覽》卷178作「碧桂」，今據改。（P103）

按：《廣記》卷225引作「碧樹」，《三洞群仙錄》卷7引作「碧木」，此自用通名，下「沙」、「泥」、「竹」亦是通名。

（27）東得蔥巒錦柏，漂橇龍松，寒河星柘，岰山雲梓

齊治平曰：錦柏，《御覽》卷178作「綿柏」。漂橇龍松，《御覽》作「縹橇龍杉」，《廣記》卷225亦作「龍杉」。（P103）

按：《廣記》、《三洞群仙錄》卷7引作「錦柏」。《御覽》引作「縹橇（齊氏誤作『橇』）龍杉」，《廣記》引作「縹橇龍杉」，《群仙錄》引作「煙燧龍松」。疑當作「煙燧」，餘皆形譌。

（28）西得漏海浮金，狼淵羽璧，滌嶂霞桑，沉塘員籌

齊治平曰：「璧」原作「墾」，據《稗海》本、《廣記》卷225改。（P103）

按：《御覽》卷178引誤作「羽壁」，《三洞群仙錄》卷7引誤作「羽墾」。又《御覽》「霞桑」誤作「霞素」。《廣記》卷225引「滌嶂」作「條章」。

（29）北得冥皁乾漆，陰坂文杞，褰流黑魄，闇海香瓊

齊治平曰：原作「文梓」，按前有「雲梓」，此不當重「梓」字，據《御覽》卷178改。（P103）

按：《廣記》卷225、《三洞群仙錄》卷7引亦誤作「文梓」。《御覽》「冥」形誤作「實」。褰，讀作干，實是「乾」。褰流，乾流也。

（30）張儀蘇秦二人，同志好學，迭剪髮而鬻之以相養

按：《初學記》卷21、《御覽》卷373、464引作「遞翦髮以相活」，《御覽》卷619引作「遞（遞）剪髮以相活」。本書卷5「五運相承，迭生迭死」，《廣記》卷81引作「遞生遞死」。迭、遞一聲之轉。《集韻》：「遞，《說文》：

〔註39〕《漢語大字典》（第二版），崇文書局、四川辭書出版社2010年版，第291頁。1986年第一版第267頁誤同。

『更易也。』或作迭、遞。」「稊」或作「秩」,「肽(骹)」或作「胼」,「猷」
或作「酄」,「豷」或作「㻬」,亦其比也。

(31) 非聖人之言不讀,遇見《墳》、《典》,行塗無所題記

按:《御覽》卷 373、464 引作「行遇聖人之文,無以題記」,《初學記》卷
21、《御覽》卷 619 脫「以」字,餘同。

(32) 夜還而寫之,析竹為簡

按:《初學記》卷 21、《御覽》卷 619 引作「夜還,更折竹寫之」,《御覽》
卷 464 引無「更」字,餘同;《御覽》卷 373 引「折」作「以」,餘同。「折」
是「析」形譌。

(33) 剝樹皮編以為書帙

按:《御覽》卷 464 引作「剝樹皮為囊」。

(34) 乃請其術

齊治平曰:「請」原作「謂」,據《說郛》本改。(P104)
按:《御覽》卷 464 引作「請」。

(35) 鬚鬢絕青

齊治平曰:《廣記》卷 71 作「鬢髮絕偉」。(P106)
按:《御覽》卷 697 引同今本。

卷五校補

(1) 寓居窮谷裏有人冶鑄

齊治平曰:《廣記》卷 229 無「寓居」二字,《御覽》卷 833 作「遇有人
冶鑄」。按此句似當作「遇窮谷裏有人冶鑄」。原文「冶」上有「歐」字,據
刪。(P111)
按:齊氏刪「歐」字是也(《廣記》卷 229 亦衍),但改「寓居」作「遇」
則誤。《御覽》卷 346 引作「寓居窮谷裏,有〔人〕冶鑄」,《三輔黃圖》卷 6
作「寓居窮谷,有人冶鑄」〔註40〕。《御覽》卷 833 有脫誤。

〔註40〕 《三輔黃圖》據《古今逸史》本,四庫本、平津館叢書本、龍谿精舍叢書本、關
中叢書本同,元刻本、萬曆刻本「冶」誤作「治」,《永樂大典》卷 11001 引亦誤。

（2）此為異兆也

按：《廣記》卷 229 引同，《三輔黃圖》卷 6 亦同，《御覽》卷 346、833 引「異」誤作「興」。《御覽》卷 346「兆」又誤作「何」。

（3）斫玉鐫金，其刃不卷

按：斫，《御覽》卷 346 引作「切」，《廣記》卷 229 引作「削」。

（4）及劍成，工人視之

按：視，《御覽》卷 346、833 引同，明刻《廣記》卷 229 引作「規」。規讀為窺，或是「視」形誤。

（5）則韓終之胤也

按：胤，《廣記》卷 81 引作「裔」。

（6）世德澆訛

按：《廣記》卷 81 引作「世俗澆偽」。《後漢書・黨錮傳》：「叔末澆訛，王道陵缺。」訛，讀為偽。

（7）漢武帝思懷往者李夫人

按：《御覽》卷 769 引作「漢武思李夫人之儔」，《事類賦注》卷 16 引作「帝追思李夫人之儔」（誤其出處作《語林》）。

（8）時始穿昆靈之池，泛翔禽之舟

按：《御覽》卷 769 引作「時始穿昆靈池，汎翔螭舟」，《事類賦注》卷 16 引「昆靈」作「昆明」，餘同。「螭」脫誤作「离」，復形誤作「禽」。唐杜寶《大業雜記》載「（隋煬帝）御龍舟，皇后御翔螭舟」，蓋即用此典。唐張蠙《華陽道者》：「翔螭豈作漢武駕，神娥徒降燕昭庭。」此明顯用《拾遺記》典。梁沈約《和王中書德充詠白雲》：「九重迎飛鷰，萬里送翔螭。」

（9）女伶歌聲甚遒

按：《御覽》卷 769 引作「女伶歌甚遒」，《事類賦注》卷 16 引「遒」作「清」，餘同。「道」是「遒」形誤。

（10）可遙見，不可同於帷幄

按：《廣記》卷 71 引「遙」作「遠」，《三洞群仙錄》卷 18 引「帷」作「幃」。

（11）刻之為人像，神悟不異真人

按：《廣川畫跋》卷 5、《永樂大典》卷 18223 引「悟」同。四庫本「悟」誤作「語」，《廣記》卷 71 引誤同。

（12）齎不死之藥

按：《廣記》卷 71 引「齎」作「賷」，乃俗字。

（13）宛若生時

按：《廣記》卷 71 引「宛」作「婉」。

（14）浮忻國貢蘭金之泥

齊治平曰：浮忻，《廣記》卷 480、《御覽》卷 606 俱作「浮折」。（P118）

按：《埤雅》卷 31 作「浮圻」。考本書卷 10：「岱輿山……南有平沙千里，色如金，若粉屑，靡靡常流，鳥獸行則沒足，風吹沙起若霧，亦名金霧，亦曰金塵。沙著樹，粲然如黃金塗矣，和之以泥，塗仙宮則晃昱明粲也。」與此所謂「蘭金之泥」不同也。《御覽》卷 957 引本書「岱輿，一名浮折」〔註41〕，今本脫，則作「浮折」非也。

（15）列靈麻之燭

齊治平曰：《御覽》卷 870 作「列金麻油燭」。（P121）

齊治平《訂補》曰：《初學記》卷 25 引「麻」作「黂」。按黂即麻子。（P263）

按：《御覽》卷 701 引作「列麻油燈於戶外」。

（16）大月氏國貢雙頭雞，四足一尾，鳴則俱鳴。武帝置於甘泉故舘，更以餘雞混之，得其種類而不能鳴

齊治平曰：《廣記》卷 259「混」作「媲」，於義為長。媲，配也，謂使之交配，故下云「得其種類」。（P123）

按：《廣記》卷 359「混」作「媲」，齊氏誤記卷號。「媲」是「媲」俗譌

〔註41〕《類聚》卷 89 引「岱」下衍「名」字，餘同。

字。「媲」形誤作「娓」，復易作「混」。《南史‧陳武帝紀》「人人裹飯，娓以鴨肉」，《御覽》卷919引《陳書》「娓」作「媲」。

（17）宮中荊棘亂相係，當有九虎爭為帝

按：《廣記》卷359引「係」作「移」。移，蔓延也。

（18）渠搜國之西，有祈淪之國

按：祈淪，《御覽》卷689引作「折淪」，《事類賦注》卷12引作「析淪」。不知孰是。

（19）或有泛海越山來會其國

按：《御覽》卷689引「越」誤作「繩」，不知其故。

（20）帝焚於九達之道

齊治平曰：達，《稗海》本作「逹」。（P124）

按：四庫本亦作「逹」，《御覽》卷689、《事類賦注》卷12引同。本書卷4「子嬰棄高尸於九達之路」，《廣記》卷71引「達」作「逹」。《古今逸史》本「道」作「衢」。

（21）西方有因霄之國

按：《御覽》卷392引「西方」作「南方」。據下文說其國人「舌尖處倒向喉內，亦曰兩舌重沓⋯⋯故《呂氏春秋》云『反舌殊鄉之國』，即此謂也」，考《呂氏春秋‧功名》高誘注：「一說南方有反舌國，本在前，末倒向喉，故曰反舌。」則因霄之國屬南方。《淮南子‧墜形篇》說「自西南至東南方」有「反舌民」，亦作「南方」之證。《文選》陸倕《石闕銘》「南服緩耳，西羈反舌」，亦以反舌國誤屬西方。或晉人已有此誤識，本書作「西方」是其故本，《御覽》卷392引作「南方」，據實訂之耳。

（22）秋冬則聲清亮，春夏則聲沉下

按：《御覽》卷392引「亮」作「高」。

卷六校補

（1）穿淋池，廣千步

按：淋池，《御覽》卷692、《記纂淵海》卷93引作「林池」，《三輔黃圖》卷4作「琳池」。

（2）花葉難萎

齊治平曰：難萎，程榮本作「葳萎」。按《詩·隰桑》：「隰桑有阿，其葉有難。」傳：「阿然，美貌。難然盛貌。」陳奐《傳疏》：「『阿難』連綿詞，《葭楚》曰『猗儺』，《那》曰『猗那』，聲義皆同也。」此「難萎」疑亦連綿詞，美盛之貌。又，解作不易枯萎亦可。（P129）

按：《古今逸史》本亦作「難萎」，《三輔黃圖》卷4同；子書百家本亦作「葳萎」，四庫本作「離委」，《廣記》卷236引作「雜萎」，《古詩紀》卷11、《古詩鏡》卷31、《古樂苑》卷32引作「離萎」，《長安志》卷3作「虽萎」。作「難萎」是，疊韻連語，「離」、「雜」均「難」形誤，又形誤作「雖」，復易作「虽」。齊氏前說是也，但猶未盡。「難萎」是「阿難」、「委隨」倒語，「阿難」語轉又作「猗難」、「猗儺」、「妸娜」、「阿那」、「委移」、「倚移」，俗字作「椲橠」、「衰移」，枝葉柔弱下垂貌，繁盛貌。P.2011王仁昫《刊謬補缺切韻》：「椲，椲橠，木茂盛。亦作衰。」《集韻》：「椲，椲橠，木盛皃。」「椲橠」是「倚移」分化字形。《玄應音義》卷19：「椲橠：《字詁》古文『衰』、『椲』二形，今作『阿』，同，烏可反。下古文『橠』、『移』二形，今作『郍（那）』，同，乃可反。《字書》：『衰移，柔弱皃也。』亦草木盛也。」「葳」就是「萎」，「葳萎」不辭。

（3）益脈理病

齊治平曰：《稗海》本、《廣記》卷236作「益人肌理」。（P129）
按：《三輔黃圖》卷4作「益脈治病」。作「理病」者唐人避諱而改，因又誤作「益人肌理」。

（4）或剪以為衣，或折以蔽日

按：《三輔黃圖》卷4「蔽」作「障」。

（5）土人進一巨槽

齊治平曰：「巨槽」原作「豆槽」，從《廣記》卷236改。又「土人」，《廣記》作「工人」。（P130）

按：四庫本亦作「巨槽」。《三輔黃圖》卷 4 作「士人進一豆槽」〔註42〕，雖誤「土」作「士」，但足證「豆槽」不誤。《廣記》並誤，不足據。

（6）以文梓為船，木蘭為柂

齊治平曰：「柂」原作「拖」，從《稗海》本、毛校改。《廣記》卷 236 作「柵」。（P130）

按：漢魏叢書本亦誤作「拖」，《古今逸史》本、四庫本、子書百家本作「柂」。元刻本《三輔黃圖》卷 4 作「柂」，《古今逸史》本、萬曆刻本、四庫本、平津館叢書本、龍谿精舍叢書本、關中叢書本作「柂」。

（7）涼風淒淒揚棹歌，雲光開曙月低河

齊治平曰：「河」原作「河」，從《稗海》本、《廣記》卷 236 改。（P130）

按：《古今逸史》本、四庫本作「河」不誤。《廣記》「揚」誤作「揭」。

（8）帝常以季秋之月，泛蘅蘭雲鷁之舟

齊治平曰：《御覽》卷 862 作「衝瀾雲鷁」，卷 834 作「衝瀾靈鷁」。（P131）

按：《初學記》卷 22 引作「衝瀾靈鷁」。《御覽》卷 24 引此句作「泛靈鷁之舟」，《廣記》卷 425 引作「泛靈溢之舟」，《事類賦注》卷 5、《記纂淵海》卷 2 引作「泛靈鷁舟」。「鷁」同「鷁」，「鷗」是「鷁」形譌，「溢」是「鷁」音譌。當作「衝瀾靈鷁」為是。《御覽》卷 862 引「泛」誤作「沉」。

（9）窮曙係夜

齊治平曰：《稗海》本作「達夜」，《御覽》卷 834 作「繼夜」。按此本作「係夜」是，《爾雅》：「係，繼也。」作「繼」作「達」，皆後人妄改。（P131）

按：《初學記》卷 22、《御覽》卷 834 引作「窮曙繼夜」，《御覽》卷 862 引作「窮曙（曙）係夜」，繼、係一聲之轉。《御覽》卷 24 引作「窮夜達晝，以晝達夜」，《廣記》卷 425 引作「窮夜達晝」。

（10）以香金為鉤，繡絲為綸，丹鯉為餌

齊治平曰：「繡」字見《玉篇》，云「色莊切」，但未釋其義。疑「繡」蓋色白如霜之絲線也。此字《御覽》卷 862 作「霜」，《廣記》卷 425 作「縮」，

〔註42〕萬曆刻本《三輔黃圖》「槽」誤作「糟」，其他各本不誤。

皆後人妄改。又此句《御覽》卷 24 作「縮紉絲為繒」，下句「丹」上有「以」字。（P131）

按：《初學記》卷 22、《御覽》卷 834、862 引「繡」作「霜」，餘同今本（《御覽》卷 862「鉤」作「釣」）。「繡」是「霜」增旁俗字，以是霜絲，故增糸旁作「繡」字。《御覽》卷 24 引作「縮紉絲為輪」，《事類賦注》卷 5、《記纂淵海》卷 2 引作「縮紐絲為繒」，《廣記》卷 425 引作「縮絲輪」，「縮」是「繡」形譌，「紉」、「紐」均是誤衍。「以」字貫三句，《御覽》卷 24 及《廣記》「丹」上衍「以」字。

（11）樂浪之東，有背明之國來貢其方物，言其鄉在扶桑之東，見日出於西方，其國昏昏常暗，宜種百穀，名曰融澤

按：融澤，《廣記》卷 412 引同，《酉陽雜俎》卷 19「挾劍豆」條亦同，漢魏叢書本作「融澤」，《初學記》卷 27、《御覽》卷 870、886 引作「融皋」〔註43〕，《御覽》卷 397 引作「融高」。王勃《乾元殿頌》「融皋再稔，方聞外戶之謠；昧谷千廂，坐溢康衢之奏。」亦用《拾遺記》典。蓋「澤」形誤作「澤」，脫誤作「睪」，復易作「皋」或「高」耳。背明之國在樂浪之東、扶桑之東，昏昏常暗，融者明也，得名於反義，又以其是水澤之國，適宜種植浹日之稻、翻形稻、明清稻、清腸稻等等，故稱作「融澤」。又考《詩·鶴鳴》「鶴鳴於九皋」，毛傳：「皋，澤也。」毛說簡略，不得據此即說「皋」、「澤」同義。《詩》皋訓澤，皋之言高，取高曲義，指水澤的曲岸，水邊彎曲的高岸。《釋文》引《韓詩》：「九皋，九折之澤。」《論衡·藝增》用《韓詩》說，亦云：「言鶴鳴九折之澤。」《離騷》王逸注：「澤曲曰皋。」九皋者，謂曲之甚。《博物志》卷 1：「五土所宜……下泉宜稻。」澤田種稻，故此文當作「澤」字。惠士奇曰：「《詩》『九皋』，『皋』當作『臯』，『臯』古『澤』字，讀若浩。」〔註44〕盧文弨曰：「『皋』本作『皋』，乃因『臯』字形近而譌。『臯』古『澤』字。」〔註45〕李賡芸曰：「《太玄·上》次五：『鳴鶴升自深澤。』范望注：『《詩》云：「鶴鳴九皋，聲聞於天。」』」按：據此『九皋』當作『九澤』。《說文》：『臯，古文以為「澤」字。』《毛詩》必本作『臯』字，與『皋』相似，

〔註43〕《初學記》據宋紹興刊本，古香齋刻本作「融澤」。
〔註44〕惠士奇《禮說》卷 7，收入《叢書集成三編》第 24 冊，新文豐出版公司 1997 年版，第 360 頁。
〔註45〕盧文弨《龍城札記》卷 2，中華書局 2010 年版，第 148 頁。

因而致訛。」〔註46〕惠氏等說亦誤，「皋」是會意字，指大白貌，乃光澤之澤，非水澤之澤。

（12）有淶日之稻，種之十旬而熟；有翻形稻，言食者死而更生，夭而有壽；有明清稻，食者延年也；清腸稻，食一粒歷年不饑

齊治平《訂補》曰：種之十旬而熟，《初學記》卷27作「言一旬而生也」。（P263）

按：淶日之稻蓋早熟，作「一旬」為宜。《廣記》卷412引「清腸」作「清腹」。《御覽》卷886引本書「融皐山上有龘魂稻，言食者死更生」，易「翻形」作「龘魂」。《初學記》卷27又引本書云：「東極之東，有和靈稻，言寒者食之則溫，熱者食之則體冷，莖多白。」當是此處佚文。

（13）有搖枝粟，其枝長而弱，無風常搖，食之益髓

按：《廣記》卷412引同。《初學記》卷27引「搖枝」誤作「耀枝」，又「常搖」作「自搖」，「益髓」作「多壽」。

（14）有遊龍粟，葉屈曲似遊龍也

齊治平曰：《稗海》本、《廣記》卷412「葉」上有「枝」字。（P133）

齊治平《訂補》曰：《初學記》卷27作「有龍枝之粟，言其枝屈曲似遊龍，食之善走」。（P263）

按：《廣記》卷412引「遊龍粟」同。《御覽》卷840引脫「似」字，餘同《初學記》。則今本脫「食之善走」四字。

（15）有瓊膏粟，白如銀，食此二粟，令人骨輕

齊治平曰：《御覽》卷840引本書尚有「有雲渠粟，叢生，葉似扶藕，食之益顏色，粟莖赤黃，皆長二丈，千株叢生」。當是本節佚文。（P133）

齊治平《訂補》曰：「令人骨輕」下，《初學記》卷27引尚有「雲渠粟」云云，與《御覽》所引文同。（P263）

按：《廣記》卷412引脫「粟」字，「白」上有「色」字，餘同今本。《初學記》卷27引此文作「有瓊脂粟，言質白如玉，柔滑如膏，食之盡壽不病」，

〔註46〕李廣莘《炳燭編》卷1，收入《叢書集成新編》第13冊，新文豐出版公司1985年版，第591頁。

與今本大異；又引「雲渠粟」條，「赤黃」作「赤多黃」，餘同《御覽》。

（16）有傾離豆，言其豆見日則葉垂覆地，食者不老不疾

　　按：《廣記》卷412引「傾離」作「傾籬」，餘同今本。《初學記》卷27引作「有傾離豆，見日即傾葉，食者歷歲不飢。豆莖皆大若指而綠（緣），一莖爛熳數畝」，《御覽》卷841引「綠」作「緣」，「熳」作「湯」，餘同，與今本大異。

（17）有醇和麥，為麴以釀酒，一醉累月，食之凌冬可袒

　　按：《廣記》卷412引「醇」作「淳」，「為麴」作「麵」，「可袒」作「不寒」。

（18）有雲冰麻，實冷而有光，宜為油澤

　　按：《廣記》卷412、《記纂淵海》卷90引「雲冰」作「雲水」，「光」上無「有」字。

（19）有通明麻，食者夜行不持燭，是苣蕂也，食之延壽，後天而老

　　齊治平曰：《御覽》卷841引本書云：「有飛明麻，葉黑，實如玉，風吹之如塵，亦名明塵麻。」又云：「東極之東，有紫麻，粒如粟，色紫，迮為油，則汁如清水，食之，目視鬼魅。又有倒葉麻，葉如倒巨（？），色紅紫，亦名紅冰麻，言水麻乃有實，食之顏色白潔。」當是本節佚文。（P133）

　　齊治平《訂補》曰：「後天而老」下，《初學記》卷27引本書云：「東極之東，有紫實之麻，粒如粟，色紫，迮為油，則汁如清水，食之目視鬼魅。又有倒葉麻，如倒苣，紅紫色，亦名紅冰麻，言冰寒乃有實。」（P263～264）

　　按：《廣記》卷412、《記纂淵海》卷90引「通明」作「光通」，「持」作「待」，「苣蕂」作「巨勝」。

　　《御覽》卷841所引佚文，「巨」是「苣」省文，「水麻」當訂作「冰寒」〔註47〕。《初學記》卷27又引本書「有紫實麻，粒如粟」。

（20）其北有草，名虹草，枝長一丈，葉如車輪，根大如轂，花似朝虹之色。昔齊桓公伐山戎，國人獻其種，乃植於庭，云霸者之瑞也

〔註47〕齊治平《拾遺記校注後記》說「『巨』為『苣』之誤，『水麻』為『冰寒』之誤」（2015年重印本第257頁），「巨」不必視作誤字。

按：《酉陽雜俎》卷 19「紅草」條與此略同，僅有個別文字差異。據其描述「葉如車輪，根大如轂」云云，則作「虹草」為是，不是僅僅說其紅色也。「虹」古音降，其語源是「弓」或「隆」，言其屈隆如弓，以其形而命名之也〔註48〕。《玄應音義》卷 21：「天弓：亦言帝弓，即天虹也。音胡公反，俗音絳。」司馬相如《大人賦》稱作「屈虹」，《上林賦》稱作「宛虹」，如淳曰：「宛虹，屈曲之虹也。」馬王堆帛書《刑德占》說「降（虹）成曲」，「降」即俗稱之「虹」〔註49〕，「降」亦是「隆」聲轉。「虹」以曲形而得名也。《說文》「霓」字條說「屈虹，青赤或白色」，《竹書紀年》卷下有「青虹」，《御覽》卷 14 引《河圖稽耀鉤》說「虹霓，其色青赤白黃」，《書鈔》卷 151 引《述異記》有「黑虹」、又引《異苑》有「紫虹」。然則《雜俎》「紅草」是音誤。

（21）有宵明草，夜視如列燭，晝則無光，自消滅也

齊治平曰：宵明草，《廣記》卷 408、《御覽》卷 870 作「銷明草」。（P133）

按：據「夜視如列燭」云云，則「銷」是「宵」音誤。《御覽》引「列燭」同，《廣記》引作「列星」。

（22）有黃渠草，映日如火

按：《廣記》卷 408 引「渠」同，《古今逸史》本作「蕖」。《廣記》引「映」作「照」。

（23）有夢草，葉如蒲，莖如蓍，採之以占吉凶，萬不遺一

按：《御覽》卷 397 引作「融高（皐—澤）西有夢草，莖似蓍柯，採之為占，則知吉凶，懷之以占夢，立知禍福」。《洞冥記》卷 3：「有夢草，似蒲，色紅，晝縮入地，夜則出，亦名懷夢，懷其葉，則知夢之吉凶，立驗也。」

（24）又有聞遟草，服者耳聰

按：《廣記》卷 408 引「耳聰」作「輕身」。

（25）含塗國貢其珍怪，其使云：「去王都七萬里，鳥獸皆能言語。」

齊治平曰：《御覽》卷 918 作「人善服鳥獸，雞犬皆使能言」。（P134）

〔註48〕《釋名》：「虹，攻也，純陽攻陰氣也。」其說非是。
〔註49〕參見《長沙馬王堆漢墓簡帛集成》第 5 冊整理者引劉釗說，中華書局 2014 年版，第 11 頁。

齊治平《訂補》曰:《初學記》卷30引作「人善服鳥獸,雞犬皆使能言」,與《御覽》同。(P264)

按:《白帖》卷29、《事類賦注》卷18引亦同《御覽》,《述異記》卷下同。含塗,《初學記》、《御覽》引同,《白帖》、《事類賦注》引作「含圖」,《述異記》誤作「合塗」。

(26)郅奇字君珍

按:《御覽》卷157、《事類賦注》卷8引「奇」同,又卷869引作「寄」。以「字君珍」定之,則「寄」是音誤。

(27)以淚灑石則成痕,著朽木枯草,必皆重茂

按:《御覽》卷157引作「以淚灑石,石即成痕;着枯木枯草,在冬必茂」。

(28)鋪黑綈之幕

按:綈,《初學記》卷25、《御覽》卷816引同;《廣記》卷236引音誤作「締」,下文「氊綈」亦誤作「氈締」。

(29)宴幸既罷,靜鼓自舞,而步不揚塵

按:自舞,《廣記》卷236引誤作「息罩」。

(30)選期門羽林之士,負之以趨

齊治平曰:《御覽》卷175「羽」上有「期門」二字,「以趨」作「而趨」。期門,官名。(P138)

按:四庫本有「期門」二字,《廣記》卷236引同。

(31)故劉向、谷永指言切諫

按:指言切諫,《廣記》卷236引作「切言指諫」,均通。此作「指言切諫」者,「指」謂指斥,讀為臨。《說文》:「臨,訐也。讀若指。」「指言」謂直指而言。《漢書·東方朔傳》云「直言切諫」,《越絕書·越絕外傳記吳王占夢》云「正言切諫」。作「切言指諫」者,切言,猶言直言。《白虎通·諫諍》說「五諫」云「諷諫、順諫、窺諫、指諫、伯諫」,又說「指諫者,信也,指〔者,質也〕〔註50〕。質相(指)其事也,此信之性也」。《後漢書·李雲傳》李賢注引《大

────────────

〔註50〕據《初學記》補「者質也」三字。

戴禮》佚文：「五諫謂諷諫、順諫、闚諫、指諫、陷諫也……指諫者，質指其事而諫也。」蕭綺《錄》云「谷永因而抗諫」，「抗諫」即是質指其事而諫也。

（32）又刻大桐木為虯龍，雕飾如真

　　齊治平曰：《稗海》本、《御覽》卷769「真」下有「像」字。（P139）

　　按：《廣記》卷236引「真」下有「象」字，《三輔黃圖》卷4則無。

（33）每輕風時至，飛燕殆欲隨風入水，帝以翠纓結飛燕之裙

　　齊治平曰：《稗海》本、《廣記》卷236「裙」作「裾」，下同。（P139）

　　按：《三輔黃圖》卷4亦作「裾」，下同。「裙」當作「裾」，指衣服後襟。《洞冥記》卷4：「帝常以衣帶縛麗娟之袂，閉於重幕之中，恐隨風而去也。」其事相類，「袂」指衣袖。

（34）恒山獻巨桃核

　　齊治平曰：《廣記》卷411「恒山」作「常山」。（P142）

　　按：《類聚》卷86、《御覽》卷824引亦作「常山」。《御覽》卷967脫誤作「常」。

（35）味美如飴

　　按：《三洞群仙錄》卷11引同。四庫本作「其味臭如粘」，明刻談本、許本《廣記》卷411引「粘」作「粘」。「粘」、「粘」是「粫」形誤，「粫」是「飴」異體字。「臭」當作「美」。

（36）安帝好微行，於郊坰或露宿，起帷宮，皆用錦罽文綉

　　按：《御覽》卷700引作「漢安帝好微行，於郊間或露起帷宮千間，皆用錦罽文繡」。

（37）家貧不得仕，乃挾竹簡插筆，於洛陽市傭書

　　按：《廣記》卷137引「家貧」下有「無貲」二字，「插」作「搖」。「搖」是「插」形誤。《漢書·武五子傳》「簪筆持牘趨謁」，顏師古注：「簪筆，插筆於首也。牘，木簡也。」「挾簡插筆」即「簪筆持牘」也。《文選·為賈謐作贈陸機》李善注引崔駰《奏記竇憲》：「珥筆持牘，拜謁曹下。」珥亦插也〔註51〕。

────────────

〔註51〕《文選·詠史詩》李善注：「珥，插也。」

（38）積粟于廩

　　齊治平曰：于廩，《廣記》卷137作「十廩」，毛校作「千廩」。（P144）

　　按：《御覽》卷683引亦作「十廩」，合乎情理。

（39）起裸遊舘千間

　　按：《說郛》卷30引「千間」同，《廣記》卷236引作「十間」。作「十間」合乎情理。

（40）搖漾於渠中

　　按：《說郛》卷30引「搖漾」同。四庫本作「搖蕩」，《廣記》卷236引同。

（41）其水清澄

　　按：《說郛》卷30引「清澄」同，《廣記》卷236引作「清淺」。

（42）唯日不足樂有餘，清絲流管歌玉凫，千年萬歲喜難踰歲

　　齊治平曰：踰，《廣記》卷236作「渝」，義較長。（P145）

　　按：《古文苑》卷8《招商歌》同此，又《廣記》卷236引「絲」作「絃」。作「絲」是，「絲管」指琴瑟簫笛等樂器。作「踰」是，猶言超越。

（43）先所投燭處，夕夕有光如星

　　按：《廣記》卷236引作「于先帝投燭處，溟溟有光如星」，又卷315引作「其投燭之所，冥夜有光如星」。「溟溟」當作「冥夜」。

（44）工冶之聲，震於都鄙

　　按：工冶，《雲仙雜記》卷10、《紺珠集》卷8、《說郛》卷30引同，四庫本作「攻治」，《御覽》卷833引作「功冶」，《類說》卷5引作「工作」，《廣記》卷236引作「鑄冶」（引下文「鑄鍛」亦作「鑄冶」）。「工冶」不誤，《荀子·強國》：「刑范正，金錫美，工冶巧，火齊得。」又《廣記》引「震」作「徹」。

（45）庭中起高閣長廡，置衡石於其上，以稱量珠玉也

　　齊治平曰：《廣記》卷236無「長廡」二字，下句「置」作「厝」，《御覽》卷472亦作「厝」。（P151）

按：《御覽》卷 472 引無「長廡」二字，亦當出校，《記纂淵海》卷 125 引同《御覽》〔註52〕。《初學記》卷 18 凡二引，均無「長廡」二字，「置」則同今本。《說郛》卷 30 引同今本。

（46）錯雜寶以飾臺榭，懸明珠於四垂

按：《說郛》卷 30 引「四垂」同，《廣記》卷 236 引作「梁棟」。

（47）故東京謂郭氏家為瓊廚金穴

按：金穴，《說郛》卷 30 引同，《廣記》卷 236、《御覽》卷 472、《記纂淵海》卷 125 引作「金窟」〔註53〕，《御覽》卷 713 引作「金屈」。「屈」為「窟」脫誤。

（48）登閣而進

齊治平曰：登，《稗海》本、《廣記》卷 161 俱作「扣」，毛校作「叩」。（P153）

按：《廣記》凡二引，卷 291 引亦作「扣」，《御覽》卷 710 引同。《緯略》卷 9、《漁隱叢話》前集卷 33 引作「叩」，《三輔黃圖》卷 6 同。

（49）老父乃吹杖端，煙然

齊治平曰：煙然，《稗海》本、《廣記》卷 161 作「爛然火明」。（P153）

按：《古今逸史》本、漢魏叢書本、子書百家本作「煙燃」，《廣記》卷 291 引作「赫然火出」，《御覽》卷 710 引作「火出」，《紺珠集》卷 8 引作「焰然」。《三輔黃圖》卷 6 亦作「煙然」。疑當作「煙然火出」，今本脫「火出」二字，「然」是古「燃」字。

（50）至子歆從授其術，向亦不悟此人焉

按：不悟此人，《廣記》卷 291 引同，《三輔黃圖》卷 6 亦同，四庫本作「不語於人」，《御覽》卷 710 引作「不語人」。「悟」當作「語」，謂劉向不對別人說遇見老人之事也。

（51）賈逵年五歲，明惠過人

〔註52〕《記纂淵海》據宋刻本，四庫本在卷 71。
〔註53〕《記纂淵海》據宋刻本，四庫本在卷 71。

按：明惠，《廣記》卷 175 引作「神明」。

（52）聞鄰中讀書，且夕抱逵隔籬而聽之

按：《白帖》卷 6 引作「聞鄰中讀書，每抱逵聽之」，《廣記》卷 175 引作「聞鄰里諸生讀書，日抱逵隔籬而聽」，《御覽》卷 517 引作「聞隣家讀書，日日抱逵就籬聽之」。「日」謂每天，「日日」同，今本作「且夕」誤。

（53）姊謂逵曰：「吾家貧困，未嘗有教者入門。」

按：《廣記》卷 175 引「貧」作「窮」，「教」作「學」。「敎」分化作「教」、「學」二字。此當作「學者」。

（53）及鄭康成鋒起而攻之

按：鋒起，四庫本、子書百家本作「蜂起」。

（54）贏糧而至

齊治平曰：「贏」原作「嬴」，形近而誤。《莊子·胠篋》：「贏糧而趨之。」贏，擔負也，裹也。（P156）

齊治平《訂補》曰：《大典》卷 2949 引作「贏」，不誤。（P264）

按：齊說非是。《古今逸史》本、漢魏叢書本作「嬴」，四庫本、子書百家本作「贏」。「嬴」、「贏」古字通用，不煩改作。字或作攍，《玉篇》：「攍，擔也。《莊子》云：『攍糧而趨之。』本亦作嬴。」《文選·過秦論》「嬴糧而景從」，李善注引《莊子》作「贏」。

卷七校補

（1）此牛尸屠國所獻

按：尸屠，《古今逸史》本、漢魏叢書本、四庫本、子書百家本作「尸塗」，《廣記》卷 272、《永樂大典》卷 2972 引同。

（2）車徒咽路，塵起蔽於星月

齊治平曰：車徒，車輛及人卒。咽路，填塞道路。（P161）

按：《永樂大典》卷 2972 引同，四庫本作「車徒喧路」，《廣記》卷 272 引作「車從噎路」。「車從」是「車徒」形誤，下文云「以望車徒之盛」。咽、噎一聲之轉，「壹壹」、「壹鬱」音轉作「絪縕」、「氤氲」，「噎塞」音轉作「咽塞」，

「填噎」、「填闉」、「闐闉」音轉作「填咽」，是其例也。《新序・雜事五》：「雲霞充咽，則奪日月之明。」章太炎曰：「『咽』與『噎』聲義同。」〔註54〕咽、噎並讀為歅，《說文》：「歅，塞也。」四庫本作「喧」是「噎」形誤字。

（3）又築土為臺，基高三十丈，列燭於臺下，名曰燭臺，遠望如列星之墜地

　　齊治平曰：《御覽》卷178「地」作「也」。（P161）

　　按：《御覽》「也」為「地」脫誤，《廣記》卷272、《永樂大典》卷2972引都作「地」。《御覽》「列燭」下有「置」字。下文云「以燭置臺下」。

（4）改靈芸之名曰夜來……夜來妙於鍼工

　　齊治平曰：毛校作「鍼功」，《御覽》卷830作「鍼巧」。（P161）

　　按：《永樂大典》卷2949、2972引作「鍼功」，《廣記》卷272引作「女功」，《紺珠集》卷8、《類說》卷5引作「針工」，《說郛》卷77引陸龜蒙《小名錄》亦作「針工」。作「鍼（針）工」是也。

（5）天陰凍寒，死者相枕

　　按：《御覽》卷178引作「時陰寒，役者多死」。

（6）梟殷之徒，莫敢輕視

　　齊治平曰：《稗海》本「梟殷」作「驍勇」，又「視」上有「輕」字，義較長，茲據補。（P166）

　　按：《廣記》卷191引作「驍勇之徒，莫敢輕視」。「梟殷」不辭，是「驍勇」形、聲之誤，當據校正。

（7）彰曳虎尾以繞臂

　　齊治平曰：「臂」原作「背」，據《廣記》卷191改。（P166）

　　按：《古今逸史》本、漢魏叢書本、四庫本、子書百家本都作「臂」，獨底本誤耳。

（8）胥徒國獻沉明石雞

〔註54〕章太炎《膏蘭室札記》，收入《章太炎全集》，上海人民出版社2014年版，第99頁。

齊治平曰：《廣記》卷 461「胥徒」作「胥圖」，無「國」字。（P167）

按：《廣記》引「明」作「鳴」，亦當出校。據下文，此雞「常在地中，應時而鳴」，故曰「沉鳴」也。「明」是「鳴」借字。

（9）昆明國貢嗽金鳥……常翱翔海上

按：嗽，《御覽》卷 178、718 引同，《酉陽雜俎》卷 16 亦同；《廣記》卷 463 引作「漱」，《述異記》卷下同〔註55〕。漱、嗽，正、俗字。翱翔，《御覽》卷 178 引同，《述異記》、《酉陽雜俎》亦同，《廣記》引作「飄翔」。

（10）咸熙二年，宮中夜有異獸……

按：此節《說郛》卷 30 引同今本。《御覽》卷 707 引則與今本大異，作：「魏咸熙二年，宮中夜夜有異，或吼呼驚人，乃有傷害者。詔使宦者闇中伺候，有白虎，毛色淨密，以戈投虎，即中左目。俄而往取，虎已隱形，更搜覓，乃於藏中得一玉虎枕，左目有血。帝嗟其大異，問諸大臣，答云：『昔誅梁冀，得玉虎枕一枚。云此枕罩池國所獻，臆下有題云：「帝辛九年獻。」』帝辛，紂也。金玉久而有神。」

（11）於是以金為樊，置於宮中

按：《廣記》卷 135 引作「以金籠盛，置於宮中」，又卷 461 引作「以金為籠，致於宮內」。致，讀為置。

（12）其馬號曰白鵠……謔曰：「憑空虛躍，曹家白鵠。」

齊治平曰：《廣記》卷 435、《御覽》卷 897「鵠」並作「鶴」。（P173）

按：《事類賦注》卷 21、《記纂淵海》卷 98 引亦並作「鶴」。

卷八校補

（1）權居昭陽宮，倦暑，乃褰紫綃之帷

齊治平《訂補》曰：《初學記》卷 25 引「褰」作「展」。（P265）

按：《御覽》卷 699、《廣記》卷 225 引「褰」同。褰，讀作攐、搴，舉起也。綃，《初學記》、《廣記》引同，《御覽》引作「絹」。下文「下綃帷」，《初學記》引同，《御覽》、《廣記》引作「絹」。「絹」、「綃」形近，而均指生絲繒。

〔註55〕《述異記》據隨庵叢書本，漢魏叢書本、四庫本「漱」誤作「瀨」。

本卷下文「先主甘后」條有「白綃帳」，疑此亦當作「綃」字。

（2）權使夫人指其意思焉

按：《廣記》卷 225 引同，《御覽》卷 699 引作「權使夫人厝其思焉」。指，語也。「指」形誤作「措」，復易作「厝」耳。

（3）夫人憂戚不食，減瘦改形

按：戚，《御覽》卷 381 引同，《御覽》卷 178、703、《永樂大典》卷 2604 引作「感」。

（4）吳主見而喜悅，以虎魄如意撫按即折，嗟曰：「此神女也，愁貌尚能惑人，況在歡樂！」

齊治平曰：《御覽》卷 178 作「吳主見圖而嘉之」。《御覽》卷 381 作「撫案」，下无「即折」二字。（P182）

齊治平《訂補》曰：《大典》卷 2604 引「而喜悅」作「圖而嘉之」。（P265）

按：《御覽》卷 381 引作「主見喜」，又「惑」作「感」；《御覽》卷 178、《永樂大典》卷 2604 引作「以琥珀如意撫桉則折」，又「惑」作「感」；亦當出校。《御覽》卷 703 引作「吳主見圖而嘉之，以虎魄如意撫案碎折」，又卷 808 引作「吳主見之驚喜，以琥珀如意撫案即折」。「嘉」是「喜」形誤，「惑」是「感」形誤。「撫桉」即「撫案」，「按」是「桉」形誤，指几案、桌子。「碎」是「辟」俗譌字〔註56〕，作「則」、「即」均誤。「辟折」猶言折疊、卷折、積疊。謂吳主以如意撫摩几案折疊潘夫人的圖像。「辟折」複語，辟亦折也。《白虎通·辟雍》：「辟之為言積也。」《文選·七命》「萬辟千灌」李善注：「辟謂疊之。」

（5）每以夫人遊昭宣之臺，志意幸愜

齊治平曰：《御覽》卷 178 作「恣意幸適」。（P182）

齊治平《訂補》曰：《大典》卷 2604 引「以」作「與」。（P265）

按：《御覽》卷 178 引「以」作「與」，一聲之轉。《永樂大典》卷 2604 引

〔註56〕「辟」字左旁譌作「石」的字形，參見臧克和《漢魏六朝隋唐五代字形表》，南方日報出版社 2011 年版，第 1597 頁。希麟《續一切經音義》卷 3：「作此刺字，碎也，庆也。」《龍龕手鏡》：「䂂，舊藏作辟。」《龍龕》例承劉傳鴻教授檢示，謹致謝忱！

同《御覽》。四庫本「臺」誤作「室」。

（6）乘輕舟遊於江浦之際

　　按：舟，《廣記》卷 456 引同，《御覽》卷 769 引作「舫」，《廣記》卷 137 引作「舠」。此說吳人事，疑作「舠」是舊本。「舠」亦作「艄」，音轉又作「艒」，吳人所稱輕便小船也。「舫」則是連舟大船，非其誼也，當是「舠」形誤。

（7）縈而將還，置諸房內

　　按：縈，《廣記》卷 137 引同，又卷 456 引作「篋」。《御覽》卷 769 引「縈而」誤作「及」。

（8）未及十年，雕雲覆於溪谷，美女遊於塚上，白鵠翔於林中，白虎嘯於山側

　　按：塚上，《廣記》卷 137 引同，又卷 456 引作「街上」。

（9）（孫）和於月下舞水精如意，誤傷夫人頰，血流汙袴，嬌姹彌苦

　　齊治平曰：「姹」通「詫」，驚訝也。此處蓋驚懼呼痛之意。（P190）

　　按：齊說非是。嬌姹，嬌媚作態也。《永樂大典》卷 11077 引同，《御覽》卷 367 引脫誤作「血流婉轉彌苦」。

（10）逼而視之，更益其妍

　　齊治平曰：「妍」原作「研」，從毛校改。《類說》卷 5 亦作「妍」。（P190）

　　按：《古今逸史》本、四庫本、子書百家本作「妍」，《御覽》卷 367、《永樂大典》卷 11077 引同。研，讀作妍，不煩改字。

（11）使四人坐屏風內，而外望之，如無隔

　　齊治平曰：《稗海》本「如」上有「了」字。（P191）

　　按：《廣記》卷 272 引同今本，《御覽》卷 701 引「如」上有「乃」字。

（12）及后長而體貌特異，至十八，玉質柔肌，態媚容冶

　　按：柔肌，《廣記》卷 272、《說郛》卷 30 引同，《御覽》卷 381 引誤作「柔肥」。

（13）先主召入綃帳中

　　齊治平曰：《稗海》本「綃」上有「白」字。《御覽》卷 381 作「先主置后白綃帳中」。（P192）

　　按：《廣記》卷 272 引作「先主致后於白綃帳中」。當據補「白」字。致，讀作置。下文「乃取玉人置后側」，《廣記》引「置」亦作借字「致」。

（14）后常欲琢毀壞之，乃誡先主曰：「昔子罕不以玉為寶，《春秋》美之。」

　　按：誡，《廣記》卷 272 引作「戒」，《說郛》卷 30 引誤作「試」。

（15）凡淫惑生疑，勿復進焉

　　按：淫惑，《說郛》卷 30 引同，《廣記》卷 272 引作「誣惑」。蕭綺《錄》說劉備「惑於淫寵之玩」，則作「誣惑」誤也。

（16）叩棺見剗

　　按：叩，《廣記》卷 317 引作「扣」，《御覽》卷 710 引作「剖」。

（17）天道不辜君德

　　按：辜，《廣記》卷 317 引同，《御覽》卷 710 引作「孤」。孤，讀為辜。

卷九校補

（1）好啜濁糟

　　齊治平曰：《稗海》本、《廣記》卷 408 並作「好啜濁嚼糟」。（P200）

　　按：《御覽》卷 743 引作「好啜嚼濁糟」，亦可。《說郛》卷 30 引同今本，已脫「嚼」字。

（2）有不潔之衣，投於火石之上，雖滯汙漬湼，皆如新浣

　　齊治平曰：《御覽》卷 820「漬」作「淄」。（P207）

　　按：《古今逸史》本作「積湼」。《御覽》卷 820 引作「淄湼（湼）」是也。「淄」俗字作「溜」、「澘」，形近而誤作「漬」，復誤作「積」。《論語·陽貨》：「不曰白乎，湼而不緇。」《史記·孔子世家》作「湼而不淄」。「湼」同「湼」，黑泥也。淄、緇，並讀為滓，亦黑泥也。

（3）東方有解形之民，使頭飛於南海，左手飛於東山，右手飛於西澤，
　　自臍已下，兩足孤立。至暮，頭還肩上，兩手遇疾風飄於海外，落
　　玄洲之上

　　按：《御覽》卷888引作「有解形之民，放其身於空潭，先使頭飛於南方，
次使左手飛於東方，次使右手飛於西方，自齊以下，兩足孤立。至暮，頭還於
體，兩手不至，遇疾風吹兩手於北海玄洲上」。除文字有差異外，多出「放其
身於空潭」一句。

（4）有頻斯國人來朝……其國人皆多力，不食五穀

　　按：《三洞群仙錄》卷11引同今本。《廣記》卷480引「皆多力」下有「拳
頭」二字，《御覽》卷189引有「拳頸」二字。又《御覽》引「頻斯」作「頻
思」。《呂氏春秋・高義》「歿頭乎王廷」，《韓詩外傳》卷2、《新序・節士篇》
「頭」作「頸」。頭，讀為脰，頸也。《淮南子・修務篇》「決腹斷頭」，《戰國
策・楚策一》「頭」作「脰」。《公羊傳・文公十六年》何休注：「殺人者刎頭。」
《釋文》：「頭，如字，本又作脰，音豆。」

（5）王子晉臨井而窺，有青雀銜玉杓以授子晉

　　按：銜玉杓，《三洞群仙錄》卷11引同（「銜」作俗字「啣」），《廣記》卷
480引作「吐杓」，《御覽》卷189引作「銜土杓」。「玉」誤作「土」，復誤作
「吐」。

（6）有浮支國獻望舒草

　　按：浮支，四庫本作「扶支」，《廣記》卷408引同，《酉陽雜俎》卷19亦
同。

（7）祖梁國獻蔓金苔

　　齊治平曰：祖梁，《廣記》卷413作「晉梨」，《御覽》卷1000作「祖梨」，
《類聚》作「租梨園」，「園」係「國」之誤字。（P214）

　　齊治平《訂補》曰：《初學記》卷20引作「晉惠帝時，祖黎國貢蔓苔」。
（P265～266）

　　按：《類聚》卷82引作「晉武帝時，租梨園獻蔓苔，亦曰金苔，亦曰夜
明苔」，《御覽》卷1000引作「祖梨國」，餘同。《初學記》卷20引作「晉惠
帝時，祖黎國貢蓴苔」。「梨」同「黎」，今本「梁」是「黎」形誤。「祖梨」、

「租梨」當作「柤梨」〔註57〕。「柤」是「樝」省文，俗譌作「楂」。《說文》：「樝，果似棃而酢。」《廣雅》：「樝，梨也。」指似梨的山楂。《莊子·天運》「其猶柤棃橘柚邪」，《類聚》卷86、《初學記》卷13、21引「柤棃」作「樝棃」，《御覽》卷966引作「樝梨」，《類聚》卷38引作「楂棃」。此國蓋盛產柤梨，故國名為「柤梨」。《廣記》卷413作「晉梨」者，「晉」指晉代，「梨」上脫「柤」字，決可知也。

（8）石季倫愛婢名翔風，魏末於胡中得之

齊治平曰：翔風，《紺珠集》卷8、《廣記》卷272作「飌風」。（P215）

按：《紺珠集》卷8引作「翔風」，齊氏失檢。《御覽》卷718、《類說》卷5、《記纂淵海》卷106、《說郛》卷30引作「翔風」〔註58〕，《說郛》卷77引陸龜蒙《小名錄》同；《輟耕錄》卷6引作「朔風」。此婢得之胡中，恐當名「朔風」。「朔」形譌作「翔」，即「翔」的俗譌字，復誤作「飌」。

（9）又屑沉水之香，如塵末，布象牀上

齊治平曰：《御覽》卷388「屑」作「篩」，下句作「布置席上」。（P216）

按：《御覽》卷706、803、《事類賦注》卷9、《記纂淵海》卷106引同今本作「屑」〔註59〕，《廣記》卷272引亦作「篩」。《御覽》卷388引「塵」誤作「麋」。

（10）又為四時浴室，用鍮石珷玞為堤岸

按：浴室，《御覽》卷701、704、813引作「浴臺」。

卷十校補

（1）亦有朱露，望之色如丹，著木石赭然，如朱雪灑焉，以瑤器承之，如粘

齊治平曰：《御覽》卷12作「以寶器承之如飴」，下有「人君聖德則下」

〔註57〕《御覽》卷966引《柏梁臺詩》「柤梨橘栗桃李梅」，《永樂大典》卷13497引「柤梨」誤作「祖梁」。《禮記·內則》「柤棃曰攢之」，金州軍刻宋本《集韻》「攢」字條引「柤」誤作「祖」，潭州宋刻本誤同。《御覽》卷993引《本草經》「房葵，一名棃蓋」，又引《吳氏本草經》誤作「梁蓋」。

〔註58〕《記纂淵海》據宋刻本，四庫本在卷40。

〔註59〕《記纂淵海》據宋刻本，四庫本在卷40。

一句。程榮本「粘」亦作「飴」。（P222）

按：「赭然」二字當屬下句。《御覽》卷 12 引「寶器」上無「以」字，齊氏誤記。《御覽》引「著木石，赭然如朱雪灑焉」作「著木石，則皎然如霜雪」，亦當出校，《初學記》卷 2、《事類賦注》引同。《本草綱目》卷 5 引作「着草木，則皎瑩如雪」。又《初學記》亦作「寶器」，下有「人君聖德則下」一句。

（2）有奈冬生，如碧色，以玉井水洗食之，骨輕柔能騰虛也

齊治平《訂補》曰：《初學記》卷 28 引「如」作「子」。（P266）

按：《初學記》卷 28 引作「有奈冬生，子碧色，須玉井之水洗，方可食」，《御覽》卷 970 引「奈」作「榡」，餘同。當據校「如」作「子」，指果實。

（3）最下層有流精霄闕，直上四十丈

齊治平曰：「闕」原作「間」，從毛校改。《御覽》卷 179 作「最下層有流精闕」，無「霄」字。（P223）

按：《書鈔》卷 160 引作「最下層有曰流霞闕」。

（4）南有丹密雲，望之如丹色，丹雲四垂周密

按：《書鈔》卷 160 引作「南有丹密〔雲〕房，東西千步，望之如丹書（霞），四垂周密」，唐王懸河《上清道類事相》卷 2 引作「有丹密雲房，望之如丹霞也」，《御覽》卷 185 引作「崑崙丹密雲房，東西千步，望之如丹霞」。則今本「丹密雲」下脫「房東西千步」五字。

（5）有浮筠之簳，葉青莖紫，子大如珠，有青鸞集其上

齊治平曰：浮筠，玉色。簳，小竹。謂采色似玉之小竹。子大如珠，《御覽》卷 962 作「子如大珠」。（P224）

按：①浮筠之簳，贊寧《筍譜》引同，《初學記》卷 28（凡二引）、《事類賦注》卷 24「復有蓬山浮筠之幹」條引作「浮筠之簳」〔註60〕，《御覽》卷 962、《記纂淵海》卷 96 引作「浮筠之簳」，《三輔黃圖》卷 4 作「浮雲之幹」。「簳」、「簳」都是「簳」俗譌字，而「簳」又是「幹」增旁俗字。《列子·湯問》「朔蓬之簳」，《酉陽雜俎續集》卷 4 同，《書鈔》卷 125、《類聚》卷 60、

〔註60〕 《初學記》據宋紹興刊本，古香齋本二引都作「簳」。

《御覽》卷 347、《事類賦注》卷 13 引《列子》作「幹」，《廣記》卷 227 引《雜俎》作「籤」。此文「篃」指竹幹，《列子》「籤」指箭幹，箭幹亦是竹幹所製。「浮筠」指玉的光采貌，音轉亦作「孚尹」、「琈筍」、「孚瑜」，此文轉指竹幹的光澤貌。《三輔黃圖》音誤作「浮雲」。②子大如珠，《三輔黃圖》同，《初學記》卷 28（凡二引）、《事類賦注》、《記纂淵海》、贊寧《筍譜》引亦作「子如大珠」。

（6）下有沙礓，細如粉，柔風至，葉條翻起，拂細沙如雲霧

齊治平曰：《御覽》卷 962「沙礓」作「砂礓」，「柔風」作「暴風」，「葉條」作「竹條」，「雲霧」作「雪霰」。（P224）

齊治平《訂補》曰：《初學記》卷 28 所引與《御覽》同，惟「雪霰」誤作「雪霧」，當從《御覽》。（P266）

按：《事類賦注》卷 24 引同《御覽》。《三輔黃圖》卷 4「沙礓」作「砂礫」，其餘均同今本《拾遺記》。

（7）風吹竹葉，聲如鐘磬之音

齊治平曰：「風吹」原作「吹風」，從《御覽》卷 962 互乙。《御覽》作「風吹竹折」。（P224）

按：《記纂淵海》卷 96 引作「風吹竹葉」，《三輔黃圖》卷 4 同。《初學記》卷 28、《事類賦注》卷 24、贊寧《筍譜》引亦作「風吹竹折」。

（8）或云龍常鬭此處，膏血如水流

齊治平曰：《廣記》卷 229「水流」作「流水」。（P226）

按：《御覽》卷 820 引同今本，《御覽》卷 930、《事類賦注》卷 28 引作「膚血如流水」。「膚」是「膏」形譌。

（9）有草名濡奸，葉色如紺，莖色如漆

齊治平曰：毛校「奸」作「䓅」。（P226）

按：《御覽》卷 709 正作「濡䓅」。

（10）有池方百里，水淺可涉，泥色若金而味辛，以泥為器，可作舟矣

按：舟，當據《初學記》卷 27、《御覽》卷 811 引校作「丹」。言以泥為器可煉丹也。

（11）有魚長千丈，色斑，鼻端有角

按：《御覽》卷 936 引作「有魚，身長千丈，鱗色蘭徧，鼻有角」，《事類賦注》卷 29 引「蘭徧」作「斕斑」。今本「色斑」當是「鱗色斕斑」殘脫。《御覽》「蘭徧」是「斕斑」音轉，又作「斕徧」、「爛斑」等形，倒言則作「徧斕」、「徧斕」、「斑斕」、「斑爛」、「班斕」、「斑蘭」等形。本卷下文「岱輿山」條說「玉梁之側，有斑斕自然雲霞龍鳳之狀」。

（12）有樹名影木，日中視之如列星

按：日中，《三輔黃圖》卷 4 作「月中」。

（13）有金巒之觀，飾以眾環，直上干雲

按：金巒之觀，《初學記》卷 1、《御覽》卷 710、819 引同，《御覽》卷 709 引作「金巒之舘」，《事類賦注》卷 14 引作「金鑾之觀」；《三輔黃圖》卷 4、唐王懸河《上清道類事相》卷 1 引《十洲記》亦作「金鑾之觀」，《御覽》卷 677 引《十洲記》作「金巒觀」。眾環，《初學記》卷 1 引作「眾寶」，《上清道類事相》卷 1 引《十洲記》作「眾瑤」，《三輔黃圖》作「環玉」。「環」、「瑤」都當作「瑊」，即「寶」字。

（14）中有青瑤几，覆以雲紈之素

齊治平曰：「瑤几」原作「瑤瓦」，據《御覽》卷 9 改。（P227）

按：《御覽》卷 9 未引此句，齊氏失檢。青瑤瓦，《三輔黃圖》卷 4 同，《御覽》卷 709 引作「青瑊几」，《御覽》卷 819 引作「瑤几」，《御覽》卷 710、《事類賦注》卷 14 引作「寶几」，唐王懸河《上清道類事相》卷 1 引《十洲記》作「青黎瑤几」，《御覽》卷 677 引《十洲記》作「青離玉几」。「青離」即「青黎」，指青黑色。當作「青瑤几」為是，下文「青瑤為蟾兔」。「瑤」形誤作「瑊」，復改作「寶」。

（15）東有雲石，廣五百里，駮駱如錦，扣之片片，則翕然雲出

齊治平曰：《御覽》卷 52「駮駱」作「駮落」。駮駱，文采錯雜之貌，字亦作「駮犖」。《御覽》卷 511「雲出」作「雲起」。又《御覽》卷 869 此句下多「俄而徧潤天下」一句。（P229）

按：《御覽》卷 52 作「雲起」，齊氏誤其卷號。《書鈔》卷 160、《御覽》卷 869 引仍作「雲出」。《書鈔》引亦有「俄而遍潤天下」句。四庫本作「駮

掔」，《書鈔》引作「駁駱」。《事類賦注》卷7引同《御覽》，亦作「駁落」、「雲起」。「駁駱（落）」、「駁掔」疊韻連語，又轉作「駁灼」、「駁灼」、「駁爍」、「暴樂」、「爆爍」。又「則」字當據《書鈔》所引乙至「片片」上，《御覽》卷869誤同今本。

（16）有木名猗桑，煎椹以為蜜

按：《御覽》卷869引「猗桑」誤作「倚桑」。「猗桑」謂猗猗之桑。

（17）織為文錦，入水不濡

齊治平曰：《御覽》卷815「入水不濡」下多「其質輕煖柔滑」一句，又《御覽》卷869亦多此句，作「輕軟」。（P229）

按：《初學記》卷27引有「其質輕頓柔滑」句，《事類賦注》卷10、《本草綱目》卷39引有「其質輕暖柔滑」句。

（18）西有星池千里，池中有神龜，八足六眼，背負七星、日月、八方之圖，腹有五岳、四瀆之象，時出石上，望之煌煌如列星矣

齊治平曰：《御覽》卷871「石」上有「爛」字。按爛謂光色燦爛，當據補。如列星矣，《御覽》卷871此句下有「於冥昧當雨之時，而光色彌明。此石常浮於水邊，方數百里，其色多紅。燒之，有煙數百里，升天則成香雲；香雲遍潤，則成香雨」云云。又《御覽》卷8有「爛石色紅似肺，燒之有香煙聞數百里，煙氣昇天則成香雲」云云，皆此節佚文，當據補。（P229～230）

齊治平《訂補》曰：《大典》卷4908引作「員嶠之山四（疑當作『西』）百里有池，周一千里，色隨四時變，中有神龜」，下同本文，惟「腹有五岳四瀆之象」作「復有四燭」，蓋有脫誤。（P266～267）

按：①《書鈔》卷160引作「西有星池，周千里，水色隨四時變化，有神蟲神龜出爛石之上」，《初學記》卷25引作「員嶠山，西有星池，出爛石」，《御覽》卷871引作「員嶠之山四百里有〔星〕池，周一千里，色隨四時變，中有神龜，八足六眼，背負七星日月八方之圖，復（腹）有四燭（瀆），時出爛石上，石上（二字衍文）望之煌煌如列星矣」；《永樂大典》卷4908引同《御覽》，「石上」不作重文。齊氏補「爛」字，是也。今本「千里」上當據《書鈔》、《御覽》補「周」字，「千里」下當據《書鈔》補「水色隨四時變化」七字（《御覽》省文作「色隨四時變」）。上文說「（員嶠山）上有方湖，周迴

千里」，文例相同。②《御覽》卷 8 引有「香雲遍潤，則成香雨」八字，亦當引出。《事類賦注》卷 2 引全同《御覽》卷 8。《永樂大典》卷 4908 引同《御覽》卷 871，惟「遍潤」音誤作「變潤」。《書鈔》卷 160 引有「此石常浮於水邊，方數百里，其色多紅。質虛以（似）胇（肺），燒之有煙，香聞數百里，煙氣升天成香雲，潤則香雨」，《初學記》卷 25 引有「常浮於水，色紅，質虛似肺，燒之香聞數百里，煙氣升天則成香雲，雲編則成香雨」。

（19）南有移池國，人長三尺

齊治平曰：《御覽》卷 378 作「陁移國」。（P230）

齊治平《訂補》曰：移池國，《初學記》卷 19 作「陀移國」，《大典》卷 3000 引作「移池國」，卷 2978 又引作「陀移國」，未知孰是。（P267）

按：《初學記》卷 19 凡二引都作「陀移」，《御覽》卷 689、《事類賦注》卷 12 引作「池移」，都是一語之轉，以疊韻連語作國名。

（20）北有浣腸之國，甜水繞之，味甜如蜜……

按：《御覽》卷 376 引本書云：「北有浣腸之國，從口中引腸出，出而浣濯之，更遞易其五藏，浣畢嘯傲而飛焉。」「從口中引腸出」云云今本所無，當是佚文。

（21）繞八柱為一息，經四軸而暫寢，拾塵吐霧，以籌歷劫之數而成丘阜

按：拾，讀作吸，亦作噏。

（22）岱輿山，一名浮析

齊治平曰：「一名浮析」四字據《類聚》卷 89、《御覽》卷 957 補。（P231）

按：《類聚》卷 89、《御覽》卷 957 引作「一名浮折」，齊氏誤「折」作「析」。

（23）有草名莽煌，葉圓如荷，去之十步，炙人衣則燋

齊治平曰：《御覽》卷 869「衣」下有「服」字，此句下多「鳥獸不敢近也」一句。（P232）

按：《御覽》卷 709 引同《御覽》卷 869，惟「燋」字音誤作「蕉」。

（24）以枝相摩，則火出矣

　　按：摩，《御覽》卷 709 引作「磨」，又卷 869 引作「歷磨」。「歷」是「磨」形誤而衍。

（25）南平沙千里，色如金，若粉屑，靡靡常流

　　齊治平曰：若粉屑，《御覽》卷 15 作「細如粉」。（P232）

　　按：《三洞群仙錄》卷 9 引同今本，《初學記》卷 2、《埤雅》卷 37 引亦作「細如粉」。靡靡，讀作「瀰瀰」，俗作「灑灑」、「瀰瀰」，轉語作「沔沔」、「泯泯」，水流貌，此狀沙流貌。

（26）傍有丹桂、紫桂、白桂

　　按：《類聚》卷 89 引作「峯旁有丹桂，墨、紫、白」，《御覽》卷 957 引作「岸旁有丹桂，黑、紫、白」，《記纂淵海》卷 93 引作「岸傍有丹桂」。今本「傍」上疑脫「岸」字。「峯」是「岸」形譌。

（27）四名懸劈，飛鳥遊過觸其刃，如斬截焉

　　齊治平曰：《稗海》本「遊」下有「蟲」字，《廣記》卷 229 作「飛鳥遊蟲遇觸其刃」。（P234）

　　按：《御覽》卷 344 引作「飛鳥遊遇觸其刃」，《事類賦注》卷 13 引作「飛鳥觸其刃」。不當有「蟲」字，「遇」是「過」形譌，今本是也。鳥之飛翔，亦可稱作「遊」。《家語・執轡》「魚遊於水，鳥遊於雲」，《淮南子・墜形篇》「鳥遊」作「鳥飛」。

（28）五名驚鯢，以之泛海，鯨鯢為之深入

　　按：泛，《廣記》卷 229 引同，《御覽》卷 344、《事類賦注》卷 13 引作「沈」。「泛」或作「汎」，形誤作「沈」。

（29）七名卻邪，有妖魅者，見之則伏

　　按：伏，《廣記》卷 229、《御覽》卷 344、《事類賦注》卷 13 引作「止」。

（30）（屈原）被王逼逐，乃赴清泠之水

　　齊治平曰：《稗海》本、《廣記》卷 203「水」作「淵」。（P237）

　　按：《三洞群仙錄》卷 18 引同今本。《廣記》卷 203 引「清泠」誤作「清

冷」。「清冷」言水清寒瀏利也，因用作淵名或水名。音轉又作「青令」、「蒼嶺」，《呂氏春秋·離俗》：「而自投於蒼嶺之淵。」高誘注：「『蒼嶺』或作『青令』。」《莊子·讓王》、《淮南子·齊俗篇》作「清冷」。《御覽》卷70引《莊子》亦誤作「清冷」。又音轉為「滄浪」、「蒼浪」，清寒瀏利之水色青，故又指水色青也。《孟子·離婁上》：「有孺子歌曰：『滄浪之水清兮，可以濯我纓；滄浪之水濁兮，可以濯我足。』」《文選·塘上行》李善注：「《孟子》曰：『滄浪之水清。』滄浪，水色也。」《史記·夏本紀》：「又東為蒼浪之水。」又音轉為「倉浪」、「倉琅」、「蒼琅」、「蒼狼」、「蒼筤」、「箐筤」，泛指青色。魏曹丕《大牆上蒿行》：「上有倉浪之天，今我難得久來視。」《宋書·樂志三》《古豔歌何嘗行》：「上慙滄浪之夫（天），下顧黃口小兒。」《類聚》卷61晉庾闡《揚都賦》：「蒼浪之竿，東南之箭。」唐白居易《浩歌行》：「鬢髮蒼浪牙齒疎，不覺身年四十七。」《漢書·五行志》：「木門倉琅根，謂宮門銅鍰。」顏師古注：「銅色青，故曰倉琅之根。」《漢紀》卷26作「蒼琅」。《宋高僧傳》卷26：「見東南有山蒼琅獨秀。」《易·說卦》：「為蒼筤竹。」李鼎祚《集解》引《九家易》曰：「蒼筤，青也。」《呂氏春秋·審時》：「後時者，弱苗而穗蒼狼，薄色而美芒。」畢沅曰：「蒼狼，青色也。在竹曰『蒼筤』，在天曰『倉浪』，在水曰『滄浪』，字異而義皆同。」〔註61〕盧文弨說略同〔註62〕。唐崔融《瓦松賦》：「竹箐筤而眾色，樹連理而相加。」今西南有「瀾滄江」，「瀾滄」又作「蘭倉」，語源當是「倉浪」倒言。《莊子·齊物論》《釋文》：「向云：『孟浪，音漫瀾。』」《隸釋》卷5漢《成陽令唐扶頌》：「君臣流涕，道路琅玕。」又卷22後漢《唐君碑》亦有此語。朱駿聲曰：「按：（琅玕）猶言闌干也。琅、闌雙聲字。」〔註63〕《說苑·善說》：「孟嘗君涕浪汗增欷，而就之曰。」盧文弨曰：「『浪汗』與『琅玕』同，猶闌干也。」程瑤田與盧說同，又指出即《海賦》之「瀾汗」〔註64〕。又「闌單」音轉為「郎當」。均其音轉之例。

〔註61〕畢沅說轉引自陳奇猷《呂氏春秋新校釋》，上海古籍出版社2002年版，第1815頁。

〔註62〕盧文弨《鍾山札記》卷4，收入《叢書集成新編》第13冊，新文豐出版公司1985年版，第530頁。

〔註63〕朱駿聲《說文通訓定聲》，武漢市古籍書店1983年版，第729頁。

〔註64〕盧文弨《群書拾補》，收入《續修四庫全書》第1149冊，上海古籍出版社2002年版，第421頁。程瑤田《釋蟲小記》，收入《程瑤田全集》第3冊，黃山書社2008年版，第291頁。

《拾遺記》佚文校補

（1）漢武帝以珊瑚為牀，紫錦為帷。（《初學記》卷25）

按：《初學記》卷25凡二引，另一處引出處作《漢武帝內傳》，《御覽》卷706引同。道藏本《漢武帝內傳》：「珊瑚為軸，紫錦為幃囊。」《上清僊府瓊林經》引《漢武內傳》「以珊瑚為牀，紫錦為囊」，《書鈔》卷132引《武帝內傳》「上以珊瑚為牀，紫錦帷也」，《廣記》卷3引《漢武內傳》「以珊瑚為軸，紫錦為囊」。《白帖》卷4（凡二引）引《漢武內傳》、《書鈔》卷133引《漢武內傳》，俱但引「（帝）以珊瑚為牀」一句。《御覽》卷700引《漢武帝內傳》「王母以紫錦為帷」。則此非《拾遺記》佚文也。

（2）薄乘草高五丈，葉色紺，莖如金，形如半月之勢，亦曰半月草。無花無實，其質溫柔，可以為布為席。（《初學記》卷25）

齊治平曰：本書卷6「宣帝」節列有各種異草，此條疑係該節佚文。（P239）

按：《御覽》卷709引《拾遺錄》：「藁葉草高五丈，葉色如紺，葉形如半月之勢，亦曰半月花。草無實，其質溫柔，可以為蓆。」今本《拾遺記》卷10：「有草名濡紆，葉色如紺，莖色如漆，細軟可縈，海人織以為席。」《御覽》卷709亦引之，「半月草」疑係卷10佚文。「藁葉」、「薄乘」不知孰是。

（3）黑河，北極也。其水濃黑不流，土（？）雲生焉。有黑鯤魚，千尺如鯨，常飛往南海，或宕而失所，死於南海之濱，肉骨皆消，唯膽如石，上仙藥也。（《初學記》卷25）

按：《御覽》卷940引《拾遺錄》：「黑河，北極也。其水濃黑不流，上有黑雲生焉。有黑鯤千尺，狀如鯨，常飛遊往於南海。」又卷984引「黑雲」作「濃雲」，無「狀」、「往」二字。《初學記》「土雲生焉」當據《御覽》訂補作「上有黑（或『濃』）雲生焉」。又「千尺」二字屬上句。

（4）沈慶之，元嘉中始夢牽鹵（簿）部入廁中，雖忻清道，而甚惡之。或為之解曰：「君必貴，然未也。鹵部者，富貴之容。廁中，所謂後帝也。君富貴不在今主矣。」後果中焉。（《廣記》卷267）

齊治平曰：沈慶之，其事在後，非子年所及見，此條決非本書文。（P240）

按：《廣記》見卷276，齊氏誤記卷號。此條文出《異苑》卷7，《南史·沈慶之傳》同。

（5）……國有火樹，名燧木，屈盤萬識（？），雲霧出於中間，折枝相鑽，則火出矣。後世聖人……目此樹表有鳥若鴞，以口啄樹，粲然火出。聖人成（？）焉，因取小枝以鑽火，號燧人氏。（《御覽》卷869）

　　齊治平曰：《大典》卷3007亦引此條，而文較簡略，「萬識」作「萬頃」，「成焉」作「感焉」，足訂《御覽》之誤。（P241）

　　按：《御覽》卷78、《事類賦注》卷8引亦作「萬頃」、「感焉」不誤。

（6）廣廷國霜色紺碧。（《類說》卷5、《紺珠集》卷8）

　　齊治平曰：「廷」當作「延」。（P242）

　　按：《紺珠集》作「廣延」不誤。《初學記》卷2、《白帖》卷1、《歲華紀麗》卷3、《事類賦注》卷3並引此條佚文，作「廣延」。

（7）後魏人都芳造風扇，候二十四氣，每一氣至，一扇舉焉。（《紺珠集》卷8）

　　齊治平曰：此條言「後魏人都芳」，決其非《拾遺記》文。（P242）

　　按：《紺珠集》「都芳」上有「信」字，「一扇舉焉」句無「一」字。《廣記》卷161引《感應經》：「後魏信都芳自云造風扇，候二十四氣，每一氣至，其扇輒舉。」

（8）異國人入貢，乘毛之車甚快。（《紺珠集》卷8）

　　齊治平曰：「毛」下疑脫「龍」字，本書卷1「南尋之國」節有「毛龍」，或即該節佚文。（P242）

　　按：《紺珠集》無「人」、「之」二字，齊氏誤錄，其說亦誤。《文選·新漏刻銘》李善注引《十洲記》：「天漢三年，西國王……使者曰：『……乘毛車以濟弱水，於今十三年矣。』」《博物志》卷2：「漢武帝時，弱水西國有人乘毛車以渡弱水來獻香者。」《上清三真旨要玉訣》引《西王母敘訣》：「步涉海以求濟，策毛車於火山。」《洞真太上紫書籙傳》：「既似毛車入炎丘，又象朽索馭奔馬。」則「毛車」不誤。「毛車」蓋以毛物編織浮水的車。P.2526《修文殿御覽》引《淮南萬畢術》：「鴻毛之囊，可以渡江」，注：「盛鴻毛〔於〕兼（縑）囊滿之，可渡江不衍（溺）也。」〔註65〕《意林》卷6引《淮南萬

〔註65〕　《御覽》卷916引作「鴻毛之囊，可以渡江」，有注：「盛鴻毛於縑囊，可以渡

畢術》：「取鴻毛縑囊貯之，可以渡江，不溺。」《埤雅》卷6引《博物志》：「鴻毛為囊，可以渡江，不漏。」此殆即所謂「毛車」也。《說文繫傳》「檋」字條說「毛，毳也」，以「毛車」即《史記》「泥行乘橇」的「橇車」，非是。

　　2022年3月29日～4月17日初稿，4月17日～4月19日二稿。

江不弱（溺）也。」